शब्द

और

साधना

शब्द और साधना

मैनेजर पाण्डेय

वाणी प्रकाशन

वाणी प्रकाशन
4695, 21-ए, दरियागंज, नयी दिल्ली 110 002

फ़ोन : +91 11 23273167 फ़ैक्स : +91 11 23275710

शाखाएँ

अशोक राजपथ, पटना 800 004, बिहार

कॉफ़ी हाउस कैम्पस, महात्मा गांधी मार्ग, इलाहाबाद 211 001, उत्तर प्रदेश

महात्मा गांधी अन्तरराष्ट्रीय हिन्दी विश्वविद्यालय, वर्धा 442 001, महाराष्ट्र

सुल्तानिया रोड, मोतिया पार्क, भोपाल 462 001, मध्य प्रदेश

www.vaniprakashan.in
marketing@vaniprakashan.in
sales@vaniprakashan.in

SHABD AUR SADHANA
by Manager Pandey

ISBN : 978-93-88434-04-1
Criticism

प्रथम संस्करण 2019

मूल्य : ₹ 495

जयंत प्रिन्टरी एलएलपी, मुंबई-02 में मुद्रित

वाणी प्रकाशन का लोगो मक़बूल फ़िदा हुसेन की कूची से

श्री विष्णुचन्द्र शर्मा
को
सादर

भूमिका

प्राचीन काल से दुनिया के दार्शनिक मनुष्य की बुनियादी विशेषताओं की खोज और पहचान के प्रयत्न करते रहे हैं। यूनानी दार्शनिक अरस्तू ने मनुष्य की दो बुनियादी विशेषताओं का उल्लेख किया है। वे हैं सामाजिकता और विवेकशीलता। लेकिन आज के भारत और विश्व में ऐसे बहुत से लोग हैं जिन्हें न सामाजिक कहा जा सकता है और न विवेकशील। ऐसी स्थिति में मनुष्य की किसी अन्य विशेषता की खोज और पहचान ज़रूरी है।

मनुष्य एक भाषिक प्राणी है। मनुष्य के रूप में मनुष्य की पहचान भाषा से होती है। सभी जीवधारियों में मनुष्य ही भाषा का प्रयोग करता है। मनुष्य चाहे सामाजिक हो या असामाजिक, वह चाहे विवेकशील हो या अविवेकी, भाषा के बिना उसका जीवन नहीं चल सकता। मनुष्य का आत्म-बोध और जगत-बोध भाषा के माध्यम से ही निर्मित और विकसित होता है। मनुष्य प्रकृति, परिवार, समाज और संसार का ज्ञान भाषा के माध्यम से ही प्राप्त करता है। मनुष्य अनुभव, भाव और ज्ञान का अर्जन, सर्जन और अभिव्यंजन भाषा के माध्यम से ही करता है।

भाषा के अभाव में समाज का अस्तित्व सम्भव नहीं है, क्योंकि समाज बनता है उसमें रहने वाले व्यक्तियों के बीच आपसी संवाद और सम्प्रेषण से और संवाद तथा सम्प्रेषण की प्रक्रियाएँ सम्भव होती हैं भाषा के माध्यम से। इसी प्रक्रिया में भाषा निर्मित और विकसित होती है। मनुष्य का जीवन जीना, जानना, सोचना, अनुभव करना और रचना करना भाषा में ही सम्भव होता है।

न्युगुगी वा थियोंगो ने ठीक ही लिखा है कि "भाषा चाहे कोई भी हो उसका हमेशा एक दोहरा चरित्र होता है। वह सम्प्रेषण का माध्यम होने के साथ-साथ संस्कृति की वाहक भी होती है।" यही कारण है कि भारत के विभिन्न प्रान्तों की संस्कृतियों का नाम वहाँ की भाषाओं से जुड़ा हुआ है। इसे ही जातीय संस्कृति भी कहा जाता है।

साहित्य का अस्तित्व भाषा सम्बद्ध है। भाषा में ही सम्पूर्ण साहित्य रचा जाता है। इसी को व्यक्त करने के लिए साहित्य का एक नाम वांङ्मय है।

इस पुस्तक में जो आलोचनात्मक निबन्ध हैं, वे हिन्दी भाषा में रचित साहित्य के विभिन्न रूपों और पक्षों का बोध कराते हैं।

यह पुस्तक तीन खण्डों में विभाजित है। पहले खण्ड में एक ओर हिन्दी के भक्तिकाल के कवियों के काव्य का विद्यानिवास मिश्र और विश्वम्भरनाथ उपाध्याय द्वारा विवेचन और मूल्यांकन का पुनर्मूल्यांकन है तो दूसरी ओर आधुनिक काल के महावीर प्रसाद द्विवेदी और रामविलास शर्मा के चिन्तन और लेखन का विवेचन है। साथ ही महाकवि जयशंकर प्रसाद के महाकाव्य 'कामायनी' पर मुक्तिबोध के चिन्तन और लेखन का पुनर्मूल्यांकन है। इसी खण्ड में विष्णुचन्द्र शर्मा द्वारा जनकवि नागार्जुन की कविता की पक्षधर समालोचना का मूल्यांकन है। पहले खण्ड में ही वीरेन डंगवाल, बल्लीसिंह चीमा और मिथिलेश श्रीवास्तव की कविता का विवेचन और मूल्यांकन है। साथ ही कृष्णा सोबती की पुस्तक 'लद्दाख' और भीष्म साहनी के नाटक 'आलमगीर' का विवेचन भी है।

दूसरे खण्ड के निबन्धों में सैद्धान्तिक सोच और व्यावहारिक विश्लेषण की एकता है। इसी में हिन्दी के रीतिकालीन काव्य में मौजूद इतिहास बोध की व्याख्या भी है। साथ ही वैश्वीकरण के दौर में प्रगतिवाद की स्थिति की पहचान और व्याख्या की कोशिश है। दूसरे खण्ड के अन्त में भारतीय दलित साहित्य के बारे में बजरंग बिहारी तिवारी की अनेक पुस्तकों पर एक समीक्षात्मक लेख है।

इस पुस्तक के तीसरे खण्ड के निबन्धों का सम्बन्ध एक ओर तमिल, तेलुगु और बांग्ला की कविता से है तो दूसरी ओर एक विदेशी विचारक-आलोचक के चिन्तन और लेखन से। इसमें तीन निबन्ध तमिल के सुब्रह्मण्य भारती, बांग्ला के बाउल गायक लालनशाह फकीर और तेलुगु के कवि वरवर राव पर हैं। अन्त के एक निबन्ध का सम्बन्ध मूलगामी आलोचना के लेखक एडवर्ड सईद के विचारों की व्याख्या और मूल्यांकन से है। हिन्दी में विभिन्न भारतीय भाषाओं के साहित्य का जितना अनुवाद हुआ है उतना विवेचन और मूल्यांकन नहीं हो सका है। मेरी जानकारी में रामविलास शर्मा ने तमिल, तेलुगु और बांग्ला के काव्य का विवेचन और मूल्यांकन किया है। विष्णुचन्द्र शर्मा ने बांग्ला के क्रान्तिकारी कवि काज़ी नज़रुल इस्लाम की जीवनी लिखी है। इस पुस्तक के तीसरे खण्ड के निबन्ध उसी परम्परा से जुड़े हुए हैं।

मेरे इन निबन्धों का पुस्तकाकार पाठ तैयार करने में सहयोग के लिए मेरे शिष्य श्रीधरम को धन्यवाद। मैं आजकल बोलकर लिखवाता हूँ, जिसका शब्द संयोजन करके प्रकाशन के लायक बनाने में ओमप्रकाश सैन की भूमिका महत्त्वपूर्ण है, जिसके लिए उनको धन्यवाद।

–मैनेजर पाण्डेय

अनुक्रम

खण्ड एक

खण्ड दो

खण्ड तीन

खण्ड एक

आचार्य महावीर प्रसाद द्विवेदी का महत्त्व

आचार्य महावीर प्रसाद द्विवेदी आधुनिक हिन्दी भाषा और साहित्य के युगद्रष्टा और युगस्रष्टा लेखक थे। ज्ञान और सृजन के क्षेत्रों में युगद्रष्टा वह व्यक्ति होता है जो अपने कर्मक्षेत्र के वर्तमान की वास्तविक स्थिति को देखता है और उसके भविष्य की सम्भावनाओं को पहचानता है। यह गम्भीर दायित्व वही व्यक्ति पूरा कर सकता है जिसकी समझ और सोच का दायरा व्यापक हो और समग्रतापरक भी। युगस्रष्टा वह व्यक्ति होता है जो ज्ञान या सृजन के क्षेत्र में नयी दृष्टियों और प्रवृत्तियों का निर्माता, प्रेरक और मार्गदर्शक हो। आचार्य महावीर प्रसाद द्विवेदी अपने समय के हिन्दी समाज, हिन्दी भाषा और हिन्दी साहित्य की वर्तमान स्थितियों को देख रहे थे और उसकी समस्याओं और सम्भावनाओं को पहचान भी रहे थे, इसीलिए वे उसकी प्रगति के प्रेरक और मार्गदर्शक बन सके। वे युगस्रष्टा भी थे क्योंकि उन्होंने एक ओर खड़ी बोली हिन्दी का नया सुव्यवस्थित स्वरूप निर्मित किया, खड़ी बोली को गद्य और काव्य की भाषा बनाने का अथक प्रयत्न किया, हिन्दी कविता को नयी दिशा और नयी राह दिखाने का मार्गदर्शन किया। उन्होंने हिन्दी साहित्य के पाठकों को साहित्य की सीमित दुनिया से निकालकर व्यापक हिन्दी समाज में दिलचस्पी लेने, उसके बारे में सोचने, उसकी दशा पर विचार करने के लिए समाज विज्ञानों के ज्ञान से जुड़ने के लिए प्रेरित तथा प्रोत्साहित किया। इस प्रक्रिया को मूर्तरूप देने के लिए उन्होंने स्वयं समाज विज्ञान के विभिन्न विषयों पर निबन्ध और पुस्तकें लिखने के साथ ही अनेक मानक ग्रन्थों का हिन्दी में अनुवाद भी किया। द्विवेदी जी के सम्पादन में निकलने वाली पत्रिका 'सरस्वती' में प्रकाशित प्रत्येक निबन्ध और कविता की भाषा को सुधारने और परिष्कृत करने का कठिन काम उन्होंने पूरे मनोयोग और परिश्रम से किया। ऐसे युगद्रष्टा और युगस्रष्टा के नाम से उनका युग जाना जाता है, इसीलिए द्विवेदी-अभिनन्दन ग्रन्थ की प्रस्तावना में नन्ददुलारे वाजपेयी ने द्विवेदी जी के समय के हिन्दी साहित्य को द्विवेदी युग का साहित्य कहा है।

द्विवेदी जी की साहित्य की धारणा अत्यन्त व्यापक थी। वे केवल कविता, कहानी, उपन्यास, नाटक और आलोचना को ही साहित्य नहीं मानते थे। उनके अनुसार किसी भाषा में मौजूद सम्पूर्ण ज्ञानराशि साहित्य है। साहित्य का यही अर्थ वांङ्मय शब्द से व्यक्त होता है। अपनी इसी धारणा को ध्यान में रखकर उन्होंने कविता, कहानी और आलोचना के साथ अर्थशास्त्र, भाषाशास्त्र, इतिहास, पुरातत्त्व, जीवनी, दर्शन, समाजशास्त्र, विज्ञान आदि के ग्रन्थों और निबन्धों का लेखन किया। उनके साहित्य निर्माण की प्रक्रिया जितनी व्यापक है उतनी ही विविधतामयी भी। साहित्य के लेखन की ऐसी व्यापक प्रक्रिया वाले लेखक हिन्दी में बहुत कम हैं।

डॉ. रामविलास शर्मा ने 'महावीर प्रसाद द्विवेदी और हिन्दी नवजागरण' नामक अपनी पुस्तक में ठीक ही लिखा है, "द्विवेदी जी का गद्य-साहित्य आधुनिक हिन्दी साहित्य का ज्ञान-काण्ड है। जो साहित्यकार स्वतःस्फूर्त भावोद्‌गारों से सन्तुष्ट नहीं हो जाते, उनके लिए यह ज्ञान-काण्ड सदा महत्त्वपूर्ण रहेगा। द्विवेदी जी सबसे पहले राजनीतिज्ञ और अर्थशास्त्री हैं। इसका प्रमाण यह है कि उनकी जो एकमात्र बड़ी पुस्तक है, वह राजनीति और अर्थशास्त्र की पुस्तक 'सम्पत्ति शास्त्र' है। भारत के सन्दर्भ में ब्रिटिश साम्राज्यवाद की वैसी आलोचना उस समय तक अंग्रेज़ी में भी प्रकाशित नहीं थी। हिन्दी में अब भी उसकी टक्कर की दूसरी पुस्तक नहीं है।" (पृ.सं. 381)

रामविलास शर्मा ने द्विवेदी जी के ज्ञान सम्बन्धी लेखन का स्वरूप स्पष्ट करते हुए लिखा है, "द्विवेदी जी ने समाजशास्त्र और इतिहास के बारे में जो कुछ लिखा है, उससे समाज विज्ञान और इतिहास लेखन के विज्ञान की नवीन रूपरेखाएँ निश्चित होती हैं। इसी दृष्टिकोण से उन्होंने भारत के सामाजिक और सांस्कृतिक विकास का नवीन मूल्यांकन किया। एक ओर उन्होंने इस देश के प्राचीन दर्शन, विज्ञान, साहित्य तथा संस्कृति के अन्य अंगों पर हमें गर्व करना सिखाया, एशिया के सांस्कृतिक मानचित्र में भारत के गौरवपूर्ण स्थान पर ध्यान केन्द्रित किया, दूसरी ओर उन्होंने सामाजिक कुरीतियों, धार्मिक रूढ़ियों का तीव्र खण्डन किया, और उस विवेक-परम्परा का उल्लेख सहानुभूतिपूर्वक किया जिसका सम्बन्ध चार्वाक और वृहस्पति से जोड़ा जाता है। अध्यात्मवादी मान्यताओं, धर्मशास्त्रों की स्थापनाओं को उन्होंने नयी विवेक दृष्टि से परखना सिखाया।" (वही, पृ.सं. 381-382)

द्विवेदी जी के सम्पादन में निकलने वाली पत्रिका 'सरस्वती' ज्ञान की पत्रिका थी। डॉ. रामविलास शर्मा ने 'सरस्वती' के बारे में स्वामी सत्यदेव परिव्राजक की

यह राय उद्धृत की है, "जनता को आवश्यकता थी नवीन ज्ञान की, स्वाधीनता की पहचान की और आधुनिक ज्ञान-स्नान की। सरस्वती द्वारा वे उस पुनीत कार्य को भली प्रकार कर सकते थे। वे थे कुशल सम्पादक और कर्तव्यपरायण। उन्हें पता था कि मासिक पत्रिका ज्ञान-प्रचार के लिए अत्यन्त उपयोगी अध्यापिका बन सकती है और वे उसके द्वारा दूर ग्रामों में बैठे हुए देहातियों तक ज्ञान का दीपक जला सकते हैं। उन्होंने 'सरस्वती' को ऊँचे दर्जे की ज्ञान-पत्रिका बनाने का दृढ़ संकल्प किया और वे थे धुन के पूरे।" (वही, पृ.सं. 373) इसी संकल्प और साधना के माध्यम से द्विवेदी जी ने सरस्वती को हिन्दी नवजागरण की प्रतिनिधि पत्रिका बनाया। उन्होंने हिन्दी समाज और सम्पूर्ण भारत के अतीत, वर्तमान और भविष्य की समस्याओं और सम्भावनाओं के बारे में सोचने और लिखने के लिए लेखकों को प्रेरित और प्रोत्साहित किया।

द्विवेदी जी ने 'सरस्वती' को नये ज्ञान के साथ-साथ नये सृजन की पत्रिका के रूप में भी विकसित किया। द्विवेदी युग का शायद ही कोई कवि या कहानीकार हो जिसकी रचनाएँ सरस्वती में न छपी हों। इस तथ्य के बारे में डॉ. शर्मा ने ठीक ही लिखा है, "उस समय का कोई ऐसा लेखक नहीं जो बाद में प्रसिद्ध हुआ हो और पहले उसकी रचनाएँ 'सरस्वती' में न छपी हों। प्रसिद्ध हो, चाहे अज्ञात नाम, द्विवेदी जी अपना ध्यान इस बात पर केन्द्रित करते थे कि वह लिखता क्या है। इसलिए 'सरस्वती' में रचना छपने का मतलब यह था कि वह एक निश्चित स्तर की है। बहुत से लोग अपने या दूसरों के बारे में प्रशंसात्मक लेख आदि छपवाना चाहते थे, उनका विरोध करने में द्विवेदी जी ने दृढ़ता का परिचय दिया। साथ ही 'सरस्वती' का उपयोग उन्होंने कभी भी व्यक्तिगत ख्याति के लिए नहीं किया।" (वही, पृ.सं. 365)

हिन्दी कविता के क्षेत्र में मैथिलीशरण गुप्त, द्विवेदी जी के प्रेरणा, प्रभाव और मार्गदर्शन की उपलब्धि हैं। रामविलास शर्मा ने यह भी लिखा है कि "द्विवेदी जी ने अतुकान्त छन्द रचना के लिए जो आन्दोलन चलाया, उसकी पूर्ण सिद्धि निराला का मुक्त छन्द है।" (वही, पृ.सं. 386)

हिन्दी नवजागरण को जैसे भारतेन्दु हरिश्चन्द्र ने बंगाल नवजागरण से जोड़ा था, वैसे ही महावीर प्रसाद द्विवेदी ने हिन्दी नवजागरण को महाराष्ट्र के नवजागरण से जोड़ा। द्विवेदी जी ने 'सरस्वती' में मराठी के प्रसिद्ध लेखक विष्णु शास्त्री चिपलूनकर, संस्कृतज्ञ वामन शिवराम आपटे, प्रसिद्ध मूर्तिकार म्हातरे, गायनाचार्य विष्णु दिगम्बर, रायबहादुर रंगनाथ नृसिंह मुधोलकर, लोकमान्य बालगंगाधर तिलक और इतिहासवेत्ता विश्वनाथ काशिनाथ राजवाड़े आदि के साथ ताराबाई, झाँसी

की रानी लक्ष्मीबाई, कुमारी गोदावरी बाई, सौभाग्यवती रखमाबाई जैसी स्त्रियों पर लेख लिखकर उनके विचार, व्यवहार, कला-साधना और संघर्ष से हिन्दी पाठकों को परिचित कराया। इस प्रक्रिया में उन्होंने हिन्दी नवजागरण को अधिक व्यापक और समावेशी बनाया।

पिछले कुछ दशकों से हिन्दी में स्त्री-विमर्श का विकास हो रहा है। स्त्री-विमर्श पर विचार के प्रसंग में हिन्दी के पुराने लेखकों-आलोचकों के स्त्री सम्बन्धी दृष्टिकोणों की भी छानबीन हो रही है लेकिन आज तक किसी ने स्त्री-विमर्श में महावीर प्रसाद द्विवेदी के स्त्री सम्बन्धी लेखन और दृष्टिकोण की चर्चा नहीं की है। महावीर प्रसाद द्विवेदी के सामाजिक चिन्तन का एक महत्त्वपूर्ण पक्ष है उनकी स्त्री सम्बन्धी दृष्टि। आचार्य द्विवेदी स्त्री-पुरुष समानता के प्रबल समर्थक थे। वे समाज और जीवन के प्रत्येक क्षेत्र में स्त्रियों की उपस्थिति और सक्रियता के हिमायती थे। उन्होंने मराठी नवजागरण के निर्माताओं पर लिखते हुए उस नवजागरण के प्रमाण के रूप में अनेक प्रबुद्ध मराठी स्त्रियों पर भी लेख लिखे हैं। द्विवेदी जी ने ताराबाई, रखमाबाई, झाँसी की रानी लक्ष्मीबाई और पण्डिता गोदावरी बाई की साधना और संघर्षों का विवेचन किया है।

महावीर प्रसाद द्विवेदी भारतीय स्त्रियों की शिक्षा के पक्षधर थे। सन् 1914 ई. में स्त्री शिक्षा के समर्थन में उनका एक लेख छपा था, जिसका शीर्षक था 'स्त्री-शिक्षा के विरोधी कुतर्कों का खण्डन'। यह लेख उस समय की पत्रिकाओं में प्रकाशित स्त्री-शिक्षा विरोधी लेखकों का जवाब था। इस लेख का आरम्भ इस तरह होता है, "बड़े शोक की बात है, आजकल भी ऐसे लोग विद्यमान हैं जो स्त्रियों को पढ़ाना उनके और गृह-सुख के नाश का कारण समझते हैं। और लोग भी ऐसे-वैसे नहीं, सुशिक्षित लोग—ऐसे लोग जिन्होंने बड़े-बड़े स्कूलों और शायद कॉलेजों में भी शिक्षा पायी है, जो धर्मशास्त्र और संस्कृत के ग्रन्थ साहित्य से परिचय रखते हैं, और जिनका पेशा कुशिक्षितों को शिक्षित करना, कुमार्गगामियों को सुमार्गगामी बनाना और अधार्मिकों को धर्मतत्त्व समझाना है।" (महावीर प्रसाद द्विवेदी रचनावली-7, पृ.सं. 153)

इसी लेख में द्विवेदी जी पुरातनपन्थियों को ललकारते हुए कहते हैं, "मान लीजिए कि पुराने ज़माने में भारत की एक भी स्त्री पढ़ी-लिखी न थी। न सही। उस समय स्त्रियों को पढ़ाने की ज़रूरत न समझी गयी होगी। पर अब तो है। अतएव, पढ़ाना चाहिए। हमने सैकड़ों पुराने नियमों, आदेशों और प्रणालियों को तोड़ दिया है या नहीं? तो, चलिए, स्त्रियों को अपढ़ रखने की इस पुरानी चाल को भी तोड़ दें। हमारी प्रार्थना तो यह है कि स्त्री-शिक्षा के विपक्षियों को क्षण भर

के लिए भी इस कल्पना को अपने मन में स्थान न देना चाहिए कि पुराने ज़माने में यहाँ की सारी स्त्रियाँ अपढ़ थीं अथवा उन्हें पढ़ने की आज्ञा न थी। जो लोग पुराणों में पढ़ी-लिखी स्त्रियों के हवाले माँगते हैं उन्हें श्रीमद्‌भागवत, दशम स्कन्ध, के उत्तरार्द्ध का त्रेपनवाँ अध्याय पढ़ना चाहिए। उसमें रुक्मिणी-हरण की कथा है। रुक्मिणी ने जो एक लम्बा-चौड़ा प्रेम-पत्र एकान्त में लिखकर, एक ब्राह्मण के हाथ, श्रीकृष्ण को भेजा था वह तो प्राकृत में न था।" (वही, पृ.सं. 155)

पुरातनपन्थी कह रहे थे कि स्त्रियाँ पढ़कर अनर्थ करती हैं। द्विवेदी जी उनसे कहते हैं, "स्त्रियों का किया हुआ अनर्थ यदि पढ़ाने ही का परिणाम है तो पुरुषों का किया हुआ अनर्थ भी उनकी विद्या और शिक्षा ही का परिणाम समझना चाहिए। बम के गोले फेंकना, नरहत्या करना, डाके डालना, चोरियाँ करना, घूस लेना, व्यभिचार करना—यह सब पढ़ने-लिखने ही का परिणाम हो तो ये सारे कॉलेज, स्कूल और पाठशालाएँ बन्द हो जानी चाहिए।" (वही, पृ.सं. 155) द्विवेदी जी की स्पष्ट राय है कि—"पढ़ने-लिखने में स्वयं कोई बात ऐसी नहीं जिससे अनर्थ हो सके। अनर्थ का बीज उसमें हरगिज़ नहीं। अनर्थ पुरुषों से भी होते हैं। अपढ़ों और पढ़े-लिखों, दोनों से। अनर्थ, दुराचार और पापाचार के कारण और ही होते हैं और वे व्यक्ति-विशेष का चाल-चलन देखकर जाने भी जा सकते हैं। अतएव, स्त्रियों को अवश्य पढ़ाना चाहिए। जो लोग यह कहते हैं कि पुराने ज़माने में यहाँ स्त्रियाँ न पढ़ती थीं अथवा उन्हें पढ़ने की मुमानियत थी वे या तो इतिहास से अभिज्ञता नहीं रखते या जान-बूझ कर लोगों को धोखा देते हैं। समाज की दृष्टि में ऐसे लोग दण्डनीय हैं। क्योंकि स्त्रियों को निरक्षर रखने का उपदेश देना समाज का अपकार और अपराध करना है—समाज की उन्नति में बाधा डालना है।" (वही, पृ.सं. 156)

द्विवेदी जी का 1903 ई. का एक लेख है—'गुजरातियों में स्त्री-शिक्षा'। इस लेख में द्विवेदी जी ने गुजरात में स्त्री-शिक्षा के प्रचार का ब्योरा देते हुए अन्त में लिखा है कि—"पुरुषों के समान इस देश की स्त्रियाँ भी सब प्रकार की शिक्षा ग्रहण करने के योग्य हैं। उनके लिए केवल अवकाश, अवसर और सुभीते की आवश्यकता है।" (वही, पृ.सं. 161) द्विवेदी जी का 1905 ई. का एक लेख है—'जापान की स्त्रियाँ'। इस लेख में उन्होंने लिखा है, "जापानी लोग स्त्रियों को उच्च शिक्षा देने के बड़े पक्षपाती हैं। स्त्री-शिक्षा का वहाँ बहुत प्रचार है। इस देश में यदि 100 में 1 लड़की मदरसे पढ़ने जाती है तो जापान में 100 में 20 लड़कियाँ मदरसे जाती हैं। स्त्रियों में वहाँ अनेक कवि, चित्रकार, अध्यापिकाएँ और सम्पादक हैं। हज़ारों पुस्तकें स्त्रियों ने बनायी हैं। जापान में पुरुष जैसे समाज

का सुधार करने में संकोच नहीं करते वैसे स्त्रियाँ भी संकोच नहीं करतीं। जो पुरानी रीतियाँ हानिकारिणी अथवा निरर्थक हैं उनको वे छोड़ देतीं और नयी-नयी अनुकूल रीतियों को स्वीकार कर लेती हैं। जापान के बड़े-बड़े प्रतिष्ठित पुरुष और अधिकारी अपनी-अपनी स्त्रियों के साथ बाहर निकलते हैं, सभाओं में जाते हैं, और योरप तथा अमेरिका वालों से भी सस्त्रीक मिलते हैं।" (वही, पृ.सं. 162-163)

द्विवेदी जी जहाँ कहीं स्त्री की पराधीनता देखते थे, तो वे उसकी कड़ी आलोचना करते थे। 'जापान की स्त्रियाँ' लेख में उन्होंने लिखा है, "जापान यद्यपि योरप वालों की सभ्यता की नक़ल प्रतिदिन करता जाता है तथापि वहाँ की स्त्रियाँ स्वतन्त्र नहीं हैं। वे अपने पति के कुटुम्बियों का बड़ा आदर करती हैं। पति को तो वे स्वामी क्या देवता समझती हैं। हमारे देश के समान जापान में भी स्त्रियों को हर अवस्था में दूसरों के प्रति अधीन रहने की शास्त्राज्ञा है। लड़कपन में वे अपने माता-पिता की आज्ञा में रहती हैं। विवाह हो जाने पर वे पति की आज्ञा में रहती हैं। और विधवा हो जाने पर वे पुत्र की आज्ञा में रहती हैं। वे अपनी पति की हृदय से सेवा करती हैं। पति जब घर से कहीं बाहर जाता है, तब मस्तक झुकाकर उसको वे प्रणाम करती हैं, और भोजन के समय सदा उसके पास वे उपस्थित रहती हैं।" (वही, पृ.सं. 163)

द्विवेदी जी का एक और लेख है, 'जापान में स्त्री-शिक्षा'। इस लेख में उन्होंने लिखा है कि "आजकल तो जापान में स्त्री-शिक्षा ने बहुत ही ज़ोर पकड़ा है। बौद्ध धर्म के प्रचार के पहले स्त्रियों की जो स्थिति वहाँ थी उससे भी उनकी आजकल की स्थिति ऊँची हो गयी है। जापानियों का अब यह ख़याल है कि जिसकी स्त्री शिक्षित नहीं उसे पूरा-पूरा सुख कदापि नहीं मिल सकता; उसका जीवन आनन्द से नहीं व्यतीत हो सकता; उसे गृहस्थाश्रम का मज़ा हरगिज़ नहीं प्राप्त हो सकता। वहाँ के राजा ने कानून जारी कर दिया है कि सात वर्ष की उम्र होने पर लड़कियों को मदरसे भेजना ही चाहिए। न भेजने से माँ-बाप को दण्ड दिया जाता है।" (वही, पृ.सं. 165)

द्विवेजी जी कला के क्षेत्र में, विशेष रूप से संगीत में भारतीय स्त्रियों की प्रगति के पोषक थे। उनका 1903 ई. का एक लेख है, 'स्त्रियाँ और संगीत'। उस लेख में द्विवेदी जी ने दुःख व्यक्त किया है कि आजकल संगीत के क्षेत्र में स्त्रियों की प्रवीणता और भागीदारी पर आपत्ति की जाती है। उन्होंने लिखा है, "इस समय इस देश में गाने-बजाने की कला स्त्रियों के लिए प्रायः अनुचित समझी जाती है और नाचने की तो महा ही निन्द्य मानी जाती है। इन कलाओं को लोग वार-वनिताओंका व्यवसाय समझते हैं और यदि किसी कुलीन कामिनी ने बिना

ताल स्वर के ढोलक पीटने के सिवा गायन और वादन में कुछ भी अधिक उत्साह दिखाया, तो लोग उसके और उसके आत्मीयों की ओर बुरी दृष्टि से देखने लगते हैं।" (वही, पृ.सं. 158)

स्त्री-पुरुष समानता के बारे में द्विवेदी जी का द्वन्द्वरहित दृष्टिकोण उनके एक लेख 'स्त्रियों का सामाजिक जीवन' (1913 ई.) में इस रूप में व्यक्त हुआ है, "कितने ही सभ्य और शिक्षित देशों में स्त्रियाँ ऐसे सैकड़ों काम करने लगी हैं जिन्हें पुरुष अब तक अपनी ही मिल्कियत समझते थे। कचहरियों में, कारखानों में, दुकानों में लाखों स्त्रियाँ तरह-तरह के पेशे करती हैं। कितनी ही स्त्रियाँ तो अपने काम से पुरुषों के भी कान काटती हैं। विद्या, विज्ञान, आविष्कार और पुस्तक-रचना में भी स्त्रियों ने नामवरी पायी है।" (वही, पृ.सं. 150-151)

द्विवेदी जी के समाज सम्बन्धी चिन्तन के प्रत्येक पक्ष का एक अन्तरराष्ट्रीय सन्दर्भ होता था। उनके स्त्री सम्बन्धी चिन्तन और लेखन में भी यह सन्दर्भ मौजूद है। जापान की स्त्रियों के बारे में उनके दृष्टिकोण का उल्लेख हो चुका है। उसके साथ ही उन्होंने स्त्री जीवन के कुछ और अन्तरराष्ट्रीय सन्दर्भों पर लिखा है। उनका 1907 का एक लेख है, 'एक तरुणी का नीलाम'। इस लेख में द्विवेदी जी ने अमेरिका की एक युवती की नीलामी का ब्योरा दिया। जुलाई 1903 ई. का द्विवेदी जी का एक लेख 'कुमारी एफ.पी. कॉव' के बारे में है, जो आयरलैण्ड की थी। द्विवेदी जी ने उनके संघर्षशील जीवन के बारे में लिखा है। उन्होंने लम्बे समय तक स्त्रियों के मताधिकार के लिए राजनीतिक संघर्ष किया था। द्विवेदी जी ने कुमारी कॉव के एक और स्त्री संघर्ष के बारे में यह लिखा है, "विलायत में जो लोग अपनी स्त्रियों को निर्दयता से मारते-पीटते थे और उन्हें नाना प्रकार के दुःख देते थे उनसे विवाह-सम्बन्ध तोड़ने का अधिकार स्त्रियों को पहले न था। इससे उन स्त्रियों की बड़ी दुर्दशा होती थी। परन्तु कुमारी कॉव के उद्योग से पार्लियामेंट ने अब यह नियम कर दिया है कि ऐसी स्त्रियाँ अपने पतियों से अलग हो सकती हैं। अतएव, हर साल सैकड़ों सुशील स्त्रियाँ अपने मद्यप, दुर्व्यसनी और दुष्ट पतियों के हाथ से छूट कर नीति-मार्ग का अवलम्बन करते हुए समय बिताती हैं।" (महावीर प्रसाद द्विवेदी रचनावली-4, पृ.सं. 203) आचार्य द्विवेदी ने 1904 ई. के एक लेख में लेडी जेन ग्रे के दुखद अन्त की करुण-कहानी लिखी है, जिससे आचार्य की सहृदयता का पता लगता है।

सन् 1933 ई. में आचार्य महावीर प्रसाद द्विवेदी को काशी नागरी प्रचारिणी सभा की ओर से यह अभिनन्दन ग्रन्थ भेंट किया गया था। यह एक विशाल ग्रन्थ है। इस ग्रन्थ के बारे में कुछ भी कहने से पहले इससे जुड़ी दो विडम्बनाओं

की बात करना ज़रूरी है। पहली विडम्बना यह है कि अभिनन्दन ग्रन्थ में जो प्रस्तावना प्रकाशित है, उसके अन्त में श्यामसुन्दर दास और कृष्ण दास के नाम हैं, जिससे लगता है कि प्रस्तावना इन्हीं दोनों व्यक्तियों की लिखी हुई है। लेकिन सच्चाई यह नहीं है। इस प्रस्तावना के लेखक श्यामसुन्दर दास और कृष्ण दास नहीं हैं। इसके वास्तविक लेखक नन्ददुलारे वाजपेयी हैं। नन्ददुलारे वाजपेयी की पुस्तक 'हिन्दी साहित्य : बीसवीं शताब्दी' में यह प्रस्तावना श्री महावीर प्रसाद द्विवेदी शीर्षक से शामिल है। अपनी पुस्तक में वाजपेयी जी ने निबन्ध के आरम्भ में यह टिप्पणी दी है, "लेखक का यह निबन्ध सन् 33 के आरम्भ में लिखा गया था, जब द्विवेदी जी जीवित थे। यह लेख सर्वप्रथम 'द्विवेदी-अभिनन्दन ग्रन्थ' की प्रस्तावना के रूप में प्रकाशित हुआ था, किन्तु किसी कारणवश वहाँ लेखक का नाम न दिया जाकर उसके स्थान पर ग्रन्थ के सम्पादकों का नाम दे दिया गया था। यहाँ यह पहली बार लेखक के नाम से प्रकाशित किया जा रहा है।" (पृ.सं. 37) अभिनन्दन ग्रन्थ में शामिल प्रस्तावना और वाजपेयी जी के निबन्ध में अन्तर केवल इतना है कि प्रस्तावना के अन्त में चार-पाँच वाक्य ऐसे जोड़े गये हैं जो मूल लेख में नहीं हैं।

दूसरी विडम्बना का सम्बन्ध प्रस्तावना के इस कथन से है, "साहित्य और कला की स्थायी प्रदर्शनी में उनकी कौन-सी कृतियाँ रखी जायेंगी? क्या उनके अनुवाद? 'कुमारसम्भव-सार', 'रघुवंश', 'हिन्दी-महाभारत', अथवा 'बेकन-विचार-रत्नावली', 'स्पेंसर की ज्ञेय और अज्ञेय मीमांसाएँ', 'स्वाधीनता' और 'सम्पत्ति शास्त्र'? किन्तु ये सब तो अनुवाद ही हैं, इनमें द्विवेदी जी की भाषा-शैली स्वयं ही परिष्कृत हो रही थी—क्रमशः विकसित हो रही थी—और आजकल की दृष्टि से उसमें और भी परिवर्तन किये जा सकते हैं। इन सब में भाषा-संस्कार के इतिहास की प्रचुर सामग्री मिलेगी; किन्तु इनमें द्विवेदी जी का वह व्यक्तित्व बहुत कुछ ढूँढ़ने पर ही मिलेगा जो इस समय हम लोगों के सामने विशद रूप में आया है।" (पृ.सं. 1) आश्चर्य की बात यह है कि द्विवेदी जी के विख्यात अनुवादों के साथ उनकी मौलिक पुस्तक 'सम्पत्ति शास्त्र' को भी रखा गया है और उसको भी अनुवाद ही कहा गया है। अगर वह अनुवाद है तो किस भाषा की किस पुस्तक का? द्विवेदी जी ने अपनी पुस्तक की भूमिका में 'सम्पत्ति शास्त्र' के लेखन की ज़रूरत, तैयारी और प्रक्रिया के बारे में विस्तार से लिखा है। फिर भी प्रस्तावना लेखक उसे अनुवाद कह रहे थे। इससे यह साबित होता है कि प्रस्तावना लेखक ने न 'सम्पत्ति शास्त्र' की भूमिका पढ़ी है न मूल पुस्तक। इसी बात को ध्यान में रखकर डॉ. रामविलास शर्मा ने 'महावीर प्रसाद द्विवेदी और हिन्दी नवजागरण' में व्यंग्य

और आक्रोश के साथ लिखा है, "इसे (सम्पत्ति शास्त्र को) लिखने में द्विवेदी जी ने घोर परिश्रम किया था। उनकी सबसे मौलिक और महत्त्वपूर्ण कृति यही है।" इसके बारे में उन्होंने आत्मकथा वाले निबन्ध में लिखा था, "समय की कमी के कारण मैं विशेष अध्ययन न कर सका। इसी से सम्पत्ति शास्त्र नामक पुस्तक को छोड़कर और किसी अच्छे विषय पर मैं कोई नयी पुस्तक न लिख सका।" इस सम्पत्ति शास्त्र को अपने अभिनन्दन वाले ग्रन्थ में अनुवाद बताया देखकर द्विवेदी जी के मन की क्या दशा हुई होगी, इसकी कल्पना की जा सकती है।" (पृ.सं. 378)

प्रस्तावना के आरम्भ में यद्यपि द्विवेदी जी के स्थायी साहित्य या उनके साहित्य के स्थायित्व के बारे में असमंजस ही अधिक है, फिर 'सरस्वती' के माध्यम से उनके युगद्रष्टा और युगस्रष्टा रूपों और कार्यों का महत्त्वपूर्ण मूल्यांकन है। प्रस्तावना में लिखा गया है कि "वे ऐसे-वैसे सम्पादक नहीं थे, सिद्धान्तवादी और सिद्धान्तपालक सम्पादक थे। जान पड़ता है कि वे निश्चित नियम बनाकर उनके अनुसार अपनी रुचि के लेख मँगाते और वही छापते थे। संस्कृत-साहित्य का पुनरुत्थान; खड़ी बोली कविता का उन्नयन; नवीन पश्चिमीय शैली की सहायता से भावाभिव्यंजन; संसार की वर्तमान प्रगति का परिचय; साथ ही प्राचीन भारत के गौरव की रक्षा—जो कुछ उनके लक्ष्य थे, उनकी प्राप्ति अपनी निश्चित धारणा के अनुसार 'सरस्वती' के द्वारा करना उनका सिद्धान्त था; अतः द्विवेदी-काल की 'सरस्वती' में केवल द्विवेदी जी की भाषा की प्रतिमा ही गठित नहीं है, उनके विचारों का भी उसमें प्रतिबिम्ब पड़ा है। उन्होंने किसी संस्था की स्थापना नहीं की, परन्तु सरस्वती की सहायता से उन्होंने भाषा के शिल्पी, विचारों के प्रचारक और साहित्य के शिक्षक—तीन-तीन संस्थाओं के संचालक—का काम उठाया और पूरी सफलता के साथ उसका निर्वाह किया।" (पृ.सं. 2)

प्रस्तावना में यह भी कहा गया है कि द्विवेदी जी ने खड़ी बोली के गद्य और पद्य में जो लेखनी चलायी वह इतिहास में 'द्विवेदी-कलम' के नाम से प्रचलित होगी। प्रस्तावना की निम्नलिखित मान्यताएँ मननीय हैं और माननीय भी :

(क) गद्य और पद्य की भाषा एक करके जनता तक नवीन युग का सन्देश पहुँचना उनका उद्देश्य था।

(ख) उन्होंने उदात्त और लोक-हितैषी विचारों के पक्ष में शक्तिशाली प्रेरणा उत्पन्न की थी।

(ग) स्वभाव की रुखाई, कपास की भाँति निरस होती हुई भी गुणमय फल देती है। द्विवेदी जी ने हिन्दी साहित्य के क्षेत्र में कपास की खेती की—निरस विशद गुणमय फल जासू।

(घ) द्विवेदी जी अपने युग के उस साहित्यिक आदर्शवाद के जनक हैं जो समय पाकर प्रेमचन्द जी आदि के उपन्यास-साहित्य में फूला-फला।

(ङ) द्विवेदी युग को साहित्य के कर्म-योग का युग कहना चाहिए।

(च) द्विवेदी जी की साहित्य-शैली का भविष्य अब तक यथोचित प्रकाश में नहीं आया है। हिन्दी प्रदेश की जनता ने उसे अपने समाचार-पत्रों की भाषा में अच्छी मात्रा में अपना लिया है और हिन्दी के प्लेटफार्म पर भी उसकी तूती बोलने लगी है।

(छ) व्यावहारिक, राजनीतिक, सामाजिक तथा धार्मिक विवेचन और देशव्यापी विचार-विनिमय जब खड़ी बोली का आधार लेकर चलने लगेंगे, तब द्विवेदी जी की भाषा को भली-भाँति फूलने-फलने का मौक़ा मिलेगा।

इस अभिनन्दन ग्रन्थ में भूमिका और प्रस्तावना के बाद मुख्य भाग में निबन्ध, कविताएँ, श्रद्धांजलियाँ, विदेशी विद्वानों और लेखकों के सन्देश के साथ एक चित्रावली भी है। निबन्धों के विषयों और श्रद्धांजलियों की विविधता चकित करने वाली है। इसमें अंग्रेज़ी में रेव. एडविन ग्रीब्स, प्रो. ए. बेरिन्निकोव और सन्त निहाल सिंह के लेख हैं। श्रद्धांजलि के अन्तर्गत एक ओर महात्मा गाँधी के साथ भाई परमानन्द हैं तो दूसरी ओर अनेक विदेशी विद्वानों और लेखकों के सन्देश हैं। उस युग के अधिकांश कवियों की कविताएँ इस अभिनन्दन ग्रन्थ में हैं।

इस ग्रन्थ में जो चित्रावली है उसका एक विशेष महत्त्व यह है कि अभिनन्दन ग्रन्थ के आज के पाठक आधुनिक हिन्दी साहित्य के ऐसे लेखकों-कवियों का रूप-दर्शन कर सकेंगे, जिनका वे केवल नाम जानते हैं।

विभिन्न भाषाओं, समाजों, साहित्यों और परम्पराओं के बारे में महावीर प्रसाद द्विवेदी के दृष्टिकोण में जैसी व्यापकता और उदारता थी, वैसी ही व्यापकता और उदारता इस ग्रन्थ के निबन्धों में है। इसके निबन्ध-लेखक उत्तर भारत के लगभग सभी क्षेत्रों के हैं और कुछ यूरोप के प्रसिद्ध विद्वान भी हैं। इन निबन्धों में संस्कृत, हिन्दी, गुजराती और अंग्रेज़ी भाषा तथा साहित्य का प्रतिनिधित्व है। इसके निबन्ध-लेखक दार्शनिक, संस्कृतज्ञ, इतिहासकार, हिन्दी के आलोचक, पुरातत्त्ववेत्ता, पत्रकार, भाषा-वैज्ञानिक, काव्यशास्त्री, चित्रकला के पारखी, वास्तुकलाविद्, समाज-वैज्ञानिक, वैज्ञानिक और अरबी-फ़ारसी-उर्दू के विद्वान हैं।

इस ग्रन्थ के कुछ निबन्ध आज भी पठनीय हैं और वे अन्यत्र शायद ही मिलें। ऐसे दो निबन्ध विशेष रूप से उल्लेखनीय हैं। उसमें एक निबन्ध मुंशी महेश प्रसाद मौलवी-आलिम-फाजिल का है। निबन्ध का शीर्षक है 'प्राचीन अरबी कविता'। इस निबन्ध में जिस अरबी कविता का विवेचन है वह अरब में इस्लाम

के पैदा होने के पहले की कविता है। इस निबन्ध से यह भी ज़ाहिर होता है कि प्राचीन अरबी में पुरुषों के समानान्तर स्त्रियाँ भी कविता करती थीं। निबन्धकार ने लिखा है, "स्त्री-मण्डल के कविता-क्षेत्र में सबसे अधिक प्रसिद्धि 'तुमाजिर' नामक स्त्री की है, जो प्रायः 'खनूसा' के नाम से विख्यात है। यह प्राचीन काल की कवयित्रियों में सर्वश्रेष्ठ मानी जाती है। इसकी कविताओं का एक संग्रह छप चुका है। अनेक लोगों ने इसकी कवित्व-शक्ति की भूरि-भूरि प्रशंसा की है।" (पृ.सं. 224) निबन्धकार ने बाद में यह भी लिखा है, "यह बात निर्विवाद रूप से सिद्ध है कि प्राचीन-कालीन अरब में शिक्षा-प्रसार नहीं था। फिर भी वहाँ के लोगों में दैवी कवित्व-शक्ति थी। इसी कारण पुरुषों के सिवा अनेक स्त्रियाँ भी कवि हुई हैं। उन स्त्री-कवियों की कविताएँ केवल करुण-रसात्मक ही नहीं, बल्कि अन्य काव्य-रसों से भी युक्त हैं। इतिहासकार इस बात से सहमत नहीं हैं कि अरबी भाषा के कवि-सम्राट, 'इमरूल कैस' और अन्य कवियों के बीच में एक कविता-सम्बन्धी वाद-विवाद हुआ था, जिसे एक स्त्री ने योग्यता के साथ निपटाया था।" (पृ.सं. 215)

दूसरा निबन्ध मौलाना सैयद हुसैन शिबली नदवी का है, जिसका शीर्षक है 'उर्दू क्योंकर पैदा हुई'। इस निबन्ध के आरम्भ में शिबली साहब ने लिखा है कि हिन्दुस्तान में हमेशा भाषाओं की बहुलता रही है। उन्होंने यह भी लिखा है कि अमीर खुसरो हर जगह अपनी ज़बान को हिन्दवी कहते हैं। इस निबन्ध के अन्त में शिबली साहब ने हिन्दी-उर्दू की बुनियादी एकता पर ध्यान दिया है। उन्होंने लिखा है, "देहलवी हिन्दी तो अपनी जगह रह गयी; लेकिन इस हिन्दी में उस वक़्त के नये ज़रूरियात के बहुत-से अरबी, फ़ारसी और तुर्की के वह अल्फ़ाज़ आकर मिले हैं जिनके मानी और मुसम्मा उन मुल्कों से आये थे। दूसरा फ़र्क़ यह पैदा हुआ कि वह हिन्दी अपने खत में और यह उर्दू फ़ारसी खत में लिखी ज़ाने लगी। रफ़्तः-रफ़्तः एक और फ़र्क़ भी पैदा हुआ कि पुरानी हिन्दी के बहुत-से लफ़्ज़ों में, जो ज़बान पर भारी और सकील थे, जमानः और ज़बान की फितरी तरक्की के असूल के मुताबिक़, हल्कापन और ख़ूबसूरती और ख़ुशआवाज़ी पैदा करने की कोशिश गयी। इसी तरह अरबी और फ़ारसी और तुर्की के लफ़्ज़ों में भी अपनी तबीयत के मुताबिक़ इसने तब्दीलियाँ पैदा कीं।"

इस ग्रन्थ का केवल ऐतिहासिक महत्त्व नहीं है। इसके निबन्ध 'ज्ञानराशि के संचित कोश' होने के कारण आज भी पठनीय और मननीय हैं।

(यह निबन्ध राष्ट्रीय पुस्तक न्यास, नयी दिल्ली द्वारा 'महावीर प्रसाद द्विवेदी अभिनन्दन ग्रन्थ' के पुनर्प्रकाशन (2015) के समय परिचय के रूप में लिखा गया।)

जयशंकर प्रसाद की कामायनी और मुक्तिबोध

प्रसाद की कृति कामायनी से मुक्तिबोध के लगाव की कहानी लम्बी है। 'कामायनी : एक पुनर्विचार' में मुक्तिबोध ने लिखा है, "पिछले बीस वर्षों से मैं कामायनी का पठन-पाठन और अध्ययन करता आया हूँ।" मुक्तिबोध ने कामायनी से अपने जिन बीस वर्षों के लगाव की बात लिखी है उन बीस वर्षों में उन्होंने कामायनी का केवल पठन-पाठन और अध्ययन ही नहीं किया था, उस पर आलोचनात्मक लेखन भी किया था। उन्होंने 'कामायनी : एक पुनर्विचार' 1961 के प्रथम संस्करण की भूमिका में लिखा है, "आज से कई वर्षों पहले, कामायनी के सम्बन्ध में मेरे कुछ निबन्ध 'हंस' तथा 'आलोचना' में प्रकाशित हुए थे। उन्हीं के आधार पर, मेरे मन्तव्यों के सम्बन्ध में रायें बनाई गयीं। यह स्वाभाविक ही था। कामायनी के सम्बन्ध में विस्तृत रूप से लिखने का मुझे मौक़ा नहीं मिला था। सन् 50 के बाद, मैंने एक पुस्तक लिखी। वह पूर्ण रूप से छपी भी, किन्तु ज्ञान और शिक्षा के क्षेत्र में कार्य करने वाले एक प्रकाशक महोदय की सज्जनता के फलस्वरूप, मुद्रित होकर भी पुस्तक प्रकाशित न हो सकी। इस घटना के कई वर्ष बाद, मैंने फिर से उसी पुस्तक को संशोधित किया, उसमें नये अध्याय जोड़े और कुछ पुराने मतों में परिवर्तन किया। अब यह पुस्तक कृपालु पाठकों के सम्मुख है।" (मुक्तिबोध रचनावली, भाग-4, पृ.सं. 213)

सन् 50 के बाद कामायनी के बारे में जो किताब मुक्तिबोध ने लिखी थी उसका नाम है, 'कामायनी' : (एक अध्ययन), जिसे आधुनिक प्रकाशन, नागपुर ने छापा था, लेकिन वह पुस्तक मुक्तिबोध के शब्दों में 'मुद्रित होकर भी प्रकाशित न हो सकी'। वह पुस्तक अप्राप्य है, इसलिए उससे हिन्दी समाज अपरिचित है। कामायनी पर मुक्तिबोध की लिखी दोनों पुस्तकों में अनेक समानताएँ हैं, पर कुछ अन्तर भी हैं। कामायनी (एक अध्ययन) के अन्त में 50 पृष्ठों का एक परिशिष्ट है, जिसमें भारतीय समाज और साहित्य के साथ आधुनिक विश्व के समाज का समाजशास्त्रीय विवेचन है। वह परिशिष्ट 'कामायनी : एक पुनर्विचार' में नहीं है। दोनों का तुलनात्मक अध्ययन एक स्वतन्त्र निबन्ध का विषय है।

सन् 1961 में मुक्तिबोध ने लिखा था कि वे बीस वर्षों से कामायनी का पठन-पाठन और अध्ययन करते रहे हैं, अर्थात वे 1941 से कामायनी से जुड़े हुए थे। कामायनी से सम्बन्धित उनका अन्तिम लेख सन् 1963 के अन्तिम दिनों का है, जो 'कल्पना' पत्रिका के 'उर्वशी-विवाद' में शामिल होकर जनवरी, 1964 में छपा। इस तरह मुक्तिबोध का कामायनी से जुड़ाव 1941 से 1963 तक बना रहा। किसी एक कृति से किसी दूसरे कवि और आलोचक का ऐसा लम्बा लगाव हिन्दी साहित्य के इतिहास में कम ही दिखाई देता है।

कामायनी से मुक्तिबोध के इस लम्बे लगाव के अनेक कारण हैं। एक कारण आचार्य रामचन्द्र शुक्ल के कामायनी सम्बन्धी एक कथन में मिलता है। आचार्य शुक्ल ने 'हिन्दी साहित्य का इतिहास' में कामायनी का मूल्यांकन करते हुए लिखा है, "विज्ञान द्वारा सुख-साधनों की वृद्धि के साथ-साथ विलासिता और लोभ की असीम वृद्धि तथा यन्त्रों के परिचालन से जनता के बीच फैली हुई घोर अशक्तता, दरिद्रता आदि के कारण वर्तमान जगत की जो विषम स्थिति हो रही है उसका भी थोड़ा आभास मनु की विद्रोही प्रजा के इन वचनों द्वारा दिया गया है—

प्रकृति शक्ति तुमने यन्त्रों से सबकी छीनी।
शोषण कर जीवनी बना दी जर्जर झीनी।।

वर्गहीन समाज की साम्यवादी पुकार की भी दबी-सी गूँज दो-तीन जगह है। 'विद्युत कण (इलेक्ट्रांस) मिले झलकते से' में विज्ञान की भी झलक है।" (हिन्दी साहित्य का इतिहास, पृ.सं. 660)

आचार्य शुक्ल के इस कथन में तीन बातें ध्यान देने लायक हैं। पहली बात यह कि कामायनी में पूँजीवाद और जनजीवन पर उसके दुष्प्रभावों की आलोचना है। दूसरी बात यह कि कामायनी में वर्गहीन समाज की साम्यवादी पुकार की गूँज है। तीसरी बात यह कि कामायनी में विज्ञान की भी झलक है। ये तीनों बातें कवि और आलोचक मुक्तिबोध की मानसिकता तथा सोच-विचार की प्रक्रिया के लिए आकर्षक थीं। मुक्तिबोध की कविता और विवेचनात्मक गद्य में पूँजीवाद की आलोचना और वर्गहीन समाज की साम्यवादी आकांक्षा सर्वत्र मौजूद है। इसलिए ऐसी कृति में मुक्तिबोध की गहरी दिलचस्पी स्वाभाविक है जिसमें इन दोनों बातों की अभिव्यक्ति की सम्भावना की ओर संकेत हो। मुक्तिबोध हिन्दी के ऐसे कवि हैं जिनकी कविताओं में एक दर्जन से अधिक विज्ञान सम्बन्धी शब्दों और अवधारणाओं का उपयोग है। भले ही मुक्तिबोध के किसी आलोचक ने उनकी कविता में मौजूद विज्ञान सम्बन्धी शब्दों और अवधारणाओं की अर्थवत्ता पर विचार न किया हो, लेकिन उनकी कविता में विज्ञान सम्बन्धी शब्दावली से यह तो साबित होता ही है

कि मुक्तिबोध की विज्ञान में गहरी दिलचस्पी थी और उसकी जानकारी भी। इसलिए कामायनी में विज्ञान की झलक उनके आकर्षण का एक कारण है।

कामायनी से मुक्तिबोध के लम्बे लगाव का एक और कारण है जो अधिक बुनियादी है। जयशंकर प्रसाद और मुक्तिबोध दोनों ही सघन विचारशीलता के कवि हैं। इन दोनों की कविताओं में सघन विचारशीलता मिलती है। जयशंकर प्रसाद की सघन विचारशीलता कामायनी में है इसलिए उससे मुक्तिबोध का जुड़ाव स्वाभाविक है।

कामायनी में व्यक्त सघन विचारशीलता का विवेचन मुक्तिबोध ने 'उर्वशी-विवाद' के अपने हस्तक्षेप में किया है। भगवतशरण उपाध्याय ने उर्वशी की समीक्षा में कामायनी के बारे में लिखा था, "दर्शन की ही तथाकथित विशिष्टता प्रसाद की 'कामायनी' का मानदण्ड बन गयी है; उसके दर्शन की ही अधिक, काव्य की कम, चर्चा हुआ करती है। 'कामायनी' काव्य की दृष्टि से घटिया कृति है, और जहाँ दर्शन की बात है मुझे एंगेल्स की बात दुहरानी पड़ेगी। वैसे, दर्शन पढ़ने के लिए 'कामायनी' की अपेक्षा दर्शन की दिशा में शून्य व्यक्ति ही करेंगे।" इस पर तीव्र प्रतिक्रिया व्यक्त करते हुए मुक्तिबोध ने लिखा है, "सबसे दुर्भाग्यपूर्ण बात तो भगवतशरण जी ने की, वह 'कामायनी' के सम्बन्ध में है। उन्होंने राह चलते 'कामायनी' की निन्दा कर डाली। उन्होंने कहा कि 'कामायनी' में काव्य सौन्दर्य नहीं है, उसमें तो केवल दर्शन है। और दर्शन के ग्रहण के लिए कोई भी 'कामायनी' की तरफ़ नहीं जायेगा।"

इसके पूर्व, भगवतशरण जी ने यह मान्यता प्रस्तुत की थी कि "मुझे लगता है कि काव्य यदि दर्शन के कारण विशिष्ट है, तो निश्चय ही उसका काव्यत्व निकृष्ट है, वैसे ही यदि दार्शनिक कृति अपने काव्यगुण के कारण विशेष प्रशंसित है तो निश्चय ही उसका दर्शन निकृष्ट है। दर्शन की ही तथाकथित विशिष्टता प्रसाद की 'कामायनी' का मानदण्ड बन गयी है; उसके दर्शन की ही अधिक, काव्य की कम, चर्चा हुआ करती है।" (कल्पना का उर्वशी-विवाद, पृ.सं. 30) इसलिए भगवतशरण जी के मत से, " 'कामायनी' काव्य की दृष्टि से घटिया कृति है।" (वही पृ.सं. 64)

मुक्तिबोध ने यह भी लिखा है कि कामायनी सम्बन्धी भगवतशरण उपाध्याय की "सारी स्थापनाएँ असंगत, अनुचित, निराधार एवं दुर्भाग्यपूर्ण हैं। वे दर्शन और कला दोनों को परस्पर-पृथक्, परस्पर-असम्पृक्त श्रेणियों में बाँटकर चलते हैं और इन दोनों के बीच पारस्परिक प्रभाव के तथ्य को दृष्टि से ओझल करते हैं।" मुक्तिबोध ने काव्य और दर्शन के आत्मीय सम्बन्ध की व्याख्या करते हुए लिखा है, "दर्शन की कुछ स्थापनाएँ कवि के आभ्यन्तर संवेदनात्मक ज्ञान का अंग बन जाती हैं। अथवा, यह भी होता है कि जीवन-समस्याओं का काव्यात्मक चित्रण करते हुए, लेखक अनायास उन समस्याओं के निराकरण का मार्ग बताता

है—यह निराकरण का मार्ग ही उसका दर्शन है ('कामायनी' में ऐसा हुआ है)। यह भी सम्भव है कि अपनी किसी विशेष प्रवृत्ति की औचित्य-स्थापना के लिए लेखक दर्शन का सहारा ले (जैसा कि उर्वशी में हुआ है)। यह भी सम्भव है कि कोई दर्शन कवि को विशाल विश्व-स्वप्न प्रदान करे, और वह विश्व-स्वप्न उसकी अनुभूति का अंग बन जाये।" (वही, पृ.सं. 65)

कामायनी में मौजूद दर्शन की सार्थकता का विवेचन करते हुए मुक्तिबोध ने लिखा है कि "कामायनी में दर्शन शास्त्रीय ढंग से प्रकट नहीं हुआ है। जीवन-समस्याओं के निराकरण के रूप में ही उसे उपस्थित किया गया है। वह मनोवैज्ञानिक रूप से, अनुभूति के ढंग पर, सत्य-स्पर्शी भावना के रूप में, प्रकट किया गया है, बौद्धिक ऊहापोह के रूप में नहीं।" (वही, पृ.सं. 65-66)

अपनी प्रतिक्रिया के अन्त में मुक्तिबोध ने लिखा है, "कामायनी अपनी काव्यात्मकता के लिए, जीवन-समस्याओं के काव्यात्मक चित्रण के लिए, हमेशा प्रसिद्ध रहेगी। उसमें उत्कृष्ट काव्यात्मकता है। उसका दर्शन जीवन-समस्याओं पर अनवरत चिन्तन के फलस्वरूप है। अतएव, वह जीवन-समस्याओं के निराकरण के रूप में प्रस्तुत हुआ है। उस दर्शन में, उस दर्शन के चित्रण में, कोई दोष नहीं है। उसमें आडम्बर नहीं है। उसमें दार्शनिक दम्भ नहीं है। और बहुत से स्थानों पर, आधुनिक सभ्यता की कुछ मूल विषमताओं पर, कठोर और प्रखर काव्यात्मक आक्रमण है। संक्षेप में, 'प्रसाद' जी की दार्शनिक अनुभूति उनकी भावना के नेत्र हैं।" (वही, पृ.सं. 66)

सघन विचारशीलता से सम्पृक्त कविताओं और उनकी रचना करने वाले कवियों के सामने कुछ ख़तरे भी होते हैं। ऐसे ख़तरों के बारे में रामचन्द्र शुक्ल का एक कथन ध्यान देने लायक है। आचार्य शुक्ल ने लिखा है कि "उनकी कविता में बुद्धि-व्यापार का बहुत योग है। विचारों की ऐसी सघनता बहुत कम कवियों में पायी जाती है। कहीं-कहीं विचारों की गति इतनी क्षिप्र होती है कि पाठक साथ-साथ नहीं चल पाता और उसे दुर्बोधता या अस्पष्टता का अनुभव होता है। कहीं-कहीं इस प्रकार की अस्पष्टता की प्रतीति के कारण स्थूल दृष्टि से देखने वालों को, रहस्यवाद का धोखा होता है।" (चिन्तामणि भाग-2, पृ.सं. 138) क्या यह अलग से कहने की ज़रूरत है कि जयशंकर प्रसाद और मुक्तिबोध की कविताओं ने ऐसे ख़तरों का सामना किया है। उन पर अस्पष्टता, दुर्बोधता और रहस्यवाद के आरोप लगे हैं।

मुक्तिबोध के आलोचना सम्बन्धी चिन्तन और लेखन के निर्माण में उनकी कामायनी सम्बन्धी आलोचना का विशेष महत्त्व है। उनकी आलोचना दृष्टि को व्यक्त करने वाली अनेक मान्यताएँ और उनकी आलोचना के कुछ बीज शब्द उनकी कामायनी की आलोचना में हैं। मैं उन मान्यताओं और बीज शब्दों का उल्लेख करना

चाहता हूँ, व्याख्या नहीं; क्योंकि व्याख्या तो प्रत्येक व्यक्ति अपनी दृष्टि और ज़रूरत के अनुसार करेगा। आलोचना के बारे में मुक्तिबोध की मान्यता यह है, "किसी भी साहित्य को तीन प्रकार से देखा जाना चाहिए। एक तो वह किन स्रोतों से उद्‌गत होता है अर्थात किन वास्तविकताओं के परिणामस्वरूप वह साहित्य उत्पन्न होता है। दूसरे, उसका कलात्मक प्रभाव क्या है, और तीसरे, उनकी अन्तःप्रकृति, रूप-रचना कैसी है। इस तीसरे प्रश्न को बिना पहले प्रश्न से मिलाए हम दूसरे सवाल का जवाब नहीं दे सकते।" (कामायनी : एक पुनर्विचार, पृ.सं. 16)

मुक्तिबोध की दूसरी मान्यता जितनी मौलिक है उतनी महत्त्वपूर्ण भी। उनके अनुसार, "यथार्थवादी शिल्प और यथार्थवादी दृष्टिकोण में अन्तर है। यह बहुत ही सम्भव है कि यथार्थवादी शिल्प के विपरीत, जो भाववादी शिल्प है—उस शिल्प के अन्तर्गत, जीवन को समझने की दृष्टि यथार्थवादी रही हो। कवि के जीवन-ज्ञान के स्तर पर और कवि-व्यक्तित्व की अनुभव-सम्पन्नता के स्तर पर, उसकी दृष्टि पर, यह निर्भर है कि वह कहाँ तक वास्तविक जीवन-जगत को उसके सारे वास्तविक सम्बन्धों को ग्रहण कर उसे वस्तुतः समझता है।" (वही, पृ.सं. 5-6) यथार्थवादी शिल्प और यथार्थवादी दृष्टिकोण में अन्तर को प्रेमचन्द के कथा-साहित्य के सन्दर्भ में समझा जा सकता है। प्रेमचन्द का कथा-शिल्प, उनकी कहानियों और उपन्यासों का शिल्प विधान आरम्भिक रचनाओं से अन्तिम रचनाओं तक यर्थाथवादी है, लेकिन वास्तविकताओं के बारे में उनका दृष्टिकोण उनके आरम्भिक और बाद के कथा-लेखन में बदला है।

मुक्तिबोध की तीसरी मान्यता विचारधारा और कला के सम्बन्ध के बारे में है। उन्होंने लिखा है कि "विचारधारा किसी प्रकार कला पर हावी हो जाती है, उसे बिगाड़ देती है, इसका उदाहरण 'कामायनी' भी है।" (वही, पृ.सं. 146)

मुक्तिबोध की कामायनी की आलोचना में दो बीज शब्द हैं, वे हैं फैंटेसी और सभ्यता-समीक्षा। फैंटेसी मुक्तिबोध का प्रिय शब्द है और उनकी काव्य-रचना तथा आलोचना का सिद्ध साधन भी। उनकी कविताओं का केन्द्रीय शिल्प-विधान फैंटेसी से निर्मित है और उनकी कामायनी की आलोचना का भी केन्द्रीय तत्त्व फैंटेसी ही है। हिन्दी में मुक्तिबोध से पहले किसी कवि या आलोचक ने फैंटेसी के स्वरूप की चर्चा शायद ही की हो। हिन्दी कविता के रचना-विधान में फैंटेसी का प्रयोग पहले भी था, लेकिन आलोचना में उसके प्रयोग और स्वरूप की व्याख्या पहले न थी। कविता या कहानी में फैंटेसी का प्रयोग करते हुए भी मुक्तिबोध के मन में यह असमंजस था कि फैंटेसी भाववादी शिल्प का साधन है या यथार्थवादी शिल्प का। वे यह भी मानते थे कि भाववादी शिल्प में भी जीवन को समझने और व्यक्त करने का प्रयत्न यथार्थवादी हो सकता है। फैंटेसी के स्वरूप और महत्त्व के बारे

में जिनको सन्देह हो उनको लेनिन के फैंटेसी के बारे में इस कथन को ध्यान से पढ़ना चाहिए। लेनिन ने कहा है, "एक विशेष वस्तु के प्रति मानव-मानस की पहुँच, उस वस्तु का चित्र या उसकी धारणा प्राप्त करना सरल, तात्कालिक क्रिया नहीं है और न मृतप्राय दर्पण की छाया जैसी है, बल्कि वह जटिल, द्विविभाजित, टेढ़ी-मेढ़ी होती है, जिसमें जीवन से फैंटेसी की उड़ान की सम्भावना होती है, उससे भी अधिक उसमें रूपान्तरण की भी सम्भावना होती है। उसमें अमूर्त धारणा और विचार का ऐसा रूपान्तरण होता है जो अदृश्य होता है, इसलिए प्रायः व्यक्ति उसके बारे में अनजान होता है।" हाल की हिन्दी आलोचना में सभ्यता-समीक्षा को लोकप्रिय बनाने का काम अशोक वाजपेयी ने किया है। लेकिन लोकप्रियता के बावजूद सभ्यता-समीक्षा का इकहरा अर्थ ही हिन्दी आलोचना में प्रचलित है, जबकि मुक्तिबोध की कामायनी की आलोचना में उसका दोहरा अर्थ है। एक ओर तो रचना में कवि की सभ्यता-समीक्षा है तो दूसरी ओर आलोचना में कवि की सभ्यता-समीक्षा की आलोचक द्वारा की जाने वाली समीक्षा है। मुक्तिबोध ने 'कामायनी : एक पुनर्विचार' में बार-बार प्रसाद जी की सभ्यता-समीक्षा की बात की है और अपनी आलोचना में उस सभ्यता-समीक्षा की समीक्षा भी की है।

मुक्तिबोध की आलोचना में ही कामायनी की चिन्ता नहीं है वह उनकी रचनाशीलता में भी है। मुक्तिबोध की सर्वाधिक प्रसिद्ध और चर्चित कविता 'अँधेरे में' है। उसमें भी कामायनी का नायक मनु मौजूद है–

इतने में अकस्मात् गिरते हैं भीतर से
फूले हुए पलिस्तर,
खिरती है चूने-भरी रेत
खिसकती हैं पपड़ियाँ इस तरह–
ख़ुद-ब-ख़ुद
कोई बड़ा चेहरा बन जाता है,
स्वयमपि
मुख बन जाता है दिवाल पर,
नुकीली नाक और
भव्य ललाट है,
दृढ़ हनु,
कोई अनजानी अन-पहचानी आकृति।
कौन वह दिखाई जो देता, पर
नहीं जाना जाता है!!
कौन मनु?

मुक्तिबोध और कामायनी

(एक अध्ययन)

जयशंकर प्रसाद की प्रौढ़ काव्यकृति 'कामायनी' सन् 1937 में प्रकाशित हुई थी। कामायनी के रचनाविधान और काव्यत्व से मुक्तिबोध का गहरा लगाव था। वे लम्बे समय तक कामायनी के अध्ययन, विवेचन और मूल्यांकन में लगे रहे। उन्होंने सन् 1961 में प्रकाशित 'कामायनी : एक पुनर्विचार' के प्रथमतः में लिखा था, "पिछले बीस वर्षों से मैं 'कामायनी' का पठन-पाठन और अध्ययन करता आया हूँ। मुझे बार-बार लगा कि प्रसाद जी फैंटेसी द्वारा जीवन-ज्ञान, इच्छित विश्वास और अपनी मूल्य-भावनाओं के अतिरिक्त, एक जीवन-समस्या प्रकट कर रहे हैं—ऐसी जीवन-समस्या, जो प्रसाद के आभ्यन्तर लोक में छटपटाती रही है—ऐसी वह कि जो उनकी अपनी है और जिस पर वे चिरकाल से मनन और चिन्तन करते आये हैं, उन्हें वैसा करना पड़ा है। प्रतीत होता है कि वह जीवन-समस्या प्रसाद जी की आभ्यन्तर ग्रन्थि है। चूँकि यह जीवन-समस्या फैंटेसी के भीतर उपस्थित की गयी है, इसलिए वह अपने मूल वास्तविक प्रकृति रूप में तो उपस्थित हो ही नहीं सकती थी। वह समस्या तो फैंटेसी की अपनी संगति और असंगति के अनुसार ही प्रकट हुई है।"[1]

मुक्तिबोध ने 'कामायनी : एक पुनर्विचार' के पहले संस्करण के आरम्भ में 'दो शब्द' शीर्षक से जो भूमिका लिखी है, उसमें उन्होंने लिखा है, "आज से कई वर्षों पहले, कामायनी के सम्बन्ध में मेरे कुछ निबन्ध 'हंस' तथा 'आलोचना' में प्रकाशित हुए थे। उन्हीं के आधार पर, मेरे मन्तव्यों के सम्बन्ध में राय बनाई गयी। यह स्वाभाविक ही था। कामायनी के सम्बन्ध में विस्तृत रूप से लिखने का मुझे मौक़ा नहीं मिला था। सन् 50 के बाद, मैंने एक पुस्तक लिखी। वह पूर्ण रूप से छपी भी, किन्तु ज्ञान और शिक्षा के क्षेत्र में कार्य करने वाले एक प्रकाशक महोदय की सज्जनता के फलस्वरूप, मुद्रित होकर भी पुस्तक प्रकाशित न हो सकी।"[2]

'कामायनी (एक अध्ययन)' की एक प्रति मेरे सामने है। उससे यह ज्ञात होता है कि वह पुस्तक नागपुर के आधुनिक प्रकाशन से छपी थी। उसमें छपने का सन् नहीं है। वह पुस्तक न ठीक से छपी, न प्रकाशित हुई और न वितरित हुई, इसलिए वह अज्ञात रही और अचर्चित भी।

'कामायनी (एक अध्ययन)' और 'कामायनी : एक पुनर्विचार' के बीच कुछ समानताएँ हैं तो कुछ अन्तर भी हैं। 'कामायनी (एक अध्ययन)' में बारह अध्याय हैं, जो 'कामायनी : एक पुनर्विचार' के ग्यारह अध्यायों में पूर्ववत् मौजूद हैं। 'कामायनी : एक पुनर्विचार' में दो अध्याय, बारह और तेरह नये हैं। इनके अतिरिक्त 'कामायनी : एक पुनर्विचार' के आरम्भ में 'प्रथमतः' शीर्षक से जो अध्याय है, वह पुस्तक की भूमिका है, जिसमें मुक्तिबोध ने 'कामायनी' की अपनी आलोचना का सैद्धान्तिक आधार और स्वरूप स्पष्ट किया है और पुस्तक के अन्त में 'अन्ततः' शीर्षक से जो अध्याय है, वह 'कामायनीः एक पुनर्विचार' का उपसंहार है, जिसमें पुस्तक के निष्कर्ष हैं।

'कामायनी (एक अध्ययन)' और 'कामायनी : एक पुनर्विचार' के बीच सबसे बड़ा अन्तर यह है कि 'कामायनी (एक अध्ययन)' के अन्त में परिशिष्ट के रूप में पचास पृष्ठों का एक लम्बा निबन्ध है, जो 'कामायनी : एक पुनर्विचार' में नहीं है। वह लम्बा निबन्ध मुक्तिबोध रचनावली में भी नहीं है। वह निबन्ध संशोधित और सम्पादित रूप में 'समाज और साहित्य' शीर्षक से 'नये साहित्य का सौन्दर्यशास्त्र' नामक पुस्तक में है और वह रचनावली के भाग-5 में भी है।

'कामायनी (एक अध्ययन)' के परिशिष्ट के रूप में छपे लम्बे निबन्ध के आरम्भ में ही मुक्तिबोध कहते हैं, "साहित्य का अध्ययन एक प्रकार से मानव-सत्ता का अध्ययन है; अतएव, जो लोग केवल ऊपरी तौर पर साहित्य का ऐतिहासिक विहंगावलोकन अथवा समाजशास्त्रीय निरीक्षण कर चुकने में ही अपनी इति-कर्तव्यता समझते हैं, वे भी एकपक्षीय अतिरेक करते हैं। ऐसे व्यक्ति साहित्य के ऐतिहासिक अथवा समाजशास्त्रीय परिवेश की बात करके चुप हो जाते हैं।"[3] मानवीय सत्ता के विभिन्न पक्ष और रूप होते हैं। कला और साहित्य में उन सभी पक्षों और रूपों की अभिव्यक्ति सम्भव है, इसलिए कला और साहित्य की आलोचना में मानव-सत्ता की सम्पूर्णता का विवेचन होना चाहिए। यही कारण है कि मुक्तिबोध ऐसी आलोचना की माँग करते हैं, जिसमें कला या साहित्य की "ऐतिहासिक, समाजशास्त्रीय तथा मनोवैज्ञानिक-सौन्दर्यात्मक विवेचना की सम्पूर्ण एकात्मकता रहे।"

ऐतिहासिकता मार्क्सवादी आलोचना की जानी-पहचानी विशेषता है। दुनिया के अनेक महत्त्वपूर्ण मार्क्सवादी आलोचकों और विचारकों ने समाजशास्त्रीयता

का सार्थक उपयोग किया है और मनोवैज्ञानिक दृष्टि की महत्ता को भी स्वीकार किया है, लेकिन हिन्दी की मार्क्सवादी आलोचना में एक ओर समाजशास्त्रीयता को बदनाम किया गया है तो दूसरी ओर मनोवैज्ञानिकता को अस्वीकार किया गया है। इसके विपरीत मुक्तिबोध एक ऐसी आलोचना-दृष्टि और पद्धति का समर्थन करते हैं, जिसमें ऐतिहासिकता, समाजशास्त्रीयता, मनोवैज्ञानिकता और सौन्दर्यात्मक विवेचना की एकता हो। मुक्तिबोध ने ऐसी आलोचना की ज़रूरत के कारणों की व्याख्या करते हुए लिखा है, "मनुष्य की ऐतिहासिक सामाजिक सत्ता, जो उसकी वास्तविक मानवीय सत्ता है, के द्वारा ही उसकी चेतना रूपायित तथा विकसित हुई है और होती है। मनुष्य की यह ऐतिहासिक, सामाजिक सत्ता उसकी बाहरी और भीतरी वास्तविकता है, जिसे जीवन कहते हैं।"[4]

कला और साहित्य की कृतियाँ मानव-चेतना की सृष्टियाँ हैं। उनके सृजन के आधार और स्वरूप को स्पष्ट करते हुए मुक्तिबोध ने लिखा है, "मानव-चेतना, वस्तुतः मानव-सम्बन्धों से निर्मित तथा उससे उद्‌गत चेतना है। ये मानव-सम्बन्ध समाज के विकास के साथ परिवर्तित होते रहते हैं तथा समाज की विशेष स्थितियों की उनमें विशेषताएँ प्रकट होती रहती हैं। विशेषता-संयुक्त ये मानव-सम्बन्ध मानव-चेतना की मूलभूत नींवें हैं, जिनके आधार पर कला, दर्शन, धर्म तथा साहित्य की सृष्टि होती है। इन्हीं मानव-सम्बन्धों की अवस्था-विशेष के अनुसार मानव की विश्व-दृष्टि भी बनती है।"[5]

मुक्तिबोध ने इस निबन्ध में भारतीय समाज और साहित्य का ऐतिहासिक-समाजशास्त्रीय दृष्टि से विवेचन करते हुए भारतीय समाज में स्त्री की बदलती हुई स्थितियों और बढ़ती हुई पराधीनताओं का विस्तार से विवेचन किया है, "प्रारम्भ में हमारा समाज अर्धसभ्य अथवा असभ्य था। उसमें वर्ग न थे वह मातृ-प्रधान था। व्यक्तिगत सम्पत्ति का प्रादुर्भाव नहीं हुआ था। व्यक्तिगत सम्पत्ति स्थापित होने पर हमारा समाज एक बड़ी भारी क्रान्ति के दौर से गुज़रा। उसमें विवाह-संस्था स्थापित हुई, जो व्यक्तिगत सम्पत्ति की विरासत चलाने के लिए रची गयी थी। समाज अब मातृ-प्रधान न रहकर पितृ-प्रधान बना। विवाह-संस्था बनते ही मनुष्य स्त्री का अधिकारी हुआ तथा पुत्र पिता के नाम से पहचाना जाने लगा, माता के नाम से नहीं तथा स्त्री चिरकाल के लिए पुरुषों की दासी हुई। दास-प्रणाली, सामन्ती पद्धति तथा पूँजीवादी समाज-रचना में स्त्री बराबर दासी ही बनी रही।"[6]

मुक्तिबोध ने भारतीय समाज में स्त्रियों की वास्तविक स्थिति और कवियों की कल्पना में उनकी काल्पनिक स्थिति का तुलनात्मक विवेचन किया है। इस प्रसंग में उन्होंने कालिदास, भवभूति, जयदेव, जायसी और तुलसीदास की कल्पित

स्त्रियों के जीवन के यथार्थ और आकांक्षा का भी विश्लेषण किया। इस निबन्ध के अन्त में मुक्तिबोध ने मराठी के प्रसिद्ध उपन्यासकार हरिनारायण आप्टे और बांग्ला के शरतचन्द्र के उपन्यासों में चित्रित स्त्री जीवन के यथार्थ का उल्लेख करते हुए साहित्य की अग्रगामी भूमिका का विवेचन किया है।

इस निबन्ध में मुक्तिबोध ने एक ऐसा प्रश्न उठाया है, जो लम्बे काल से, कार्ल मार्क्स से शुरू होकर आज तक के मार्क्सवादी सौन्दर्यशास्त्र और आलोचना में बहस का विषय बना हुआ है। वह प्रश्न है कला और साहित्य की कृतियों की कालबद्धता और कालजयीपन के बीच सम्बन्ध का। मुक्तिबोध इस प्रश्न को इस रूप में रखते हैं, "अब यहाँ एक महत्त्वपूर्ण प्रश्न उठता है। वह यह कि अगर सौन्दर्य के मान और अभिरुचियाँ बदल जाती हैं तो फिर हमें पूर्वकालीन सौन्दर्य और अभिरुचियाँ बहुत बार क्यों आकर्षित तथा प्रभावित करती हैं। इसका स्पष्ट उत्तर हमें साहित्य के शाश्वत तथा अशाश्वत पक्ष के विश्लेषण से मिल सकता है।"[7]

इस प्रश्न का उत्तर मुक्तिबोध ने यह दिया है, "साहित्य के, सौन्दर्य के मान नित्य काल-सापेक्ष रहे हैं, किन्तु इसका अर्थ केवल यही है कि हमारे पूर्व साहित्य तथा सौन्दर्य की जो जो कल्पनाएँ थीं, उनके हमारे लिए केवल मूल्यवान अंग को ही अपने में समाहित कर हमने अपनी परम्परा चालू रखी। साहित्य तथा कला में मूल्यवान क्या है और क्या नहीं, इस प्रश्न का उत्तर भी काल-सापेक्ष ही है, किन्तु यदि हम सम्पूर्ण मानव-समाज के विकास-क्रम को देखें तो पायेंगे कि मनुष्य समाज ने प्रत्येक नवीन समाज-रचना में पूर्वकालीन समाज-रचना से अधिक स्वतन्त्रता पायी है। समाज-रचना के आमूल परिवर्तनों के बावजूद, नया समाज पिछले समाजों की सर्वोत्कृष्ट देन को स्वीकार करता आया है।"[8]

मुक्तिबोध ने इस प्रश्न का उत्तर देते समय साहित्य ही नहीं, चित्रकला के इतिहास को भी ध्यान में रखा है। वे अपने मूल प्रश्न का उत्तर देते हुए यह भी कहते हैं, "वस्तुतः साहित्य की शाश्वति का प्रश्न परम्परा के रूपायन का प्रश्न है। हमारे पूर्वकालीन समाजों की सर्वश्रेष्ठ उपलब्धियाँ, जिन्हें हम अमर कहते हैं, इसलिए हमारे लिए मूल्यवान हैं कि उनके भीतर समाये हुए जीवन-तत्त्वों को हमने अपनी परम्परा में अन्तर्भूत कर लिया है। यह अवश्य है कि परम्परा में पूर्वकालीन जीवन-तत्त्वों को अन्तर्भूत करते हुए हमने उनका रूप ही बदल डाला है।"[9]

परिशिष्ट वाले लम्बे निबन्ध के अन्त में मुक्तिबोध ने कामायनी सम्बन्धी अपनी आलोचना के बारे में लिखा है, "कामायनी के सम्बन्ध में अपने निष्कर्षों को अन्तिम रूप से ग्राह्य होने के लिए केवल प्रयास ही किया जा सकता है। हमारे निकट भी वे मत अन्तिम नहीं हैं। बहुत जगह अस्पष्ट भी हो सकते हैं। अनेक

स्थानों पर विविध दोष भी दिखाई दे सकते हैं। हमारा उद्योग तो केवल यही है कि हम वास्तविक सत्य के निकटतम पहुँचें। पूर्ण सत्य की सम्पूर्ण उपलब्धि की घोषणा पन्थमात्र है। हम ऐसे पन्थ के प्रेमी नहीं।"[10] इसके बावजूद डॉ. रामविलास शर्मा ने नयी कविता और अस्तित्ववाद में मुक्तिबोध के बारे में लिखा है, "उन्हें चाहिए था पूर्ण ज्ञान; ऐसा ज्ञान रहस्यवाद ही दे सकता था।"[11] उसी पुस्तक में डॉ. शर्मा ने दूसरी बार लिखा है, "उनके (मुक्तिबोध के) आत्मग्रस्त होने के दो रूप हैं। एक वह जब अन्तर्मन में पूर्ण ज्ञान की तलाश में बैठते हैं, दूसरा जब वे मन की विभिन्न क्रियाएँ देखते हैं।"[12] ऐसा इसलिए सम्भव हुआ, क्योंकि डॉ. शर्मा 'कामायनी (एक अध्ययन)' के परिशिष्ट में मौजूद मुक्तिबोध के इस कथन से परिचित नहीं थे कि "पूर्ण सत्य की उपलब्धि की घोषणा पन्थमात्र है। हम ऐसे पन्थ के प्रेमी नहीं।"

अन्त में, मैं मुक्तिबोध की आलोचना से जुड़े एक अलक्षित प्रसंग का उल्लेख करना चाहता हूँ। आचार्य रामचन्द्र शुक्ल के बाद मुक्तिबोध ने ही हिन्दी आलोचना को सर्वाधिक धारणात्मक शब्द, पद और पदावलियाँ दी हैं। उनके आलोचनात्मक लेखन और कविताओं में मौजूद धारणात्मक शब्द, पद और पदावलियाँ ये हैं—फैंटेसी, ज्ञानात्मक संवेदना-संवेदनात्मक ज्ञान, आत्मपरक ईमानदारी और वस्तुपरक सत्यपरायणता, सत्-चित्-वेदना, बाह्य का आभ्यन्तरीकरण-आत्म का बाह्यीकरण, आत्मचेतस- विश्वचेतस, विश्व-दृष्टि आदि। सावधानी से खोजने पर ऐसे और भी शब्द और पद मिल सकते हैं।

सन्दर्भ

1. कामायनी एक पुनर्विचार, गजानन माधव मुक्तिबोध, पृ. 12
2. मुक्तिबोध रचनावली, सं. नेमिचन्द्र जैन, भाग-4, पृ. 213
3. कामायनी एक अध्ययन, गजानन माधव मुक्तिबोध, परिशिष्ट, पृ. 1
4. उपर्युक्त, पृ. 2
5. उपर्युक्त, पृ. 2-3
6. उपर्युक्त, पृ. 5
7. उपर्युक्त, पृ. 18
8. उपर्युक्त, पृ. 20-21
9. उपर्युक्त, पृ. 38
10. उपर्युक्त, पृ. 50
11. नयी कविता और अस्तित्ववाद, रामविलास शर्मा, पृ. 122
12. उपर्युक्त, पृ. 137

रामविलास शर्मा और हिन्दी नवजागरण

हिन्दी में राष्ट्रीय स्तर पर जनजागरण सम्बन्धी सोच और धारणा का इतिहास लम्बा है। 1939 में शिवदान सिंह चौहान ने एक निबन्ध लिखा था : 'छायावादी कविता में असन्तोष भावना'। इस निबन्ध के आरम्भ में उन्होंने लिखा है, "भारत के नवोदित पूँजीवाद द्वारा प्रेरित राष्ट्रीय जागरण की प्रथम स्वाभाविक प्रतिक्रिया साहित्य में भारतेन्दु काल से द्विवेदी काल तक की इतिवृत्तात्मक कविता के रूप में व्यक्त हुई। कतिपय राजनीतिक और सामाजिक सुधार ही मुक्ति भावना के चरम लक्ष्य थे। सामाजिक जीवन के संगठन में आमूल परिवर्तनों और उनके अनुकूल ही समाज चेतना के नूतन संस्कार की आवश्यकता का अनुभव अभी तक स्पष्ट रेखाएँ नहीं बना पाया था।" (भारत में प्रगतिशील साहित्य की आवश्यकता, शिवदान सिंह चौहान सम्पादित, पृ.सं. 42) उक्त कथन में दो बातें ध्यान देने लायक हैं—एक तो यह कि वे राष्ट्रीय जागरण का प्रेरणास्रोत नवोदित पूँजीवाद को मानते हैं, जिसका तात्पर्य यह है कि भारत में चूँकि पूँजीवाद का आगमन अंग्रेज़ी राज के कारण हुआ इसलिए राष्ट्रीय जागरण के मूल में अंग्रेज़ी राज है। दूसरी बात यह कि चौहान जी राष्ट्रीय जागरण की हिन्दी साहित्य में प्रथम अभिव्यक्ति भारतेन्दु युग में देखते हैं, लेकिन वे राष्ट्रीय जागरण से अलग हिन्दी नवजागरण की बात नहीं करते। शिवदान सिंह चौहान ने 1952 में एक निबन्ध लिखा था—'साहित्य के इतिहास की समस्या', जिसमें उन्होंने लिखा है, "सभी जानते हैं कि देश की अन्य प्रमुख भाषाओं के आधुनिक साहित्यों की तरह हिन्दी का आधुनिक साहित्य भी हमारे राष्ट्रीय नवजागरण (रिनेसां) की अन्तःप्रेरणा बना है।" (वही, पृ.सं. 242)

हिन्दी साहित्य के आधुनिक युग को नवजागरण युग सबसे पहले राहुल सांकृत्यायन ने कहा था, 1944 में। राहुल जी की पुस्तक 'हिन्दी काव्य-धारा' 1945 में छपी थी। उसकी भूमिका उन्होंने 1944 में लिखी थी। उस भूमिका में राहुल जी ने हिन्दी साहित्य के इतिहास का एक नया काल विभाजन किया है,

जो इस प्रकार है : सिद्ध-सामन्त युग, सूफ़ी युग, भक्त युग, दरबारी युग और नवजागरण युग। राहुल जी ने हिन्दी काव्य-धारा में केवल सिद्ध-सामन्त युग के बारे में विस्तार से लिखा है, परन्तु उन्होंने शेष चार युगों के बारे में कुछ नहीं लिखा। इसलिए नवजागरण से उनका आशय क्या है, यह स्पष्ट नहीं है। फिर भी यह मानना चाहिए कि वे आधुनिक युग को नवजागरण युग कहने वाले पहले व्यक्ति हैं।

हिन्दी में नवजागरण की बात करने वाले एक और आलोचक हैं—प्रकाशचन्द्र गुप्त। उनकी एक पुस्तक है—'साहित्य-धारा', जो 1956 में छपी थी। उसमें एक निबन्ध है—'हिन्दी कविता में नवजागरण'। पुस्तक में इस बात का उल्लेख नहीं है कि यह निबन्ध पहली बार कब और कहाँ छपा था। इस सम्बन्ध में गुप्त जी ने लिखा है, "हिन्दी में राष्ट्रीय भावना भारतेन्दु युग से मिलती है।" इस सम्बन्ध में वे यह भी लिखते हैं कि "अंग्रेज़ी शासन के साथ औद्योगिक क्रान्ति का भारत में प्रवेश हुआ।" इसका अर्थ यह है कि अंग्रेज़ी राज के कारण भारत में राष्ट्रीय चेतना का उदय हुआ और राष्ट्रीय जागरण का भी। प्रकाशचन्द्र गुप्त यह भी मानते हैं कि "इस नयी व्यवस्था के विरुद्ध जो विप्लव सन् 57 में हुआ, उसमें हम भारतीय सामन्तों की प्रमुखता पायेंगे। मध्यवर्ग की सत्ता भारतीय राष्ट्र के निर्माण के साथ मिलेगी।" इसका अर्थ यह भी है कि 1857 का विद्रोह सामन्तों का विद्रोह था और भारत का उस समय का मध्यवर्ग अंग्रेज़ी राज के साथ था, जो भारतीय राष्ट्र का निर्माण कर रहा था।

हिन्दी नवजागरण की धारणा, उसकी ऐतिहासिक विकास प्रक्रिया, उसके स्वरूप, उसकी विशेषताओं और भारत के अन्य क्षेत्रों के नवजागरणों से उसकी स्वतन्त्र पहचान का सुचिन्तित, सुव्यवस्थित तथा विस्तृत विवेचन रामविलास शर्मा ने किया है। उन्होंने 'महावीर प्रसाद द्विवेदी और हिन्दी नवजागरण' (1977) नाम की पुस्तक में हिन्दी नवजागरण के स्वरूप के बारे में विस्तार से लिखा है। इस पुस्तक का पहला वाक्य यह है : "हिन्दी प्रदेश में नवजागरण 1857 ई. के स्वाधीनता संग्राम से शुरू होता है।" इस कथन में दो स्थापनाएँ हैं—पहली यह कि हिन्दी नवजागरण का आरम्भ 1857 के महाविद्रोह से होता है और दूसरा यह कि 1857 का महाविद्रोह भारत का स्वाधीनता संग्राम था। इससे यह मान्यता भी सामने आती है कि हिन्दी नवजागरण अंग्रेज़ी राज के कारण नहीं, बल्कि उसके विरुद्ध विकसित हुआ।

डॉ. शर्मा ने इसी पुस्तक में लिखा है कि "सन् 1857 का स्वाधीनता संग्राम हिन्दी प्रदेश के नवजागरण की पहली मंज़िल है। दूसरी मंज़िल, भारतेन्दु हरिश्चन्द्र

का युग है। तीसरी मंज़िल, महावीर प्रसाद द्विवेदी और उनका युग है तो चौथी मंज़िल, छायावाद और निराला का साहित्य।" उन्होंने यह स्पष्ट लिखा है कि "जो नवजागरण 1857 के स्वाधीनता संग्राम से आरम्भ हुआ, वह भारतेन्दु युग में और व्यापक बना, उसकी साम्राज्य-विरोधी, सामन्त-विरोधी प्रवृत्तियाँ द्विवेदी युग में और पुष्ट हुईं। फिर निराला के साहित्य में कलात्मक स्तर पर तथा उनकी विचारधारा में ये प्रवृत्तियाँ क्रान्तिकारी रूप में व्यक्त हुईं।" (महावीर प्रसाद द्विवेदी और हिन्दी नवजागरण, पृ.सं. 19)

रामविलास जी ने 1984 में हिन्दी नवजागरण सम्बन्धी अपने चिन्तन को और अधिक व्यापक तथा सुस्पष्ट बनाते हुए 'भारतेन्दु हरिश्चन्द्र और हिन्दी नवजागरण की समस्याएँ' नाम की पुस्तक में लिखा है, "भारतेन्दु युग उत्तर भारत में नवजागरण का पहला या प्रारम्भिक दौर नहीं है; वह नवजागरण की पुरानी परम्परा का एक ख़ास दौर है। जनजागरण की शुरुआत तब होती है जब यहाँ बोलचाल की भाषाओं में साहित्य रचा जाने लगता है, जब यहाँ के विभिन्न प्रदेशों में आधुनिक जातियों का गठन होता है। यह सामन्त विरोधी जनजागरण है। भारत में अंग्रेज़ी राज क़ायम करने के सिलसिले में पलासी की लड़ाई से 1857 के स्वाधीनता संग्राम तक जो युद्ध हुए, वे जनजागरण के दूसरे दौर के अन्तर्गत आते हैं। यह दौर पहले से भिन्न है, मुख्य लड़ाई विदेशी शत्रु से है। यह साम्राज्य-विरोधी जनजागरण है।" (पृ.सं. 13)

हिन्दी समाज, हिन्दी भाषा और हिन्दी साहित्य के आधुनिक काल से सम्बन्धित रामविलास शर्मा के सम्पूर्ण चिन्तन और लेखन के केन्द्र में है उनकी हिन्दी नवजागरण की अवधारणा। चाहे 1857 का स्वाधीनता संग्राम हो या हिन्दी जाति की धारणा, चाहे हिन्दी में आधुनिकता के उदय का सवाल हो या हिन्दी-उर्दू के सम्बन्ध का, चाहे देश में राजनीतिक चेतना के जागरण का प्रश्न हो या समाज सुधार का; इन सभी प्रश्नों पर विचार करते हुए वे हिन्दी नवजागरण सम्बन्धी मान्यताओं को ध्यान में रखते हैं।

रामविलास शर्मा की हिन्दी नवजागरण की अवधारणा मूलतः और मुख्यतः साम्राज्यवाद-विरोधी है; क्योंकि उसका मूल स्रोत वे 1857 के महाविद्रोह को मानते हैं और वे उसे प्रथम राष्ट्रीय स्वाधीनता संग्राम भी कहते हैं। निश्चय ही 1857 के स्वाधीनता संग्राम का केन्द्र हिन्दी प्रदेश था। वह आमतौर पर भारतीय जनता और ख़ासतौर पर हिन्दी जनता के साम्राज्यवाद-विरोध की उदात्त अभिव्यक्ति था। जो लोग हिन्दी नवजागरण की दूसरी, तीसरी और चौथी मंज़िल के साहित्य में 1857 के विद्रोह की अभिव्यक्ति या अनुगूँज न पाकर 1857 के संग्राम को हिन्दी

नवजागरण की पहली मंज़िल होने पर सन्देह करते हैं उन्हें भगत सिंह के साथी भगवानदास माहौर के शोधग्रन्थ '1857 के स्वाधीनता संग्राम का हिन्दी साहित्य पर प्रभाव' (1976) को पढ़ना चाहिए। इस पुस्तक में 1857 के महाविद्रोह के हिन्दी साहित्य के साथ ही हिन्दी क्षेत्र की लोकभाषाओं के साहित्य पर प्रभावों का विस्तृत विवेचन किया गया है, जिससे यह साबित होता है कि 1857 के संग्राम का हिन्दी साहित्य और हिन्दी भाषी जनता के मानस पर कितना व्यापक असर था। डॉ. माहौर ने हिन्दी और उसकी लोकभाषाओं के अलावा उर्दू, मराठी, बांग्ला और गुजराती में प्रकाशित तथा अप्रकाशित विभिन्न विधाओं की असंख्य रचनाओं का उल्लेख किया है। इससे यह साबित होता है कि हिन्दी और अन्य भारतीय भाषाओं के साहित्य में 1857 का व्यापक प्रभाव मौजूद है।

जो लोग भारतेन्दु युग से छायावाद तक के हिन्दी साहित्य में 1857 के महाविद्रोह का मनचाहा उल्लेख न पाकर उस काल के लेखकों की निन्दा करते हैं, वे या तो यह नहीं जानते या जानबूझकर भूल जाते हैं कि 1857 के संग्राम के बाद अंग्रेज़ी राज के प्रेस और प्रकाशन सम्बन्धी दमनकारी क़ानूनों के कारण 1857 के विद्रोह के पक्ष में कुछ भी लिखना और छपना असम्भव हो गया, जिससे सरकार सहमत न हो। प्रेस और प्रकाशन सम्बन्धी दमन और पाबन्दी की प्रक्रिया क्रमशः कठोर हुई। यहाँ तक कि देशभक्ति और स्वाधीनता के पक्ष में लिखना-छपना मुश्किल हो गया। इसी प्रक्रिया के परिणामस्वरूप प्रेमचन्द के दो कहानी-संग्रहों पर पाबन्दी लगी। भगतसिंह और उनके साथियों ने 1933 में 1857 से सम्बन्धित दो पुस्तिकाएँ प्रकाशित करायीं। इन दोनों पर पाबन्दी लगा दी गयी। 1857 के संग्राम पर लिखी अनेक साहित्यिक, ऐतिहासिक और राजनीतिक पुस्तकों तथा पुस्तिकाओं पर पाबन्दी लगी। यहाँ तक कि झाँसी की रानी पर छपे एक ऐसे पोस्टकार्ड पर पाबन्दी लगी, जिसके एक ओर झाँसी की रानी का चित्र था और दूसरी ओर क्रान्तिकारी चुनौती।

वैसे तो रामविलास शर्मा का साम्राज्यवाद-विरोधी दृष्टिकोण उनकी प्रत्येक पुस्तक में मौजूद है। लेकिन उसका प्रखरतम रूप उनकी पुस्तक 'सन् सत्तावन की राजक्रान्ति और मार्क्सवाद' में प्रकट हुआ है। उन्होंने उस पुस्तक में लिखा है कि "सन् सत्तावन का संघर्ष एक महान जनक्रान्ति था। वह जनक्रान्ति इसलिए भी था क्योंकि उसमें जनता ने सक्रिय रूप से भाग लिया था।"

हिन्दी में और हिन्दी के बाहर भी ऐसे अनेक व्यक्ति हैं, जो यह मानते हैं कि भारत में आधुनिकता और प्रगति का आगमन अंग्रेज़ी राज के साथ हुआ। इसके ठीक विपरीत रामविलास शर्मा भारतीय समाज और संस्कृति के विकास में

अंग्रेज़ी राज की कोई सार्थक भूमिका नहीं मानते। दुनिया भर के पिछले पाँच सौ वर्षों का साम्राज्यवाद का इतिहास यह साबित करता है कि साम्राज्यवाद ने जिन देशों पर क़ब्ज़ा किया वहाँ के समाज, संस्कृति और जनता का विनाश किया है। यही नहीं, वहाँ अपनी भाषा, संस्कृति और सभ्यता का प्रभुत्व स्थापित किया है। भारत में ब्रिटिश साम्राज्यवाद इस प्रवृत्ति का अपवाद नहीं प्रमाण है। अंग्रेज़ों ने भारत पर क़ब्ज़ा करने के बाद क्या-क्या किया, यह रामविलास शर्मा के शब्दों में देखिए—"अंग्रेज़ों ने हिन्दुस्तानियों को राजभक्ति सिखायी, उनके अन्दर फूट की आग सुलगायी, उन्हें एक-दूसरे का ख़ून बहाना सिखाया, यहाँ की संस्कृति और भाषाओं को पैरों तले रौंदा और यहाँ से जितना धन लूटकर ले गये, उतना अपने बाक़ी विश्वव्यापी साम्राज्य से न ले गये।" (भारतेन्दु हरिश्चन्द्र, पृ.सं. 24)

रामविलास शर्मा वर्षों से यह कहते और लिखते रहे हैं कि भारत में अंग्रेज़ी राज के आरम्भ के बहुत पहले से, लगभग बारहवीं सदी से, बोलचाल की भाषाओं में साहित्य की रचना के साथ ही आधुनिकता का उदय होता है। सुखद आश्चर्य की बात यह है कि अब शेल्डन पोलक और गेल ऑम्बिड जैसे अंग्रेज़ी में लिखने वाले लोग भी यह मानने लगे हैं कि भारत में बोलचाल की देशी भाषाओं के उत्थान के साथ ही आधुनिकता या आरम्भिक आधुनिकता का उदय होता है।

अब यह भी अनेक व्यक्ति मानने लगे हैं कि दुनिया भर में साम्राज्यवाद जिन देशों पर क़ब्ज़ा करता है, वहाँ दलाल संस्कृति निर्मित करता है और उसके सहारे अपना राज-काज चलाता है। भारत में ब्रिटिश साम्राज्यवाद देशी दलाल संस्कृति के सहारे चलता था—यह बात हिन्दी नवजागरण के लेखक और रामविलास शर्मा पहचानते हैं। अंग्रेज़ी राज अपने दलालों को तरह-तरह के ख़िताब, पदवी, सम्मान और सनद देता था—यह भारतेन्दु हरिश्चन्द्र भी जानते थे। रामविलास शर्मा ने 'भारतेन्दु हरिश्चन्द्र' पुस्तक में लिखा है, "ख़िताब पाने के लिए हिन्दुस्तानियों को किस तरह आत्मसम्मान बेचना पड़ता था।" इस पर सबसे सटीक और तीखी टिप्पणी 20 जुलाई, 1874 की 'कविवचनसुधा' में छपी है। शीर्षक है, 'ख़िताब का भाव बहुत उतरेगा'। नीचे लिखा है—

"बंगाल में अकाल पड़ा है, इसके समाप्त होने पर ख़िताब का भाव निस्सन्देह बहुत सस्ता हो जायेगा, यहाँ तक कि टके सेर बिके तो आश्चर्य नहीं, हम ग्राहकों को समाचार देते हैं कि वे प्रस्तुत हो रहे हैं। केवल थोड़ा-सा काग़ज़ रंगने, झूठी-मूठी रिपोर्ट कर देने का ख़िताब मिल जायेगा, पर ढंगबाज़ी की शर्त है रायबहादुर राजा नौव्वाब स्टार सब आवेंगे ग्राहक लोग मियानी खोल रखें।" (भारतेन्दु हरिश्चन्द्र, पृ.सं. 27)

इस प्रसंग के अन्त में रामविलास शर्मा जी ने लिखा है, "अंग्रेज़ों ने सम्मान की एक कसौटी बना रखी थी–जनता से दग़ा करो, हमारी सेवा करो।" (पृ.सं. 27)

रामविलास शर्मा ने महावीर प्रसाद द्विवेदी के साम्राज्यवाद-विरोधी दृष्टिकोण का विवेचन करते हुए लिखा है, "साम्राज्यवाद का अर्थतन्त्र क्या है, उसके राजनीतिक दाँव-पेंच क्या हैं, विश्वसाम्राज्यवादी व्यवस्था में भारत का स्थान क्या है, इस व्यवस्था में भारत पराधीन कैसे बना, अंग्रेज़ी राज क़ायम होने से पहले यहाँ के अर्थतन्त्र की क्या दशा थी, भारतीय इतिहास को देखते हुए अंग्रेज़ी राज की भूमिका क्या थी, साम्राज्यवाद द्वारा विजित और शासित भारत में मुख्य प्रश्न किस वर्ग का था, खेतिहर देश में किसानों की भूमिका क्या थी, भारत में पूँजीवाद की विशेषता क्या थी, इस विशेषता को देखते हुए मज़दूर वर्ग कौन-सी भूमिका निभा रहा था, इस सारी परिस्थिति में मध्यवर्गीय बुद्धिजीवियों के कर्तव्य क्या थे, इस विश्वसाम्राज्यवादी व्यवस्था के विरुद्ध लोग कहाँ-कहाँ लड़ रहे हैं, भारत को अपने अन्तरराष्ट्रीय सम्बन्ध किन देशों से क़ायम करने चाहिए, साम्राज्यवादी घेरा कहाँ टूट रहा है और उससे हमें क्या सीखना चाहिए, स्वयं अपने इतिहास से स्वाधीनता-संग्राम के लिए कैसे प्रेरणा लेनी चाहिए–इन सभी और ऐसी ही अन्य समस्याओं की ओर द्विवेदी जी और उनके सहयोगियों ने ध्यान दिया और साम्राज्य-विरोधी दृष्टि से उनका विवेचन किया।" (महावीर प्रसाद द्विवेदी और हिन्दी जागरण, पृ.सं. 106)

अंग्रेज़ी राज ने जो दलाल संस्कृति विकसित की थी, उसकी और उसके सरदारों की जैसी अचूक पहचान प्रेमचन्द को थी, वैसी उस युग के किसी अन्य लेखक को नहीं थी। रामविलास शर्मा ने ठीक ही लिखा है, "हिन्दुस्तान की सामन्ती ताक़तें विदेशी प्रभुत्व का आधार थीं, इसलिए प्रेमचन्द के लिए आज़ादी का मतलब था, इस आधार को ख़त्म करना।" (प्रेमचन्द और उनका युग, पृ.सं. 46)

ज़मींदार अंग्रेज़ों के दलाल हैं, इस बात को बहुत ही स्पष्ट शब्दों में प्रेमचन्द ने 'प्रेमाश्रम' में राय कमलानन्द से कहलाया है। कमलानन्द कहते हैं, "यह जायदाद नहीं है, इसे रियासत कहना भूल है, यह निरी दलाली है। इस भूमि पर मेरा क्या अधिकार है। मैंने इसे बाहुबल से नहीं लिया। नवाबों के ज़माने में किसी सूबेदार ने इलाके की आमदनी वसूल करने के लिए मेरे दादा को नियुक्त किया था। मेरे पिता पर भी नवाबों की बड़ी कृपादृष्टि रही। इसके बाद अंग्रेज़ों का ज़माना आया और यह अधिकार पिताजी के हाथ से निकल गया। लेकिन राजद्रोह के समय पिताजी ने तन-मन से अंग्रेज़ों की सहायता की। शक्ति स्थापित होने पर हमें वही पुराना अधिकार फिर मिल गया। यही इस रियासत की हक़ीक़त है।" (वही, पृ.सं. 46)

यही वह दलाल समुदाय है, जिसकी मदद से अंग्रेज़ों ने 1857 के संग्राम में भारतीय विद्रोहियों को हराया था। विश्वास न हो रहा हो तो एक अंग्रेज़ इतिहासकार विलियम केई की गवाही पढ़िए, "यह 'ग़दर-युद्ध' की एक अद्भुत विशेषता थी कि हालाँकि अंग्रेज़ स्थानीय नस्लों के विरुद्ध लड़ रहे थे, पर उन्हें वास्तविकता में इसी देश के स्थानीय लोगों ने समर्थन दिया। ये समर्थक जिन्हें हम अपना राष्ट्रीय शत्रु मानते थे, उनकी सहायता के बिना हम एक दिन भी जीवित नहीं रह सकते थे।" (जासूसों के ख़ुतूत, पृ.सं. 33)

रामविलास शर्मा ने हिन्दी नवजागरण की चौथी मंज़िल के कवि और लेखक निराला के साम्राज्यवाद-विरोधी दृष्टिकोण के बारे में लिखा है : "निराला के चिन्तन की विशेषता यह थी कि उन्होंने ब्रिटिश साम्राज्यवाद की आर्थिक नीति, उसके राजनीतिक दाँव-पेंच, सांस्कृतिक मामलों में उसके हस्तक्षेप को पहचाना, गहराई से उसका विश्लेषण किया, देश की राजनीतिक और सांस्कृतिक प्रगति के लिए एक मार्ग निश्चित किया।" (निराला की साहित्य साधना-2, पृ.सं. 14)

स्वयं निराला ने साम्राज्यवाद का स्वरूप स्पष्ट करते हुए लिखा है, "साम्राज्यवाद इंग्लैण्ड की राजनीति का मूल है। पूँजी के द्वारा वणिक् शक्ति की वृद्धि के इतिहास के साथ-साथ साम्राज्यवाद का इतिहास इंग्लैण्ड के साथ गुँथा हुआ है। पूँजी की ही तरह यह हृदयहीन है। अंग्रेज़ों की शक्ति का समस्त संसार पर प्रभाव है। साथ-साथ अपनी वृत्ति या जातीय साम्राज्यवादी-जीवन के कारण इंग्लैंड संसार भर में बदनाम है। इतिहास के जानकार जानते हैं कि इंग्लैंड की सरकार पूँजीपतियों की सरकार है और साम्राज्यवाद उसकी जीवनी-शक्ति, मूल आधार।" (वही, पृ.सं. 15)

'निराला की साहित्य साधना-2' में ही रामविलास जी ने एक बार फिर दलाल संस्कृति को याद करते हुए लिखा है, "1857 में भारतीय जनता के संघर्ष को दबाने में अंग्रेज़ों को कश्मीर, पंजाब, हैदराबाद, बंगाल आदि प्रदेशों के राजाओं और ज़मींदारों से बड़ी सहायता मिली। 1858 के बाद अंग्रेज़ों ने अपनी नीति में परिवर्तन किया कि देशी रियासतों को ब्रिटिश भारत में मिलाने के बदले वे उनके मालिकों को अपने सहायक के रूप में पालने लगे। साधारणतः इन रियासतों में उद्योग-धन्धों का विकास ब्रिटिश भारत की तुलना में कम हुआ, यहाँ निरक्षरता और निर्धनता का प्रसार ब्रिटिश भारत से भी अधिक था। यहाँ निरंकुश अत्याचार, सामाजिक उत्पीड़न, धार्मिक अन्धविश्वास ब्रिटिश भारत से भी अधिक थे। लड़ाई के दिनों में ये राजा अंग्रेज़ी फ़ौज में रंगरूट भर्ती कराते थे, शान्ति के समय गोलमेज सम्मेलनों में अपने प्रतिनिधि भेजकर स्वाधीनता-आन्दोलन का विरोध

करते थे। भारत में अंग्रेज़ी राज के प्रमुख सहायक थे यहाँ के राजा और नवाब। साम्राज्यवाद के इस देशी आधार को ढहाये बिना भारतीय स्वाधीनता की लड़ाई पूरी नहीं हो सकती थी।" (वही, पृ.सं. 20)

हिन्दी नवजागरण के बारे में रामविलास शर्मा के सम्पूर्ण चिन्तन और लेखन से कुछ समस्याएँ पैदा होती हैं, जिन पर विचार के बिना हिन्दी नवजागरण की पूरी और बेहतर समझ नहीं बन सकती। पहली समस्या तो यही है कि रामविलास शर्मा ने हिन्दी नवजागरण की विशिष्टता पर इतना ज़ोर दिया है कि देश के दूसरे क्षेत्रों के नवजागरण से हिन्दी नवजागरण के सम्बन्ध का बोध उपेक्षित हो गया है। हिन्दी नवजागरण पर विचार करने वाले अधिकांश व्यक्ति यह जानते हैं कि हिन्दी नवजागरण के एक अग्रदूत भारतेन्दु हरिश्चन्द्र का बांग्ला नवजागरण से कितना गहरा सम्बन्ध था। भारतेन्दु इतनी बांग्ला जानते थे कि वे बांग्ला में कविताएँ लिखते थे, वे अनेक बांग्ला रचनाओं से प्रभावित भी रहे। भारतेन्दु के अतिरिक्त बांग्ला नवजागरण से निराला का भी गहरा सम्बन्ध था। यह भी ध्यान देने की बात है कि बांग्ला में उपन्यास का उदय और विकास हिन्दी से पहले हुआ था, इसलिए आरम्भिक दिनों में बांग्ला में उपन्यासों के अनुवाद हिन्दी में छपे, जिनका हिन्दी उपन्यासों के विकास में महत्त्वपूर्ण योगदान है। यही नहीं 'जाति' शब्द हिन्दी में बांग्ला से ही आया है, भारतेन्दु के माध्यम से।

हिन्दी नवजागरण के दूसरे निर्माता हैं—महावीर प्रसाद द्विवेदी। उनका मराठी नवजागरण से गहरा सम्बन्ध है। द्विवेदी जी ने मराठी नवजागरण से सम्बद्ध दस से अधिक लेखकों, विचारकों, कलाकारों, आन्दोलनकारियों, गायकों, पुरुषों और स्त्रियों की जीवनियाँ लिखी हैं। द्विवेदी जी ने महाराष्ट्र की अनेक तेजस्वी और संघर्षशील स्त्रियों की भी जीवनियाँ लिखी हैं—जिनमें ताराबाई, रुख्माबाई, झाँसी की रानी लक्ष्मीबाई, कुमारी गोदावरीबाई मुख्य हैं।

नवजागरण काल में एक भारतीय भाषा की रचनाओं के दूसरी भारतीय भाषाओं में जो अनुवाद हुए, उनसे विचारों के आदान-प्रदान की एक प्रक्रिया विकसित हुई। उन सब पर ध्यान देने से विभिन्न नवजागरण के आपसी रिश्तों की पहचान हो सकती है। 1904 ई. में बांग्ला में एक क्रान्तिकारी किताब लिखी गयी थी, जिसका नाम था, 'देसेर कथा'। उसका पहला हिन्दी अनुवाद 1908 में छपा और नाम था 'देश की बात'। उसका दूसरा हिन्दी अनुवाद 1910 में छपा। यह किताब हिन्दी क्षेत्र में इतनी लोकप्रिय थी कि हिन्दी में इस पर एक कविता भी लिखी गयी। हिन्दी क्षेत्र में उसके व्यापक प्रभाव का एक प्रमाण यह

भी है कि सत्यभक्त ने अपने एक साक्षात्कार में यह स्वीकार किया है कि उन्हें देशभक्ति की प्रेरणा 'देश की बात' पुस्तक से मिली। क्या इस व्यापक प्रभाव की उपेक्षा करके हिन्दी नवजागरण को समझा जा सकता है?

रामविलास शर्मा के नवजागरण सम्बन्धी लेखन से जुड़ी दूसरी समस्या यह है कि हिन्दी नवजागरण कितना मूलगामी है और कितना मध्यमार्गी। हिन्दी नवजागरण की दो धाराएँ हैं—एक है मूलगामी धारा और दूसरी मध्यमार्गी। मूलगामी धारा के प्रतिनिधि भारतीय समाज में मूलगामी परिवर्तन चाहते थे, केवल अंग्रेज़ी राज से मुक्ति ही नहीं बल्कि तरह-तरह की पराधीनताओं से भारतीय जनता की मुक्ति। और मध्यमार्गी वे थे, जो समझौते के रास्ते से सुधार और विकास की कोशिश करते थे। हिन्दी नवजागरण की मूलगामी धारा के प्रतिनिधि हैं—राधामोहन गोकुल जी, सत्यभक्त, प्रेमचन्द और राहुल सांकृत्यायन। ये सभी साम्राज्यवाद की भारत से मुक्ति के साथ ही देशी सामन्तवाद से स्त्रियों और दलितों की मुक्ति के भी पक्षधर थे। यही नहीं, ये किसानों तथा मज़दूरों के संघर्षों के साथ थे। रामविलास शर्मा ने राधामोहन गोकुल जी, सत्यभक्त और प्रेमचन्द पर लिखा तो है पर उन्हें वे हिन्दी नवजागरण के प्रतिनिधि के रूप में स्वीकार नहीं करते। हिन्दी नवजागरण की प्रक्रिया में एक प्रवृत्ति ऐसी भी रही है जो इतिहास के प्रसंग में अतीतवादी, भाषा के प्रसंग में अलगाववादी, संस्कृति के प्रसंग में संस्कृतवादी और मानसिकता के प्रसंग में अध्यात्मवादी-रहस्यवादी। यद्यपि यह कभी भी हिन्दी नवजागरण की मुख्यधारा नहीं बन पायी, परन्तु उसका प्रभाव तो था ही।

तीसरी समस्या यह है कि रामविलास जी ने हिन्दी नवजागरण की विचारधारा का तो विस्तृत विवेचन किया है, लेकिन टेक्नोलॉजी से हिन्दी नवजागरण के सम्बन्ध का विवेचन नहीं किया है। टेक्नोलॉजी से मेरा आशय प्रेस और प्रकाशन की प्रक्रिया से है। इस प्रक्रिया के परिणामस्वरूप हिन्दी साहित्य में आने और पत्र-पत्रिकाओं के प्रकाशित होने के कारण पाठ और पाठक का सम्बन्ध बदला। पुराने सारे विधि-निषेध ध्वस्त हो गये। पुस्तक पढ़ने पर किसी प्रकार का भेदभाव क़ायम नहीं रह सका। इस तरह साहित्य की दुनिया में लोकतन्त्र आया। पत्र-पत्रिकाओं के प्रकाशन के कारण साहित्य का स्वरूप बदला और अनेक नयी विधाओं का जन्म हुआ। यही कारण है कि स्वयं रामविलास शर्मा ने 'महावीर प्रसाद द्विवेदी और हिन्दी नवजागरण' में लिखा है, "आधुनिक साहित्य का जन्म उन्नीसवीं शताब्दी में हुआ। समाचार-पत्र, मासिक पत्रिकाएँ, उपन्यास, नाटक, जीवन-चरित्र और समालोचना आदि का विकास इसी समय हुआ।" (पृ.सं. 321) इस कथन को पढ़ने के बाद मन में एक सवाल आता है कि ऐसा क्यों और

कैसे हुआ कि भारत में आधुनिकता तो आयी बारहवीं सदी में, लेकिन आधुनिक साहित्य पैदा हुआ उन्नीसवीं सदी में!

रामविलास शर्मा के नवजागरण सम्बन्धी लेखन से जुड़ी चौथी समस्या यह है कि हिन्दी नवजागरण के किन निर्माताओं का किसानों तथा मज़दूरों के आन्दोलनों से क्या और कितना सम्बन्ध था। यह ज़ाहिर है कि राधामोहन गोकुल जी, सत्यभक्त और राहुल जी का किसानों तथा मज़दूरों के आन्दोलनों से सम्बन्ध तो था परन्तु रामविलास शर्मा के अनुसार हिन्दी नवजागरण के निर्माताओं—भारतेन्दु हरिश्चन्द्र, महावीर प्रसाद द्विवेदी और निराला का किसानों और मज़दूरों के आन्दोलनों से विशेष सम्बन्ध नहीं था।

पाँचवीं समस्या यह है कि रामविलास जी ने हिन्दी नवजागरण की चौथी मंज़िल के प्रतिनिधि के रूप में निराला को रखा, प्रेमचन्द को क्यों नहीं? रामविलास जी का जितना लगाव निराला से था लगभग उतना ही प्रेमचन्द से भी था। प्रेमचन्द पर भी उन्होंने दो आलोचनात्मक पुस्तकें लिखी हैं। अगर रामविलास जी प्रेमचन्द को हिन्दी नवजागरण की चौथी मंज़िल का प्रतिनिधि मानते तो भारतीय समाज, हिन्दी समाज, हिन्दी जाति और हिन्दी संस्कृति से जुड़ी अनेक समस्याओं और अन्तर्विरोधों का विवेचन सम्भव होता। प्रेमचन्द का लेखन एक तो हिन्दू-मुस्लिम सम्बन्ध, दूसरे भारतीय जाति-व्यवस्था, तीसरे हिन्दी-उर्दू के अन्तर्विरोध और चौथे भारतीय स्त्री की पराधीनता और स्वाधीनता के प्रश्नों से जुड़ा हुआ है। इन सभी समस्याओं और सवालों पर प्रेमचन्द के लेखन के माध्यम से सोच-विचार करना सम्भव होता और समाधान खोजना भी। प्रेमचन्द, हिन्दी नवजागरण की चिन्ताओं के विकास की लगभग चरम परिणति भी हैं।

रामविलास शर्मा की आलोचना-दृष्टि के मूल स्रोत

रामविलास शर्मा जब हिन्दी आलोचना में आये तब हिन्दी आलोचना में दो साहित्यशास्त्रीय दृष्टियाँ सक्रिय थीं। पहली थी पश्चिम की आलोचना दृष्टि और दूसरी थी भारतीय साहित्यशास्त्र की दृष्टि। यह देखकर आश्चर्य होता है कि रामविलास शर्मा ने इन दोनों में से न किसी का अनुसरण किया और न किसी को अपनाया।

जब उन्होंने आलोचनात्मक लेखन शुरू किया था तब भारत में अंग्रेज़ी राज था। वह समय भारत में बड़े पैमाने पर साम्राज्यवाद विरोधी जनजागरण, आन्दोलन और अभियान का था। रामविलास शर्मा ने उस साम्राज्यवाद विरोधी संघर्ष को ध्यान में रखकर ही अपनी आलोचना दृष्टि का निर्माण किया। उन्हें यह ज़रूर लगा होगा कि ऐसी स्थिति में अगर हिन्दी आलोचना को भी साम्राज्यवाद-विरोधी अभियान का अंग बनाना है तो उसे एक ओर पश्चिमी आलोचना दृष्टि और दूसरी ओर भारतीय साहित्यशास्त्र की दृष्टि के प्रभाव से मुक्त रखना ज़रूरी है। वे यह जानते थे कि साहित्य सिद्धान्त और सौन्दर्यशास्त्र के सिद्धान्तों के पीछे भी राजनीति होती है और विचारधारा भी। स्वयं हिन्दी आलोचना में साहित्य को विचारधारा, राजनीति और यथार्थवादी दृष्टि से मुक्त रखने के लिए बड़े पैमाने पर एक ओर पश्चिमी आलोचना का प्रयोग हुआ है तो दूसरी ओर भारतीय साहित्यशास्त्रीय दृष्टि का भी। रामविलास शर्मा ने जिस साम्राज्यवाद-विरोधी दृष्टि का विकास अपनी आलोचना में किया, वह उनके आरम्भिक आलोचनात्मक लेखन से लेकर अन्तिम दिनों तक के लेखन में मौजूद है। यह कहना अत्युक्ति नहीं है कि वे हिन्दी के अनन्य साम्राज्यवाद-विरोधी आलोचक हैं।

रामविलास शर्मा की आलोचना दृष्टि के स्वरूप पर विचार करते समय यह सवाल सामने आता ही है कि जब उन्होंने न पश्चिमी आलोचना दृष्टि से कुछ लिया और न भारतीय साहित्यशास्त्रीय दृष्टि से ही, तो फिर उनकी आलोचना दृष्टि का मूल स्रोत क्या है? असल में रामविलास शर्मा की आलोचना दृष्टि का

मूल स्रोत है हिन्दी आलोचना की जातीय परम्परा। रामविलास जी यह मानते हैं कि प्रत्येक समाज और साहित्य की एक जातीय परम्परा होती है। वे यह भी मानते हैं कि प्रत्येक साहित्य का जातीय स्वरूप होता है। उन्होंने लिखा है कि "जो लोग कला की एकान्त साधना पर ज़ोर देते हैं या उसके शाश्वत मूल्यों पर ही ध्यान केन्द्रित करते हैं, उनकी समझ में यह बात ज़रा मुश्किल से आती है कि साहित्य का जातीय स्वरूप भी होता है। जैसे किसी भाषा के बोलने वालों के अस्तित्व के बिना उस भाषा के अस्तित्व की कल्पना नहीं की जा सकती, वैसे ही उस भाषा के माध्यम से साहित्य रचने, उसे पढ़ने और सुनने वालों के समुदाय के बिना उस साहित्य की कल्पना नहीं की जा सकती। बांग्ला, मराठी, तमिल आदि भाषाएँ बोलने वाले समुदाय आधुनिक जातियाँ हैं। इन भाषाओं में रचा हुआ साहित्य उनका जातीय साहित्य है।" (महावीर प्रसाद द्विवेदी और हिन्दी नवजागरण, पृ.सं. 270)

रामविलास शर्मा ने हिन्दी आलोचना की जातीय परम्परा की विशेषताओं का विवेचन करते हुए लिखा है कि वह ओजस्वी, आन्तरिक तेज़ से दीप्त और नये जीवन की चुनौती को साहस के साथ स्वीकार करने वाली है। हिन्दी आलोचना की जातीय परम्परा की ये विशेषताएँ रामविलास शर्मा के आलोचनात्मक लेखन में प्रखरता के साथ मौजूद हैं।

हिन्दी आलोचना की जातीय परम्परा का प्रारम्भ भारतेन्दु युग में, विशेष रूप में बालकृष्ण भट्ट के आलोचनात्मक लेखन से होता है। स्वयं रामविलास शर्मा ने 'भारतेन्दु युग' नाम की पुस्तक में हिन्दी आलोचना के आरम्भ पर जो निबन्ध लिखा है उसका शीर्षक है—'बालकृष्ण भट्ट और हिन्दी आलोचना का जन्म'। इसमें उन्होंने भट्ट जी की विचारशीलता के बारे में लिखा है—"विचारों की उदारता में वे युग के साथ थे; कहीं-कहीं उससे आगे भी थे। समाज और साहित्य के विकास के बारे में उनकी धारणाएँ अपनी थीं; आज भी व्यापक रूप से वे समाज द्वारा नहीं अपनायी गयीं। धर्म और दर्शन को सामाजिक विकास की कसौटी पर कसकर बालकृष्ण भट्ट ने प्रगतिशील आलोचना की नींव डाली थी।" (पृ.सं. 91) रामविलास जी ने यह भी लिखा है कि वे अपने युग के सबसे महान विचारक थे।

बालकृष्ण भट्ट ने 1881 में एक निबन्ध लिखा था—'साहित्य जनसमूह के हृदय का विकास है'। यह साहित्य की एक ऐसी नयी परिभाषा है जैसी न भारतीय साहित्यशास्त्र में मिलती है और न पश्चिम के साहित्यशास्त्र में। यह ऐसी परिभाषा है जो अपने समाज की चेतना को प्रतिबिम्बित करती है और अपने युग की साहित्य चेतना को भी। इस परिभाषा में जो जनसमूह शब्द है वह जाति

का द्योतक है, क्योंकि इसी निबन्ध में भट्ट जी ने बाद में लिखा है कि–"साहित्य को यदि जनसमूह (नेशन) के चित्त का चित्रपट कहा जाये तो संगत है।" यह निबन्ध हिन्दी आलोचना में सैद्धान्तिक सोच का प्रस्थान बिन्दु भी है। इसके साथ ही भट्ट जी ने सभ्यता और साहित्य, सच्ची कविता और सच्ची समालोचना आदि निबन्धों की भी रचना की है जिनसे सैद्धान्तिक और व्यावहारिक दोनों प्रकार की आलोचनाओं की नींव पड़ी।

बालकृष्ण भट्ट के बाद हिन्दी आलोचना की जातीय परम्परा को विकसित करने का प्रयास महावीर प्रसाद द्विवेदी ने किया। द्विवेदी जी भट्ट जी के निबन्ध 'साहित्य जनसमूह के हृदय का विकास है' से परिचित थे और वे यह भी जानते थे कि साहित्य केवल भावों की अभिव्यक्ति नहीं है, उसमें विचार भी होते हैं। विचार वाला पक्ष भट्ट जी की परिभाषा में नहीं था इसीलिए द्विवेदी जी ने विचार पक्ष पर बल देते हुए साहित्य को 'ज्ञानराशि का संचित कोश' कहा। द्विवेदी जी की इस परिभाषा में भी उनके युग की साहित्य साधना का प्रतिबिम्बन है। रामविलास शर्मा ने द्विवेदी युग को हिन्दी साहित्य का ज्ञानकाण्ड ठीक ही कहा है। द्विवेदी युग में हिन्दी के ज्ञान भण्डार का जितना विस्तार और विकास हुआ उतना न भारतेन्दु युग में हुआ था न छायावाद के काल में हुआ। द्विवेदी युग में हिन्दी के ज्ञान भण्डार का विकास दो रूपों में हुआ, एक तो मौलिक लेखन के माध्यम से और दूसरे अनुवादों द्वारा।

रामविलास शर्मा ने द्विवेदीयुगीन आलोचना के बारे में लिखा है, "द्विवेदी युग की आलोचना अत्यन्त प्रखर है। उसमें उस तीव्र संघर्ष की झलक मिलती है जो साहित्य को रूढ़िवाद से मुक्त करके उसे नयी दिशा में विकसित करने के लिए हो रहा है। यह संघर्ष साहित्य तक सीमित नहीं है। राजनीति, समाजशास्त्र, इतिहास, दर्शन आदि अनेक क्षेत्रों में यह संघर्ष चल रहा है और विभिन्न क्षेत्रों में चलने वाले ये संघर्ष आपस में जुड़े हुए हैं। इस युग में आलोचना की भूमिका यह है कि साहित्य और समाज की ठोस तत्कालीन परिस्थितियों को ध्यान में रखते हुए वह उन तमाम रूढ़ियों से संघर्ष करती है जो साहित्य के विकास में बाधक हैं। उसने कलात्मक साहित्य के विकास को प्रेरणा दी, उसके साथ-साथ आगे बढ़ी, और कहीं-कहीं वह उसके आगे चलती है, भविष्य का पथ प्रशस्त करते हुए। रामचन्द्र शुक्ल इसी युग की देन हैं।" द्विवेदीयुगीन आलोचना की ये सभी विशेषताएँ रामविलास शर्मा की आलोचनाओं में मिलती हैं। यही नहीं, रामविलास शर्मा ने यह भी लिखा है कि द्विवेदी जी कभी-कभी अपनी आलोचनाओं में शब्द प्रयोग की जैसी आलोचना करते थे वैसी ही आलोचना मैंने भी की है।

रामविलास शर्मा ने स्वयं स्वीकार किया है कि "कुछ साल पहले 'हंस' में 'स्वर्ण किरण' और 'स्वर्णधूलि' नामक पुस्तकों की आलोचना प्रकाशित हुई थी। उसमें कुछ शब्दों के प्रयोग की ओर ध्यान आकर्षित किया गया था। इस तरह का विवेचन कुछ लोगों को नापसन्द था। द्विवेदी जी ने हिन्दी नवरत्न की आलोचना में उत्तम शब्दों के प्रयोग का जो विवेचन किया है, 'हंस' वाली आलोचना इस विवेचन के अनुरूप है; उसे द्विवेदी जी के विवेचन का अनुकरण कहा जाये तो उचित होगा।" (वही, पृ.सं. 280)

बालकृष्ण भट्ट और महावीर प्रसाद द्विवेदी के प्रयत्नों से हिन्दी आलोचना के जातीय स्वरूप का आरम्भिक काम पूरा हो चुका था। ज़रूरत थी उस आलोचना के जातीय स्वरूप को सुचिन्तित प्रयास से अधिक व्यवस्थित, अधिक सूक्ष्मदर्शी, अधिक व्यापक और अधिक समावेशी बनाने की, ताकि समालोचना के सभी रूपों और पक्षों का विकास हो सके। यह बड़ा दायित्व पूरा किया रामचन्द्र शुक्ल ने। रामचन्द्र शुक्ल ने हिन्दी आलोचना के जातीय स्वरूप के तीनों पक्षों का निर्माण किया। उन्होंने एक तो हिन्दी का अपना साहित्यशास्त्र निर्मित किया, दूसरे हिन्दी की व्यावहारिक आलोचना-पद्धति का विकास किया और तीसरे हिन्दी साहित्य का इतिहास भी लिखा।

आचार्य शुक्ल के 'हिन्दी साहित्य का इतिहास' में साहित्य की जो परिभाषा दी गयी है वह साहित्य के जातीय स्वरूप को सामने लाने वाली है। शुक्ल जी ने लिखा है, "जबकि प्रत्येक देश का साहित्य वहाँ की जनता की चित्तवृत्ति का संचित प्रतिबिम्ब होता है तब यह निश्चित है कि जनता की चित्तवृत्ति के परिवर्तन के साथ-साथ साहित्य के स्वरूप में भी परिवर्तन होता चला जाता है।" साहित्य की यह परिभाषा एक तो उसके सामाजिक स्वरूप की व्याख्या करती है, दूसरे उसके परिवर्तनशील और विकासशील स्वरूप की ओर संकेत भी करती है और तीसरे वह इस मान्यता को स्थापित करती है कि साहित्य की कोई सार्वकालिक और सार्वभौमिक परिभाषा नहीं हो सकती। आचार्य शुक्ल की इस परिभाषा में बालकृष्ण भट्ट की प्रतिध्वनि सुनाई पड़ती है, लेकिन साथ ही वह बालकृष्ण भट्ट और महावीर प्रसाद द्विवेदी की साहित्य सम्बन्धी धारणाओं की सीमाओं का बोध भी कराती है। यह परिभाषा न तो यह मानती है कि साहित्य जनता के केवल भावों की अभिव्यक्ति है और न ही यह कि उसमें केवल ज्ञान संचित होता है। आचार्य शुक्ल की परिभाषा में मौजूद 'चित्तवृत्ति का संचित प्रतिबिम्ब' से एक ओर साहित्य सृजन की जटिल प्रक्रिया का बोध होता है तो दूसरी ओर साहित्य के चित्तवृत्ति के तीनों पक्षों से सम्बद्ध होने का ज्ञान भी होता है। चित्तवृत्ति के

तीन पक्ष होते हैं—इच्छा, ज्ञान और क्रिया। साहित्य का सम्बन्ध तीनों से होता है। आचार्य शुक्ल की यह दार्शनिक दृष्टि उनके सम्पूर्ण साहित्य चिन्तन को अनुप्रेरित करती है।

रामविलास शर्मा ने रामचन्द्र शुक्ल को हिन्दी साहित्य की जातीय परम्परा में रखकर देखते हुए 'आचार्य रामचन्द्र शुक्ल और हिन्दी आलोचना' नाम की किताब के पहले संस्करण की भूमिका के आरम्भ में लिखा है, "हिन्दी-साहित्य में शुक्ल जी का वही महत्त्व है जो उपन्यासकार प्रेमचन्द या कवि निराला का। उन्होंने आलोचना के माध्यम से उसी सामन्ती संस्कृति का विरोध किया जिसका उपन्यास और कविता के माध्यम से प्रेमचन्द और निराला ने। शुक्ल जी ने न तो भारत के रूढ़िवाद को स्वीकार किया, न पश्चिम के व्यक्तिवाद को। उन्होंने बाह्य जगत और मानव-जीवन की वास्तविकता के आधार पर नये साहित्य-सिद्धान्तों की स्थापना की और उनके आधार पर सामन्ती साहित्य का विरोध किया और देशभक्ति और जनतन्त्र की साहित्यिक परम्परा का समर्थन किया।"

'लोक' आचार्य शुक्ल की आलोचना का केन्द्रीय शब्द है। इसी की मदद से वे साहित्य के सम्पूर्ण क्रिया-व्यापार को लौकिक बनाते हैं और साहित्य में पुराने अध्यात्मवाद, आनन्दवाद, रहस्यवाद, रीतिवाद और आधुनिक कलावाद तथा व्यक्तिवाद का विरोध करते हैं। लोकधर्म में लोक का जो अर्थ है वही लोकनीति में लोक का अर्थ नहीं है और लोकहृदय में जो लोक है वह लोकवाद के लोक से भिन्न है। इसी तरह लोकबद्ध तथा लोकविमुख आदि में लोक के अर्थ की छटाएँ बदलती रहती हैं।

शुक्ल जी की आलोचना में व्यक्त जातीयता के तत्त्वों की पहचान करते हुए रामविलास शर्मा ने लिखा है कि "आचार्य शुक्ल हिन्दी प्रदेश की पददलित और अपमानित जनता के सम्मान रक्षक थे। विरोधियों से ज़्यादा बहस में न पड़कर उन्होंने हिन्दी आलोचना को समृद्ध करने का बीड़ा उठाया। उन्होंने हिन्दी के अलावा संस्कृत, अंग्रेज़ी, बांग्ला आदि के साहित्य का गम्भीर अध्ययन किया और अपने मौलिक चिन्तन से हिन्दी आलोचना में युगान्तर पैदा कर दिया। इस कार्य में उनके मनोबल को दृढ़ करने वाली प्रेरणा जातीय सम्मान की भावना थी। इसमें सन्देह नहीं कि एक पराधीन देश में जातीय सम्मान की भावना एक साम्राज्यवाद-विरोधी क्रान्तिकारी भावना है।" (वही, पृ.सं. 194)

रामविलास शर्मा ने ठीक ही लिखा है कि आचार्य शुक्ल अपने साहित्य के इतिहास में विशेष रूप से आधुनिक काल की रचनाओं और रचनाकारों का मूल्यांकन हिन्दी के जातीय जीवन की समस्याओं, वास्तविकताओं और आकांक्षाओं

की अभिव्यक्ति की क्षमता और कुशलता को ध्यान में रखकर करते हैं। चाहे भारतेन्दु युग का साहित्य हो या बाद के मैथिलीशरण गुप्त, सुमित्रानन्दन पन्त और जयशंकर प्रसाद का काव्य या प्रेमचन्द के उपन्यास, उन सब में शुक्ल जी जातीय जीवन की छवि और प्रतिध्वनि खोजते हैं।

आचार्य शुक्ल की तरह ही रामविलास शर्मा जब हिन्दी के किसी बड़े कवि या लेखक की रचनाशीलता का विवेचन और मूल्यांकन करते हैं तब वे उसकी जातीय भावना और चिन्ता का विश्लेषण ज़रूर करते हैं। उन्होंने 'निराला की साहित्य साधना-2' में निराला की विचारधारा के विवेचन के प्रसंग में एक उपशीर्षक रखा है—'जातीयता और हिन्दी', जिसके अन्तर्गत उन्होंने निराला की जातीय चेतना पर विचार किया है। वे यह भी मानते हैं कि निराला इस बात से दुखी थे कि हिन्दी भाषी लोगों को अन्य भाषाभाषी हेय दृष्टि से देखते हैं।

निराला ने पत्रिका 'सुधा' की एक टिप्पणी में लिखा था कि "कवित्त छन्द हिन्दी का चूँकि जातीय छन्द है, इसलिए जातीय मुक्त छन्द की सृष्टि कवित्त छन्द की गति के अनुकूल हुई है।" निराला के इस कथन पर टिप्पणी करते हुए रामविलास ने लिखा है कि "यहाँ वह जाति, जातीयता, जातीत्व आदि शब्दों का प्रयोग किसी प्रदेश के निवासियों, उनकी भाषा और संस्कृति की विशेषताओं के लिए करते हैं।"

रामविलास जी ने निराला की हिन्दी जाति सम्बन्धी चिन्ताओं को इन शब्दों में व्यक्त किया है—"हिन्दी की अपनी जातीय विशेषताएँ हैं। इन्हें पहचान कर भाषा का विकास करना चाहिए। फ़ारसी रंगमंच की भाषा इन्हीं जातीय विशेषताओं के प्रतिकूल थी। फ़िल्म संसार में हिन्दी की उपेक्षा हो रही थी। अभिनेता और अभिनेत्रियाँ ग़लत ढंग से हिन्दी बोलते थे। इस प्रसंग में रामविलास शर्मा ने निराला के इस कथन को उद्धृत किया है—"फिर भी थोड़ा-सा परिचय हिन्दी में लिखा हुआ कहीं-कहीं निकलता है, उसे पढ़कर उस काकुले-पुर पेचोख़म का पेचोख़म निकाल कर हिन्दीभाषी भाषावादी दर्शक हिन्दी की क़ामत दराज़ी का भरम दूर कर लेते हैं। जैसी भाषा, उससे बढ़कर उच्चारण; और कला जगह-जगह चलती तलवार की चोटों से डरकर हमेशा चौखट के अन्दर।" (निराला की साहित्य साधना-2, पृ.सं. 74)

हिन्दी की जातीय चेतना के एक सर्जक और उन्नायक थे—प्रेचमन्द। वे अनन्य कथाकार के साथ-साथ सुलझे हुए साहित्य विचारक थे। उनकी दृष्टि में हिन्दी जाति का साहित्य विवेक कैसा होना चाहिए, यह जानना हो तो प्रगतिशील लेखक संघ के पहले अधिवेशन में सभापति पद से दिया गया उनका अभिभाषण पढ़ना ज़रूरी है। उस अभिभाषण में प्रेमचन्द ऐसे साहित्य की माँग करते हैं जिसमें

जीवन की सच्चाइयाँ और अनुभूति की तीव्रता हो, शक्ति और गति प्रदान करने की क्षमता हो, दलितों, पीड़ितों और वंचितों की हिमायत हो, सौन्दर्य की अनुभूति जगाने की कोशिश हो और कर्म का सन्देश हो।

प्रेमचन्द ने इसी अभिभाषण में कहा था कि 'हमें सुन्दरता की कसौटी बदलनी होगी'। उन्होंने रीतिवादी, कलावादी और व्यक्तिवादी सौन्दर्यबोध के बदले जनजीवन में सौन्दर्य खोजने और देखने की माँग करते हुए कहा था कि "कलाकार के लिए सौन्दर्य सुन्दर स्त्री में है—उस बच्चों वाली ग़रीब रूपरहित स्त्री में नहीं जो बच्चे को खेत की मेंड़ पर सुलाये पसीना बहा रही है।" इसे प्रेमचन्द संकीर्ण दृष्टि का दोष मानते हैं।

प्रेमचन्द ने अच्छे साहित्य की एक कसौटी बनायी और बतायी थी। उन्होंने कहा था, "हमारी कसौटी पर वही साहित्य खरा उतरेगा जिसमें उच्च चिन्तन हो, स्वाधीनता का भाव हो, सौन्दर्य का सार हो, सृजन की आत्मा हो, जीवन की सच्चाइयों का प्रकाश हो जो हममें गति, संघर्ष और बेचैनी पैदा करे, सुलाये नहीं; क्योंकि अब और ज़्यादा सोना मृत्यु का लक्षण है।" (साहित्य का उद्‌देश्य, पृ.सं. 26)

प्रेमचन्द के इस कथन से जो साहित्य दृष्टि सामने आती है उसकी पाँच विशेषताएँ ध्यान देने लायक हैं। एक तो वे ऐसा साहित्य चाहते हैं जिसमें स्वाधीनता का भाव हो। यह सीधे साम्राज्यवाद-विरोध का आह्वान है। दूसरे नये सौन्दर्यबोध की माँग है जो अभिजात और बुर्जुआ सौन्दर्यबोध से मुक्त हो। तीसरे प्रेमचन्द साहित्य में जीवन की सच्चाइयों की अभिव्यक्ति पर जब ज़ोर देते हैं तब वे यथार्थवाद के विकास की माँग करते हैं। चौथी बात यह है कि वे ऐसे साहित्य की माँग करते हैं जो पाठकों में गति, संघर्ष और बेचैनी पैदा करे, जिसका अर्थ यह है कि वह क्रान्तिकारी चेतना उत्पन्न करे। उनकी पाँचवीं माँग यह है कि साहित्य ऐसा हो जो जनजागरण पैदा करे। यह उद्‌देश्य साहित्य को सीधे स्वाधीनता आन्दोलन से जोड़ता है।

प्रेमचन्द की साहित्य दृष्टि की ये पाँचों विशेषताएँ रामविलास शर्मा की आलोचना दृष्टि की भी विशेषताएँ हैं। रामविलास शर्मा के सम्पूर्ण आलोचनात्मक लेखन से यह साबित होता है कि उन्होंने रामचन्द्र शुक्ल और प्रेमचन्द द्वारा निर्मित और आकांक्षित साहित्य विवेक का उपयोग अपनी आलोचना में किया है और उसे निखारा भी है। उसी साहित्य विवेक से वे भारतेन्दु के साहित्य को परखते हैं और प्रेमचन्द तथा निराला का मूल्यांकन करते हैं। यही नहीं इसी साहित्य विवेक के आधार पर वे केदारनाथ अग्रवाल और नागार्जुन के काव्य का भी विवेचन करते हैं।

रामविलास शर्मा की आलोचना दृष्टि के निर्माण में जितनी महत्त्वपूर्ण भूमिका हिन्दी आलोचना की जातीय परम्परा की है उतनी ही हिन्दी की जातीय सृजनशीलता की परम्परा की भी है। उनके आलोचनात्मक लेखन में भारतेन्दु युग की ज़िन्दादिली है और व्यंग्य विनोद भी, महावीर प्रसाद द्विवेदी की ज्ञानसाधना है और छायावाद का परम्परा बोध भी, रामचन्द्र शुक्ल की लोकचिन्ता है और प्रेमचन्द की सामाजिक संवेदनशीलता भी, निराला की जनोन्मुखता है और प्रगतिशील आन्दोलन की राजनीतिक चेतना भी। इन सबको दिशा, दृष्टि और शक्ति प्रदान की है मार्क्सवाद ने। इस सबके साथ ही रामविलास शर्मा के आलोचनात्मक लेखन के प्रभाव और पहुँच को व्यापक बनाया है उनकी आलोचना की जनतान्त्रिक भाषा ने। आलोचना की भाषा का जैसा जनतन्त्र रामविलास शर्मा के आलोचनात्मक लेखन में है वैसा अन्यत्र कहीं और नहीं।

पं. विद्यानिवास मिश्र और मध्यकालीन हिन्दी कविता

पं. विद्यानिवास मिश्र के बारे में जो बात निर्विवाद और निस्संकोच कही जा सकती है वह यह है कि वे मध्यकालीन हिन्दी कविता के अनन्य प्रेमी थे। मध्यकाल की हिन्दी कविता उनकी स्मृति में जीवित और जाग्रत रूप में हमेशा मौजूद रहती थी। वे कभी भी 10-20 छन्द अनायास सुना सकते थे और उनका मर्म बता सकते थे। उनके काव्य-प्रेम का दायरा बहुत व्यापक था। भाषा की दृष्टि से वे संस्कृत, ब्रजभाषा, अवधी, खड़ी बोली और भोजपुरी कविता के प्रेमी थे। काल की दृष्टि से उनका काव्यप्रेम हिन्दी के आदिकाल के कवि अमीर खुसरो और विद्यापति की कविता से लेकर आधुनिक काल के कवि अज्ञेय और धूमिल तक फैला हुआ था।

प्रेम की प्रकृति के पारखी विद्यानिवास जी जानते हैं कि प्रेम की पूर्णता के प्रसंग में दो तत्त्व बाधक होते हैं। एक है मतवाद और दूसरा पाण्डित्य। प्रेम चाहे किसी व्यक्ति से हो, समाज से हो या कविता से हो उस प्रेम की सम्पूर्णता में मतवाद बाधक है और पाण्डित्य भी। कविता से प्रेम के प्रसंग में विद्यानिवास जी ने यह बात 'सुदामा पाण्डेय का प्रजातन्त्र' की भूमिका में लिखी है। आचार्य रामचन्द्र शुक्ल के शब्दों में 'प्रेम-पथ के धीर पथिक' घनानन्द ने ठीक ही लिखा है–

अति सूधो सनेह को मारग है, जहँ नैकु सयानप बाँक नहीं।
तहँ साँचे चलैं तजि आपनपौ, झिझकैं कपटी जो निसाँक नहीं।।

कविता चाहे वह भक्तिकाल की हो या रीतिकाल की, उसका साक्षात्कार करते समय मिश्र जी अपने पाण्डित्य को प्रायः भूल जाते हैं और याद रखते हैं केवल कविता के भाव और स्वभाव को। उसी भाव और स्वभाव में रमते हुए उनका काव्यप्रेम अपनी पूर्णता प्राप्त करता है।

हिन्दी कविता की परम्परा बहुत लम्बी है। उस लम्बी परम्परा की एक विशेषता यह है कि परवर्ती काल की परम्परा पूर्ववर्ती काल की परम्परा से जुड़ी हुई है। आधुनिक काल के कवि निराला, नागार्जुन और त्रिलोचन की कविताएँ भक्तिकाल की कविता से अनेक रूपों में सम्बद्ध हैं। ऐसी स्थिति में एक काल

की कविता को समझने के लिए पूर्ववर्ती काल की कविता की समझ आवश्यक है। हिन्दी के काव्यबोध या काव्यप्रेम के लिए इस निरन्तरता को जानना-पहचानना आवश्यक है। पं. विद्यानिवास मिश्र के काव्यप्रेम में इस निरन्तरता की पहचान के प्रमाण मौजूद हैं।

आख़िर पण्डित जी कविता से प्रेम क्यों करते हैं? इस प्रश्न का उत्तर उन्होंने स्वयं दिया है। उन्होंने आज के लोकप्रिय हिन्दी कवि शृंखला में अज्ञेय की कविता का जो संकलन किया है उसकी भूमिका में लिखा है, "मैं कविता का एक सामान्य पाठक हूँ। प्रत्येक देश और प्रत्येक युग की जो सबसे सही अभिव्यक्ति हो सकती है, उसी को मैं कविता मानता हूँ। यह भी मानता हूँ कि कविता के रूप में ही उस देश या युग की अभिव्यक्ति अपने से भिन्न देश या युग की अभिव्यक्ति से जुड़ी हुई है। इसीलिए मुझे वही कविता प्रिय लगती है जो एक साथ अनेक युगों और अनेक देशों के संवेदनों को अपने परस से फिर से जिला देती है।"

भारत में दो प्रकार की कविता मिलती है। पहली है वाचिक कविता और दूसरी लिखित या मुद्रित कविता। विद्यानिवास जी दोनों प्रकार की कविता के प्रेमी हैं। उन्होंने दोनों का संग्रह किया है और दोनों के बारे में लिखा भी। वाचिक कविता प्रायः मातृभाषाओं में रची जाती है और लिखित या मुद्रित कविता अर्जित भाषा में। वैसे भारत में और विशेष रूप से हिन्दी कविता के क्षेत्र में मातृभाषाओं की रचनाशीलता की समृद्ध और लम्बी परम्परा है। पूरे भारत की भक्तिकालीन कविता मातृभाषाओं में लिखी कविता है। प्रत्येक भक्त कवि अपनी मातृभाषा का कवि है। हिन्दी क्षेत्र में अनेक मातृभाषाएँ हैं, इसलिए भक्तिकाल के सभी हिन्दी कवि अपनी-अपनी मातृभाषा में कविता लिखते हैं। विद्यापति अपनी मातृभाषा मैथिली के महाकवि हैं तो कबीर भोजपुरी के। जायसी अवधी के कवि हैं तो सूरदास ब्रजभाषा के। तुलसीदास वैसे तो अवधी और ब्रजभाषा दोनों में कविता लिखते हैं लेकिन महाकवि अवधी के ही हैं। मीराबाई अपनी मातृभाषा राजस्थानी या मारवाड़ी की कवयित्री हैं। रीतिकाल की अधिकांश कविता ब्रजभाषा की कविता है। मिश्र जी मातृभाषाओं के अपार महत्त्व को जानते हैं, इसलिए उसमें लिखी कविता से प्रेम करते हैं।

पं. विद्यानिवास मिश्र के काव्य-प्रेम का केन्द्र मध्यकाल की हिन्दी कविता है। उस कविता से प्रेम करने या उस प्रेम को व्यक्त करते समय वे किसी तरह के भेदवाद को स्वीकार नहीं करते। बीसवीं सदी की आलोचना के केन्द्र में मध्यकाल की ही हिन्दी कविता है। मुख्य रूप से भक्तिकाल की कविता और गौण रूप से रीतिकाल की कविता। मध्यकाल की कविता से सम्बन्धित विद्यानिवास जी के

लेखन की एक विशेषता यह है कि वे अपने प्रेम की अभिव्यक्ति के प्रसंग में हिन्दी के किसी आलोचक के मत को न ध्यान में रखते हैं न अपने आलोचनात्मक लेखन में उसका उल्लेख करते हैं। शायद वे मानते हैं कि प्रेम की अभिव्यक्ति में न गवाहों की ज़रूरत है और न गवाही की।

यही नहीं, वे मध्यकालीन कविता पर बात करते समय भक्तिकाल और रीतिकाल के भेद को भी स्वीकार नहीं करते। वे जिस मनोयोग से सूर की कविता के बारे में बात करते हैं उसी मनोयोग से देव की कविता की व्याख्या करते हैं। भक्ति-काव्य के प्रसंग में वे न तो निर्गुण-सगुण, ज्ञानमार्गी-प्रेममार्गी के भेद को मानते हैं और न रीतिकाल के प्रसंग में रीतिबद्ध और रीतिमुक्त के बीच भेद को। वे मध्यकाल के प्रसंग में भक्त और सूफी के बीच भी भेद नहीं करते और लोकाश्रित और दरबाराश्रित के बीच भी अन्तर नहीं करते। यही नहीं वे मध्यकाल के कवियों के प्रसंग में हिन्दू और मुसलमान कवियों के बीच कोई अन्तर नहीं करते। वे जिस दृष्टि से अमीर खुसरो की कविता को देखते हैं उसी दृष्टि से विद्यापति के पदों को भी। वे जिस तरह सूर और तुलसी की कविता में रमते हैं उसी तरह रहीम और रसखान की कविता में भी। मिश्र जी के काव्यबोध में मौजूद इस अभेदवाद के मूल में उनकी काव्य-दृष्टि की उदारता है। इस काव्य-दृष्टि के साथ उन्होंने रहीम, रसखान और आलम की ग्रन्थावलियों का सम्पादन किया। मिश्र जी मध्यकाल की कविता का जिस लगन और लगाव से आस्वादन करते हैं और जिस पारदर्शी भाषा में अपने आस्वाद और आनन्द को व्यक्त करते हैं वह अनन्य है।

मिश्र जी ने 'तुम दीया हम बाती' निबन्ध के आरम्भ में ही लिखा है, "मेरा झुकाव निजी तौर पर श्रीकृष्ण के प्रति प्रेमानुराग भक्ति की ओर रहा है, पर काव्य के पाठक के रूप में मुझे जायसी, मंझन, ख़्वाजा अहमद में उतना ही रस आता है, जितना तुलसी के 'मानस' में। हरिदास, सूर, परमानन्ददास और भगवत रसिक की पदावली मुझे उतनी ही रम्य लगती है, जितनी 'विनय-पत्रिका' या जितनी दादू, सुन्दरदास, रज्जबदास, यारी साहब, पलटू साहब या गुरुओं की पदावली। मैं ऐसा मानता हूँ कि सम्प्रदायगत दृष्टि केवल बहिरंग परीक्षा करती है, यह भी मानता हूँ कि विधिवत भक्ति न भी हो तो भी भक्ति काव्य का रस उसे भरपूर मिल सकता है। भक्ति काव्य के रस और उपासना के रस में कुछ सतही समानताएँ तो हैं, पर दोनों के आस्वाद अपने-अपने ढंग के अपूर्व हैं।"

मिश्र जी मानते हैं कि भक्तिकालीन काव्य का प्राण है सहजता। वह भाव में है, विचार में है और भाषा में भी है। इसीलिए वह लोकजीवन में रमने और

रहने वाली कविता है। उस सहजता को सहृदयता से ही समझा-बूझा और पाया जा सकता है, केवल दिमाग़ी कसरत से नहीं। मिश्र जी के लिए सहृदयता केवल काव्य-शास्त्रीय धारणा नहीं है। वह कोई भी काव्य और विशेष रूप से भक्तिकाव्य तक पहुँचने तथा उसके मर्म को पहचानने के लिए अनिवार्य साधक तत्त्व हैं। उन्होंने 'बूँद मिले सागर में' निबन्ध में लिखा है, "मैं साहित्य का पाठक हूँ और साहित्य में मुझे मनुष्य की हर आकांक्षा और हर संवेदना का जो रूप मिलता है, वह सभी विद्यालयों और साधनाओं का रस लगता है। वह रस सीधे हृदय में पहुँचता है, पान के पत्ते के आकार वाले हृदय नामक यन्त्र में नहीं, बल्कि भीतरी और बाहरी इन्द्रिय-व्यापारों को एक-दूसरे से जोड़ने वाले और भीतरी सच्चाई का नक्शा उतारने वाले हृदय में पहुँचता है। उसी हृदय के व्यापार से मेरा अधिक सरोकार रहता है। उसी की बात करना चाहता हूँ।"

आइए, अब मध्यकालीन हिन्दी कविता से मिश्र जी के प्रेम की व्यापकता को उन्हीं के लेखन के माध्यम से जानते हैं। मिश्र जी ने हिन्दी की सूफ़ी काव्य-परम्परा के रूप और रस के बारे में लिखा है। उसके साथ ही उन्होंने विद्यापति, अमीर खुसरो, कबीरदास, रविदास, सूरदास, तुलसीदास, मीराबाई, रहीम, रसखान, धरमदास और दादू के बारे में भी लिखा है। उन्होंने जिस भाव से भक्तिकाल के कवियों पर लिखा है उसी भाव से रीतिकाल के देव, पद्माकर और द्विजदेव पर भी लिखा है।

मिश्र जी ने विद्यापति और मीरा में एक ऐसी एकता और समानता की बात की है जिसकी ओर हिन्दी के आलोचकों का ध्यान कम ही जाता है। पण्डित जी ने 'माधव, अपरुप तोहर सिनेह' निबन्ध में लिखा है, "मीरा और विद्यापति में दो अद्भुत समानताएँ हैं। एक तो दोनों राजसी ऐश्वर्य के बीच रहते हुए भी उस ऐश्वर्य से विरक्त हैं। दूसरी समानता यह है कि दोनों के ऊपर तीन-तीन क्षेत्र दावेदार हैं जो उनकी अतिशय लोकप्रियता का प्रमाण है। विद्यापति के ऊपर बंगाल, मिथिला और नेपाल तीनों ही दावा करते हैं। मीरा को राजस्थानी, ब्रज और गुजराती तीनों भाषाएँ अपनाने के लिए प्रतिस्पर्धा करती हैं। एक तीसरी समानता भी है। दोनों अपने जीवन की अन्तिम वेला में घर से दूर चले जाते हैं। मीरा द्वारका जाती हैं और वहीं द्वारकाधीश के मन्दिर में अन्तिम साँस लेती हैं तथा विद्यापति गाँव-घर छोड़कर गंगा की ओर चल पड़ते हैं।"

हिन्दी आलोचना में खुसरो की हिन्दी कविता की प्रामाणिकता-अप्रामाणिकता पर विवाद तो बहुत हुआ है लेकिन उनकी हिन्दी कविता की सरसता और सुन्दरता पर कम ही बात हुई है। मिश्र जी ने इस अभाव को दूर किया है। खुसरो के महत्त्व की बात करते हुए मिश्र जी ने लिखा है, "खुसरो अपने ज़माने से बहुत

आगे देखते हैं, वे शैशव-अवस्था की हिन्दी में एक विशालता की सम्भावना देख सकते हैं। वे पाण्डित्य, राजनीतिक दायित्व और वर्गीय हित को ताक पर रखकर आम लोगों की भाषा में, आम लोगों के भाव, आम लोगों के जीवन के बिम्बों के सहारे इसलिए कह सकते थे कि उनके राजसी ठाट के भीतर एक प्यार के पीछे पागल फ़कीर बराबर सदा देता रहता था।" मिश्र जी ने खुसरो की हिन्दी कविता के बारे में तीन बातें ऐसी लिखी हैं जिन पर ध्यान देना ज़रूरी लगता है। पहली बात है, "उनकी ढेर सारी पंक्तियाँ दाम्पत्य जीवन के ऐसे अन्तरंग प्रसंगों का इशारे से उद्घाटन करती हैं, जिन्हें शुचितावादी अश्लील कहने से संकोच नहीं करेंगे। पर वे यह नहीं देखेंगे कि ये प्रसंग अमीरों के महल के नहीं, बहुत ही सामान्य जीवन के हैं।" आगे उन्होंने यह भी लिखा है, "खुसरो लौकिक प्यार को अलौकिक प्यार का दर्पण मानते थे, इस दर्पण को अँधेरा करके प्रस्तुत करना उनकी इश्क़हक़ीक़ी को गवारा नहीं था।" मिश्र जी के अनुसार "दूसरी बात जो उनकी रचनाओं से उभरती है, वह है हिन्दुस्तान के गाँव के शिल्पी, कारीगर और हस्त-कौशल के लिए उनके मन में गहरी प्रशंसा का भाव—गाँव के कुम्हार और उसका चाक, सुनार, बजाज, डोली-कहार, चरखा, मछेरा और उसका जाल, पनवाड़ी और पान, गाँव की ऊदी-ऊदी घटा, खुला आकाश, तोता-मैना, सब उनका मन मोहते हैं। इन्हीं को दृष्टि में रखकर वे पहेली बुझाते हैं।" मिश्र जी ने अपने निबन्ध 'खुसरो रैन सोहाग की' के अन्त में लिखा है, "हिन्दुस्तान को भी ऐसे गर्वीले अमीर खुसरो पर गर्व है। हिन्दुस्तान के उस रंग को ज़रा ज़्यादा गौर से देखने की ज़रूरत है, जिसने खुसरो को रँगा, रहीम को रँगा, रसखान को ऐसा रँगा कि दूसरों को रश्क़ हुआ—हाय, हमें वह रंग क्यों नहीं मिला! पितृ-भूमि की बात आदमी के अपने इर्द-गिर्द से लगाव के आगे कितनी छोटी है, और आदमी का अपना हो जाना कितनी बड़ी चीज़ है? हिन्दुस्तान का आदमी अगर आज भी किसी बात पर गर्व कर सकता है तो इस अपनाव की भावना पर, जो खुसरो या रहीम, जायसी या रसखान बनती है।"

पं. विद्यानिवास मिश्र की उदार दृष्टि का परिचय मध्यकाल के कवि रहीम और रसखान की कविता के विवेचन में भी मिलता है और उससे भक्ति-काव्य के बारे में एक नया दृष्टिकोण सामने आता है। रहीम पर अपने निबन्ध 'अन्तर दाव लगी रहे' में मिश्र जी ने लिखा है, "भक्तियुग ने विशाल मानवीय बोध जगाया, इसी के कारण रहीम और रसखान जैसे कवि व्यापक भावबोध के साझीदार हुए। लोगों ने मान लिया है कि भक्तिकाल हिन्दू-नवजागरण का काल है। भक्तिकाल को लोगों ने इस रूप में देखा ही नहीं कि वह सम्पूर्ण मानव के जागरण का

काल है—मनुष्य के भीतर सोये हुए विराट् अनुराग के जागरण का काल है। इसीलिए वह हिन्दू को मुस्लिम शासन के प्रतिरोध के भाव से नहीं भरता; वह इतना ही करता है कि हिन्दू और मुसलमान दोनों को किसी और शासन की प्रजा बनाता है—ऐसे शासन की प्रजा बनाता है, जिसमें न हिन्दू हिन्दू रह जाता है, न मुसलमान मुसलमान! शासन भी शासन नहीं रह जाता, वह प्रजा की इच्छा से शासित होता है। भक्तियुग की यह विशिष्ट भूमिका थी कि रहीम और रसखान जैसे शासक वर्ग के लोगों में महाभाव की आकांक्षा जगी, जिससे प्रेरित होकर बिना हिन्दू हुए, बिना वैरागी हुए भी उस अनुराग को वे साध लेते हैं, जो विधिवत दीक्षित-विरक्त हिन्दू साधुओं के लिए भी आसानी से सुलभ नहीं है। उसका कारण यह है कि इन कवियों ने भक्ति की वास्तविक भूमिका ठीक तरह से समझी। भक्तिकाल की वास्तविक भूमिका है—साधारण व्यक्ति की साधारण मनोवृत्ति में असाधारण-अलौकिक की सम्भावना देखना।" पं. विद्यानिवास मिश्र मानते हैं कि आधुनिक हिन्दी आलोचना में रहीम के महत्त्व की ठीक से पहचान नहीं हुई है, इसीलिए उन्होंने लिखा है, "जायसी को रामचन्द्र शुक्ल मिले पर रहीम को कोई सहृदय समालोचक नहीं मिला।"

विद्यानिवास मिश्र ने एक आलेख में मध्यकाल के चार कवियों के एक-एक छन्द को लेकर उनका विवेचन करते हुए उनमें मौजूद एकता और समानता को प्रस्तुत किया है। वे कवि हैं धरमदास, दादू, रसखान और जोइसी। इनमें से दो पूर्व-मध्यकाल के हैं और दो उत्तर-मध्यकाल के हैं। इन चार कवियों में से जोइसी ऐसे कवि हैं जिनकी चर्चा न हिन्दी साहित्य के इतिहास-ग्रन्थों में मिलती है और न हिन्दी आलोचना में। वे मिश्र जी की खोजी प्रवृत्ति की देन हैं। इस आलेख के अन्त में मिश्र जी ने मध्यकालीन कविता के बारे में अपनी विशेष राय को इन शब्दों में रखा है, "साहित्य और विशेषकर काव्य का मर्म न गृहीत हो तो उसके बाहरी व्याकरण आदि की व्याख्या अधूरी ही रह जाती है। ये सब मिलकर जिस राग का उन्मीलन करते हैं उस राग की व्यंजना ही मुख्य है। वह व्यंजना होती है शब्द और शब्द में निहित अर्थ से। पर इनका विन्यास जब तक उस व्यंजना का साधक नहीं होता और वह साधकता दिखाई नहीं जाती तब तक कविता का मर्म अनछुआ रह जाता है।"

एक अन्य आलेख का शीर्षक है 'सन्त काव्य और रीति काव्य के बीच सेतु प्रेममार्ग'। इस शीर्षक से यह स्पष्ट है कि मिश्र जी सन्त काव्य और रीति काव्य में मूलभूत एकता मानते हैं। इस आलेख में पहला पद बुल्ले साहब का है, दूसरा छन्द रीतिकाल के कवि ठाकुर का, तीसरा पद रज्जब का है और चौथा छन्द

घनानन्द का है। इन सभी पदों और छन्दों की व्याख्या के बाद मिश्र जी ने लिखा है, "इन चारों मुक्तकों को चुनने के पीछे उद्देश्य यह था कि हिन्दी कविता की सेतु-भाषा है प्रेमयोग। उसे रेखांकित करना चाहता था और इस भ्रमात्मक धारणा को मिटाना चाहता था कि सन्त काव्य केवल ज्ञानाश्रयी है, सूफी काव्य ही प्रेमाश्रयी है और रीतिकालीन कविता शृंगारी है। ये सभी कोटियाँ व्यावर्त्तक कोटियाँ नहीं हो सकतीं अर्थात् ये किसी एक की विशेष कोटि नहीं हो सकतीं। ये कोटियाँ एक-दूसरे में घुली-मिली हुई हैं। रीतिकालीन कविता को समझने में थोड़ा-सा अन्याय हुआ है, क्योंकि यह मान लिया गया कि वह दरबारी कविता है, दुनियावी कविता है। उसमें अतिशय लौकिकता है। कोई आध्यात्मिक स्वर नहीं है। मध्यकालीन हिन्दी कविता में अध्यात्म कोई बेगानी वस्तु नहीं। वह जीवन के लिए कोई बिरानी वस्तु नहीं। वह जीवन में ओत-प्रोत है।"

उत्तर-मध्यकालीन या रीतिकालीन कविता का एक पक्ष काव्य-शास्त्र के ज्ञान से सम्बद्ध है, विशेष रूप से छन्द से, शब्द-मैत्री से, भाव-संयोजन की कुशलता से और रस-सृष्टि से। विद्यानिवास जी मानते हैं कि इन सबसे रीतिकालीन कविता का अर्थ अधिक खुलता और खिलता है। लेकिन पण्डित जी यह भी मानते हैं काव्यशास्त्रीय पाण्डित्य का अतिरेक कविता का अर्थ खोलने में साधक नहीं बाधक होता है। निष्कर्ष यह है कि मध्यकालीन कविता को पढ़ने, समझने और समझाने के लिए पाण्डित्य के साथ सहृदयता और रसिकता का संयोग आवश्यक है।

सूरदास का काव्य और डॉ. विश्वम्भरनाथ उपाध्याय

सूरदास के काव्य से हिन्दी की प्रगतिशील आलोचना के सम्बन्ध पर ध्यान दीजिए तो यह सच सामने आयेगा कि पुरानी पीढ़ी के प्रगतिशील आलोचकों ने सूरदास के काव्य की पूरी तरह उपेक्षा की है। हिन्दी की प्रगतिशील आलोचना में बहस, विवाद और वितण्डावाद के केन्द्र में कबीरदास और तुलसीदास की कविता रही है। इसका एक कारण यह है कि कबीर और तुलसी के काव्य में विचारधारा अत्यन्त उग्र, आक्रामक और प्रत्यक्ष है, इसलिए उसकी खोज, पहचान, व्याख्या और उसका खण्डन-मण्डन आसान है। कबीर जैसे आग्रह के साथ वर्णाश्रम धर्म और वेद मार्ग का विरोध करते हैं वैसे ही आग्रह से तुलसीदास उन दोनों की रक्षा करते हैं, इसीलिए कबीर और तुलसी के काव्य पर अतिरंजित विवाद हुए हैं। कविता में विचारधारा दो रूपों में होती है। जब वह पानी में तैरती सूखी लकड़ी की तरह होती है तब उसे खोजना, पाना और स्वीकार या अस्वीकार करना सरल होता है लेकिन जब वह दूध में पानी की तरह होती है तब उसे खोजना और पाना कठिन होता है। सूर की कविता में भी विचारधारा है, लेकिन वह दूध में पानी की तरह है, इसलिए उसको खोजना और स्वीकार या अस्वीकार करना आसान नहीं है। सम्भवतः इसीलिए पुरानी पीढ़ी की प्रगतिशील आलोचना में सूरदास के काव्य की उपेक्षा की है।

इस स्थिति के बावजूद हिन्दी की प्रगतिशील आलोचना की पुरानी पीढ़ी के एक आलोचक ऐसे हैं जिन्होंने सूरदास के काव्य को समझने, उसकी व्याख्या करने और उसका मूल्यांकन करने का गम्भीर प्रयास किया है। वे आलोचक हैं डॉ. विश्वम्भरनाथ उपाध्याय। उपाध्याय जी ने सूरदास के काव्य की आलोचना की एक किताब 1958 में लिखी थी, जिसका नाम है 'सूर का भ्रमरगीत : एक अन्वेषण'। हिन्दी की प्रगतिशील आलोचना में जैसे सूरदास की कविता चर्चा से बाहर है वैसे ही सूर की कविता पर लिखी उपाध्याय जी की आलोचना पुस्तक भी अचर्चित ही है।

उपाध्याय जी ने रामचन्द्र शुक्ल और हजारी प्रसाद द्विवेदी की सूर सम्बन्धी आलोचनाओं की शक्तियों और सीमाओं की पहचान करते हुए सूर के काव्य की अपनी दृष्टि से व्याख्या की है और उसकी अर्थवत्ता तथा सार्थकता का विवेचन किया है। उन्होंने अपनी आलोचना दृष्टि को स्पष्ट करते हुए लिखा है कि "इस पुस्तक में सूर साहित्य के एक अंग (भ्रमरगीत) का सम्बद्ध रूप में—संस्कृति, समाज, साहित्य व साधना को अविच्छिन्न मानते हुए—भारतीय इतिहास के विकासक्रम का ध्यान रखते हुए अध्ययन किया है।" (भूमिका, पृ.सं. 13) यही नहीं उन्होंने काव्य की कला के साथ कलाकार की आन्तरिक चित्त दशा पर भी विचार किया है। इस प्रक्रिया में उपाध्याय जी की आलोचना अधिक समावेशी और सुसंगत रूप में सामने आती है।

जो लोग सूरदास और उनके काव्य को वल्लभ सम्प्रदाय, पुष्टि मार्ग और अष्टछाप के दायरे में ही देखते हैं वे 'सूरसागर' को श्रीमद्भागवत का अनुकरण साबित करते हैं। लेकिन सूर की कविता का महत्त्व वल्लभ सम्प्रदाय, पुष्टि मार्ग, अष्टछाप और श्रीमद्भागवत से स्वतन्त्र मानव जीवन की वास्तविकताओं और आकांक्षाओं की सफल अभिव्यक्ति में है। उपाध्याय जी ने अपनी किताब के आरम्भ में भ्रमरगीत की परम्परा की खोज करते हुए श्रीमद्भागवत के भ्रमरगीत से सूरदास के भ्रमरगीत का अन्तर स्पष्ट किया है और सूरदास की मौलिकता का विवेचन भी। श्रीमद्भागवत में दार्शनिकता प्रधान है जबकि सूरसागर में मानवीयता मुखर है। इस मानवीयता में मानवीय दुर्बलताएँ भी शामिल हैं। सूरसागर का भ्रमरगीत स्त्री की दृष्टि से पुरुष समाज और प्रेम की समझ की अभिव्यक्ति का काव्य है। उसमें सूरदास के युग की बौद्धिक चिन्ताएँ हैं और द्वन्द्व भी। उपाध्याय जी ने सूर के भ्रमरगीत से नन्ददास, परमानन्ददास, तुलसीदास, हरिराय जी, रसखान, आलम, नागरीदास, रसरूप, प्रेमदास, ब्रजवासीदास, रसरासी, ग्वाल, सन्त कवि हरिदास बेन, गंगादास, रतनसिंह नटनागर और ठाकुर के भ्रमरगीत या भ्रमरगीत विषयक कविताओं की तुलना करते हुए सूरदास के भ्रमरगीत की विशिष्टता का विवेचन किया है। उपाध्याय जी ने आधुनिक काल के कवि भारतेन्दु हरिश्चन्द्र के गोपी विरह सम्बन्धी पदों की भी चर्चा की है और उनकी मार्मिकता का उल्लेख भी किया है। उन्होंने भारतेन्दु के साथ चौधरी बद्रीनारायण प्रेमघन और सत्यनारायण कविरत्न के गोपी विरह विषयक पदों की आधुनिकता का विवेचन किया है। कविरत्न की आधुनिकता में स्वतन्त्रता की चेतना समाहित है। कविरत्न की यशोदा पराधीन भारत माता प्रतीत होती है। हरिऔध के 'प्रिय प्रवास' में गोपी प्रसंग है और भ्रमर भी। हरिऔध की राधा अन्य कवियों की राधा

की तरह मौन नहीं, बल्कि मुखर हैं। मैथिलीशरण गुप्त ने 'द्वापर' में भ्रमरगीत सम्बन्धी कुछ पद लिखे हैं। द्वापर में राधा की मानसिक दशा का मोहक वर्णन है। वह परलोक साधना से लोक की आराधना को बेहतर समझती है। आधुनिक भ्रमरगीतकारों में जगन्नाथदास रत्नाकर और उनके 'उद्धव-शतक' की कुछ विस्तृत चर्चा है। साथ ही रमाशंकर शुक्ल रसाल की वैसी ही रचना का विवेचन भी है। भ्रमरगीत परम्परा की सम्पूर्णता का ऐसा विवेचन अन्यत्र दुर्लभ है, जो मध्यकाल से आधुनिक काल तक फैला हुआ है।

भ्रमरगीत की पूरी परम्परा की सम्पूर्ण चर्चा के बाद उपाध्याय जी ने तुलनात्मक विवेचन करते हुए सूर के भ्रमरगीत की विशेषता का स्पष्ट उल्लेख इस रूप में किया है, "जिस प्रकार निरभ्र आकाश में वायुमण्डल की ऊष्मा से प्रेरित कोई बदली उदित होती है और वह क्रमशः बढ़कर सम्पूर्ण आकाश को आवृत्त कर अजस्र वर्षा करती है, उसी प्रकार भागवत पुराण की वारिदलता सूर के भ्रमरगीत में पल्लवित और पुष्पित होकर जिन भाव सुमनों की वर्षा करती है, वे सूर के पश्चात नन्ददास, भारतेन्दु, कविरत्न और रत्नाकर में केवल यत्र-तत्र ही मिलते हैं, परन्तु सूर का भ्रमरगीत तो हरसिंगार के सदृश पूर्णतया पुष्पित हरसिंगार है। न तो आगे की गोपियों में वह आवेश दिखाई पड़ता है न वह बाँका वाग्वैदग्ध्य, न तर्क का अनुभूतिजन्य रूप, न सन्तप्त समग्र ब्रजजीवन की अभिव्यक्ति, न सामूहिक नारी हृदय की सिसक और सरसता का वर्णन, और न वह अन्तर्दृष्टि और आत्मसमर्पण जो हमें तल्लीन कर सके। सागर और लघु सर-सरिताओं में जो अन्तर है, वही सूर और अन्य भ्रमरगीतकारों में अन्तर है।"

सूर साहित्य की सम्यक् आलोचना के सामने एक बड़ा सवाल श्रीमद्भागवत से सूरसागर के सम्बन्ध का है। वर्तमान में सूरसागर का जो द्वाद्वशस्कन्धात्मक रूप है वह श्रीमद्भागवत का अनुकरण लगता है, इसीलिए अनेक आलोचक सूर की कविता की मौलिकता पर सन्देह करते हुए उसे भागवत का अनुवाद समझते और कहते हैं। सूरसागर की पाण्डुलिपियों के दो रूप मिलते हैं—संग्रहात्मक और द्वादशस्कन्धात्मक। जवाहरलाल चतुर्वेदी के अनुसार सत्रहवीं सदी तक जो भी पाण्डुलिपियाँ प्राप्त होती हैं वे सभी संग्रहात्मक हैं। बाद की पाण्डुलिपियाँ द्वादशस्कन्धात्मक हैं। जवाहरलाल चतुर्वेदी ने सूरसागर की प्राप्त पाण्डुलिपियों और प्रकाशित रूपों का व्यवस्थित तथा विस्तृत अध्ययन करते हुए संग्रहात्मक के स्कन्धात्मक बनने के कारणों के बारे में लिखा है, "कारण थे—श्री गोकुलनाथजी की 'वार्त्ता', उस पर श्री हरिरायजी का 'प्रकाश', नाभादास जी का 'भक्तमाल', प्रियादासजी की भक्तमाल पर 'टीका', भारतेन्दु बाबू हरिश्चन्द्र, रीवाँ के महाराज

रघुराज सिंह आदि से लेकर अनेक 'भक्त-चरित्रात्मक' विवरणों के रचयिताओं के अनन्तर हिन्दी-साहित्य के वे इतिहास-ग्रन्थ जो 'शिवसिंह-सरोज' से लेकर अब तक प्रकाश में आ चुके हैं। इन सब ग्रन्थों में सूर और उनके सागर के प्रति विभिन्न मत होते हुए भी इस एक बात को सब ने दुहराया है कि श्रीसूर ने 'लक्षावधि' या 'सहस्रावधि' पद-रचना की है, जो विचारणीय है; किन्तु यहाँ लक्षावधि व सहस्रावधि संज्ञा किसी हद या परिणाम की द्योतक नहीं, उसकी अपारता की द्योतक है।" (पृ.सं. 119) उन्होंने बाद में यह भी लिखा है, "संग्रहात्मक प्रतियाँ सूरसागर के द्वादशस्कन्धात्मक रूप वाली प्रतियों से कहीं अधिक पुरानी हैं। इनमें-उनमें सौ वर्ष का अन्तर है। ये प्रतियाँ पाठ में शुद्ध, सुन्दर और ब्रजभाषा की उच्चारण प्रणाली के भी अति निकट थीं।" पृ.सं. 120) जवाहरलाल चतुर्वेदी की यह सुनिश्चित राय है कि "उपलब्ध सामग्री से यह तो निर्विवाद सिद्ध है कि सागर का वर्तमान—द्वादशस्कन्धात्मक रूप सत्रहवीं शताब्दी तक नहीं बन सका था, इससे प्रथम वह अपने संग्रहात्मक रूप में था।" (पृ.सं. 120) जवाहरलाल चतुर्वेदी का निबन्ध 'पोद्दार अभिनन्दन ग्रन्थ' में है। इससे यह स्पष्ट है कि सत्रहवीं सदी के बाद वल्लभ सम्प्रदाय के व्यक्तियों के प्रयत्नों से सूरसागर द्वादशस्कन्धात्मक बना और श्रीमद्भागवत का अनुवाद लगने लगा।

डॉ. उपाध्याय यह नहीं मानते कि सूरसागर श्रीमद्भागवत का अनुवाद है, लेकिन वे सूरसागर पर श्रीमद्भागवत के प्रभाव की बात ज़रूर करते हैं। उन्होंने लिखा है, "क्या सूरदास श्रीमद्भागवत को यथावत् स्वीकार करते हैं? नहीं। यद्यपि भागवत के सभी सर्गों का अनुवाद सूरदास ने किया है, कपिल के सांख्य योग व जड़भरत के अवधूत मार्ग का भी वर्णन दिया है तथापि सूर 'भ्रमरगीत' में 'कृच्छ्-साधनाओं' तथा शांकरवेदान्त का अत्यधिक विरोध किया है—इसका कारण वे ऐतिहासिक परिस्थितियाँ थीं, जिन्होंने श्रीमद्भागवत के बाद की शताब्दियों में 'सूरदास' द्वारा कठोर साधनाओं का विरोध कराया था, क्योंकि उन परिस्थितियों में—प्रेमसाधना की ही सबसे अधिक आवश्यकता थी।" (पृ.सं. 31)

सूर के भ्रमरगीत का एक महत्त्वपूर्ण पक्ष है ज्ञान, योग और निर्गुण का सतर्क, सोदाहरण और अनुभूतिजन्य विरोध। इस विरोध में एक ओर मध्यकालीन धर्मसाधना के क्षेत्र के कुछ महत्त्वपूर्ण बौद्धिक द्वन्द्वों की अभिव्यक्ति है तो दूसरी ओर प्रेम की अनन्यता और सहजता की स्वीकृति दी है। इन दोनों बातों के साथ ही सूर के भ्रमरगीत में एक ओर स्त्री भाषा का विकास है तो दूसरी ओर ग्रामीण स्त्री जीवन में प्रचलित मुहावरों और कहावतों का सहज प्रयोग। सूर के भ्रमरगीत

में अपने युग की राजनीति की समझ है और बेहतर राजनीति की आकांक्षा भी। भ्रमरगीत का एक पद यह है :

हरि हैं राजनीति पढ़ि आये।
समुझी बात कहत मधुकर जो? समाचार कछु पाये?
इक अति चतुर हुते पहिले ही, अरु करि नेह दिखाये।
जानी बुद्धि बड़ी जुवतिन को जोग सन्देस पठाये।।
भले लोग आगे के सखि री! परहित डोलत धाये।
वे अपने मन फेरि पाइए, जे हैं चलत चुराये।।
ते क्यों नीति करत आपुन, जे औरनि रीति छुड़ाये?
राजधर्म सब भये सूर, जहँ प्रजा न जाये सताये।।

इस पद में एक ओर राजनीति के स्वभाव, उसके व्यवहार, उसकी भाषा और कथन भंगिमा पर व्यंग्य है तो पद की आख़िरी पंक्ति में बेहतर राजनीति की आकांक्षा भी। इस पद का यह अर्थ नहीं है कि, "मोहन अब भी महामूर्ख है, जैसा कि उपाध्याय जी ने लिखा है।" उपाध्याय जी हठपूर्वक भ्रमरगीत में वल्लभाचार्य और पुष्टिमार्ग के सिद्धान्त खोजते और सिद्ध करते हैं। डॉ. उपाध्याय के अनुसार "गोपियाँ श्रुतिरूपिणी और ज्ञानमयी हैं जो प्रत्यक्ष और अप्रत्यक्ष रूप से मायावाद और हठयोग के विरुद्ध वल्लभाचार्य के सम्प्रदायानुमोदित भक्ति सिद्धान्तों की विजय घोषित करती हैं।" (पृ.सं. 52) सूरदास के प्रेम-चित्रण के बारे में इससे बेहतर बात तो आचार्य शुक्ल कहते हैं। उन्होंने लिखा है कि "सूर के कृष्ण और गोपियाँ पक्षियों के समान स्वच्छन्द हैं। वे लोक-बन्धनों से जकड़े हुए नहीं दिखाये गये हैं। जिस प्रकार स्वच्छन्द समाज का स्वप्न अंग्रेज़ कवि शैली देखा करते थे, उसी प्रकार का समाज सूर ने चित्रित किया है।"

डॉ. उपाध्याय की इस पुस्तक का एक महत्त्वपूर्ण अध्याय है 'सूर के भ्रमरगीत की काव्यकला' इसमें भारतीय काव्यशास्त्र के साथ पाश्चात्य काव्यालोचन की सुलझी हुई समझ व्यक्त हुई है। सैद्धान्तिक और व्यावहारिक आलोचना का यहाँ सन्तुलित सामंजस्य है और सूर की सृजनशील प्रतिभा की विशिष्टताओं की पूरी पहचान भी है। इस अध्याय में सूर के भ्रमरगीत की काव्यकला के बारे में डॉ. उपाध्याय की मान्यताएँ निम्नलिखित हैं :

1. यदि एक ही मानसिक दशा का बार-बार वर्णन करना पड़े तो काव्य की सरसता के लिए यह आवश्यक है कि एक स्थायी भावना के अन्तर्गत रहकर क्षण-क्षण में उत्पन्न होने वाली अनेक मानसिक संवेदनाओं का वर्णन किया। सूरदास ने भ्रमरगीत में इसी पद्धति का अनुसरण किया है। (पृ.सं. 86)

2. भ्रमरगीत में प्रकृति का प्रयोग भावोद्‌दीपन के लिए है, विरह की विभिन्न भावभूमियों के अनेक रूपों की अभिव्यक्ति के लिए है। सूर ने उद्‌दीपन प्रक्रिया के निर्वाह के लिए भी नये-नये तरीक़े निकाले हैं। "प्रकृति के पदार्थ भी उद्‌दीपन का कार्य करते हैं—भ्रमरगीत में प्रकृति की उद्‌दीपन-शक्ति, उद्धव के उपदेशों के कारण और भी अधिक बढ़ती हुई प्रतीत होती है, एक ओर प्रकृति के मनोहर पदार्थ, स्मरण दिलाने वाले कुंज, निकुंजादि और दूसरी ओर उद्धव के उपदेशों का दंशन—गोपियों की स्थिति कितनी विपन्न हो उठती है?" (पृ.सं. 88)

3. उपाध्याय जी ने ठीक ही लिखा है कि "सूर ने सामान्य उद्‌दीपन-पद्धति के निर्वाह के साथ-साथ गोपियों के विरह को उनके सारे जीवन के अनुभवों के साथ संयुक्त करके देखा है। विरहावस्था में रात वस्तुतः 'पूतना' नामक राक्षसी है, जिसने ब्रज को पीड़ित किया था, वन 'वृक' है, गृह अघासुर, उच्छ्‌वास ही तृनावत राक्षस है और सामान्य गृहकार्य ही 'केशी' असुर के समान प्रतीत होते हैं अर्थात् प्रकृति की वस्तुओं पर दृष्टि पड़ते ही—निशा, वन, गृहकार्य, गृह आदि पर दृष्टि पड़ते ही कृष्ण द्वारा दूर की गयी सारी आपत्तियों की स्मृतियाँ सहसा गोपियों के मन में उमड़ पड़ती हैं। इसीलिए 'प्रकृति का वर्णन' सूर में आकर्षक बन पड़ा है।" (पृ.सं. 88)

4. उपाध्याय जी ने गोपियों का भोलापन भी उनकी विरह-दशा को बढ़ाने का एक कारण माना है। उन्होंने लिखा है, "यहाँ गोपियों के अज्ञान या भोलेपन को मूल में रख देने से सारे 'उद्‌दीपन' में एक नया अर्थ आ गया है। गोपियाँ यह नहीं जानतीं कि वस्तुएँ वस्तुतः पूर्ववत् ही हैं, केवल उनका मन ही बदल गया है अतः वे दुखकर दिखाई पड़ती हैं, गोपियों को लगता है कि वस्तुओं ने कृष्ण के चले जाने से अपना स्वधर्म छोड़ दिया है, यही भोलापन काव्य को काव्य बनाता है, और प्रकृति व मनुष्य के अन्तर को दूर कर देता है।" (पृ.सं. 88)

5. उपाध्याय जी ने यह भी देखा है कि "प्रकृति के उन सब परिवर्तनों को सूर ने संयोगस्मृतियों के साथ सम्बद्ध करके देखने में अत्यधिक निपुणता का परिचय दिया है। कहीं वितर्क, कहीं स्मृति, कहीं दैन्य और कहीं किसी अन्य भावना की स्थिति में प्रकृति के अनेक रूप गोपियों के राग को उद्‌दीप्त करते हैं।" (पृ.सं. 89)

6. उपाध्याय जी ने भ्रमरगीत में बुद्धि और हृदय के द्वन्द्व को पहचाना है इसलिए उन्होंने हृदय की प्रधानता को महत्त्व दिया है।

7. भ्रमरगीत में नागरिक जीवन और ग्रामीण जीवन का द्वन्द्व भी है। इस बात की पहचान करते हुए उपाध्याय जी ने लिखा है कि "नागरिक जीवन की कृत्रिमता,

कुटिलता और अन्य चरित्रगत दोषों के प्रति भारतीय समाज में जो घृणा थी, वह सूरदास के भ्रमरगीत में सबसे आकर्षक रूप से व्यक्त हुई है। ग्राम, गाय, दधि और मुक्त जीवन के प्रति सूर ने इतना अधिक 'प्यार' उत्पन्न कर दिया है कि नागरिक जीवन के गुण और दोषों से परिचित कृष्ण अन्त में 'ब्रज के सरल जीवन' की ही प्रशंसा करते हैं। प्रपंच, षड्यन्त्र और समस्या-संकुल नागरिक जीवन के विरुद्ध जो सामूहिक मानस में घृणा थी, वही सूर के प्रकृति-वर्णन में देखी जानी चाहिए।" (पृ.सं. 93)

भ्रमरगीत में गीति तत्त्व की पहचान के लिए उपाध्याय जी ने गीत और गीति के बीच के बारीक अन्तर को स्पष्ट किया है। उन्होंने ठीक ही लिखा है, "गीत में यद्यपि कवि की निजी भावनाओं, इच्छाओं, रुचियों का समावेश हो जाता है, तथापि 'गीत' में कवि का व्यक्तित्व अप्रधान ही रहता है और गीति में कवि का व्यक्तित्व प्रधान हो जाता है, व्यक्तित्व की प्रधानता और अप्रधानता से ही गीत का निर्णय होता है अन्यथा गेयता, भावुकता, मधुर कल्पना आदि तत्त्व दोनों में बराबर मिलते हैं।" इसके बाद उपाध्याय जी ने विचार के लिए यह प्रश्न सामने रखा है कि क्या भ्रमरगीत एक गीतिकाव्य है? इसका उत्तर देते हुए उन्होंने लिखा है, "यों तो भ्रमरगीत सूर के निजी व्यक्तित्व की सृष्टि है, आध्यात्मिक उच्चता के क्षणों में भगवान कृष्ण की मधुर लीलाओं के स्वतः अवतरण के समय सूर ने भ्रमरगीत को जो विशिष्ट रूप दिया है, वह उनके व्यक्तित्व की विशिष्टता का परिचायक है।"

उपाध्याय जी की पुस्तक का एक महत्त्वपूर्ण अध्याय है—'भ्रमरगीत में विप्रलम्भ शृंगार'। इस अध्याय में उपाध्याय जी की यह मान्यता ध्यान देने लायक है कि आधुनिक काल विशेष रूप से प्रयोगवाद से पहले की हिन्दी कविता भावप्रधान कविता है, इसलिए वह पाठकों, श्रोताओं को बौद्धिक कविता से अधिक प्रभावित करती है। भाव में एक प्रकार की संश्लिष्टता होती है, जिसमें अनेक संवेदनाओं का समावेश होता है जबकि केवल संवेदना पर निर्भर कविताओं में इकहरापन होता है। उपाध्याय जी ने सूर की भावाभिव्यक्ति में वर्तमान संश्लिष्टता का सोदाहरण विवेचन किया है। सूर के भाव चित्रण में व्यापकता और गहराई के साथ भाव-तीव्रता भी है, जो उसके आकर्षण का मुख्य कारण है। उन्होंने सूर के विरह-वर्णन से मीरा और जायसी के विरह-वर्णन की तुलना करते हुए उचित ही लिखा है कि "जायसी में वैविध्य का अभाव है और तीव्रता की अतिशयोक्ति पद्धति पर व्यंजना होने से अस्वाभाविकता आ जाती है। किन्तु तीव्रता की दृष्टि से 'मीरा' सूर के समकक्ष हैं, कहीं-कहीं तो 'मीरा' सूर से भी अधिक मार्मिक हैं। विश्व में समस्त नारी-हृदयों की समस्त पीड़ा और कोमलता को जैसे 'मीरा' अपने मुख से कहती हैं।"

मध्यकाल के हिन्दी कवियों के विरह-वर्णन में प्रायः स्त्री विरहानुभूति की प्रधानता है, पुरुष की विरह-दशा की व्यंजना विरल ही है। यह स्थिति सामन्ती समाज में स्त्री और पुरुषों की भिन्नता के कारण सम्भव हुई है। सूर के काव्य में ऐसी स्थिति नहीं है। उपाध्याय जी ने ठीक ही पहचाना है कि भ्रमरगीत में हमें उभयपक्षी विरह के दर्शन होते हैं, केवल गोपियाँ ही विरह में सन्तृप्त नहीं हैं, कृष्ण भी गोपियों के विरह में दुखी हैं। उन्हें 'ब्रज की सुधि' बेचैन करती है।

आचार्य रामचन्द्र शुक्ल ने सूर के विरह-वर्णन की विशेषता को स्पष्ट करते हुए लिखा है कि "वियोग की जितनी अन्तर्दशाएँ हो सकती हैं, जितने ढंगों से उनका साहित्य में वर्णन हुआ है और हो सकता है, वे सब सूर में प्राप्त होती हैं।" उपाध्याय जी ने शुक्ल जी के इस कथन को उद्धृत करते हुए चिन्ता, स्मृति, गुणकथन, उद्वेग, प्रलाप, उन्माद, व्याधि, मूर्छा, मरणासन्नता आदि की अभिव्यक्ति को सोदाहरण दिखाया है। यही नहीं काव्यशास्त्र में प्रवास-विरह की जिन दस स्थितियों का वर्णन है उनका भी विवेचन किया है।

उपाध्याय ने भ्रमरगीत के विरह-वर्णन की विस्तृत चर्चा के बाद उसके विभिन्न पार्श्वों पर भी विचार किया है जो जितना नया और मौलिक है उतना महत्त्वपूर्ण भी। उन्होंने यह माना है कि मध्यकाल के हिन्दी साहित्य में विरह-वर्णन के अपार विस्तार के मूल में समाज में मौजूद अपार दुख है। उन्होंने ठीक ही लिखा है कि "चारों ओर फैले हुए दुःख का द्रष्टा कवि जितना ही सर्वसाधारण के दुःख के प्रति अधिक संवेदनशील होगा, उतना ही उसका 'आह का गान' अधिक मार्मिक होगा। मध्यकालीन भक्त कवियों ने जो राधा या गोपियों का विरह-वर्णन किया है, पीड़ा के प्रति इतना अधिक प्यार प्रकट किया है, परम विरहासक्ति को ही साधना का उच्चतम रूप मान लिया है, वह इसी लोक-करुणा से प्रेरित होने के कारण। सूर के विरहगान की मर्मस्पर्शिता का कारण भी यही 'लोककरुणा' है।" (पृ.सं. 123)

उपाध्याय जी की इस पुस्तक का एक अध्याय सूर की काव्य-भाषा पर भी है जिसमें उन्होंने सूर के ब्रजभाषा के प्रयोगों की विशेषताओं का विवेचन किया है और साथ ही उन्होंने सूर द्वारा लोकोक्तियों और मुहावरों के प्रयोग के सौन्दर्य को भी स्पष्ट किया है। सूर की काव्य-भाषा में परिस्थितियों, भावों और सन्दर्भों के अनुकूल भाषा का प्रयोग है। भ्रमरगीत में वाद-विवाद की भाषा का सौन्दर्य है तो मानसिक दशाओं की व्यंजना की भाषा की पारदर्शिता भी है। इन सबके साथ ही उपाध्याय जी ने शब्द-शक्तियों और अलंकारों की दृष्टि से भी भ्रमरगीत की काव्य-भाषा का विवेचन तथा मूल्यांकन किया है।

विष्णुचन्द्र शर्मा : जनकवि नागार्जुन की पक्षधर आलोचना

साहित्यिक विधाओं की बन्दिशें बनाना आचार्यों का काम है और उनको आलोचना में लागू करना अध्यापक-आलोचकों का, लेकिन सर्जक उन बन्दिशों को हमेशा तोड़ते हैं और नये रूपों की रचना करते हैं। विष्णुचन्द्र शर्मा सर्जक हैं और आलोचक भी। वे कवि हैं और उपन्यासकार भी। वे जीवनी-लेखक और संस्मरणों के रचनाकार भी हैं। वे एक समर्थ आलोचक हैं। उनकी राहुल जी, शमशेर बहादुर सिंह, ग़ालिब और निराला पर आलोचना की पुस्तकें प्रकाशित हैं। विष्णु जी की एक विशेषता यह है कि उनकी सर्जनात्मक कृतियों में उनकी आलोचनात्मक चेतना सक्रिय रहती है और आलोचना की कृतियों में सर्जनात्मक चेतना क्रियाशील दिखाई देती है। विष्णु जी चाहे कविता लिखें या उपन्यास, जीवनी लिखें या संस्मरण, इन विधाओं की किसी बन्दिश को वह नहीं मानते। यही नहीं, उनकी आलोचना में भी हिन्दी आलोचना की प्रचलित पद्धतियों का अनुकरण नहीं है।

मेरे सामने विष्णु जी की आलोचना की पुस्तक 'नागार्जुन एक लम्बी जिरह' है। यह दो भागों में है। पहले भाग का शीर्षक है 'निकटता'। इसमें नागार्जुन से विष्णु जी की गहरी आत्मीयता व्यक्त हुई है। वह आत्मीयता एक तो नागार्जुन के उन अठारह पत्रों में प्रकट हुई है जो नागार्जुन ने समय-समय पर विष्णु जी को लिखे। उन पत्रों से नागार्जुन की मानसिकता के उतार-चढ़ाव की प्रक्रिया सामने आती है और साथ ही उनका भावात्मक और वैचारिक अन्तर्द्वन्द्व भी प्रकट होता है। नागार्जुन और विष्णुचन्द्र शर्मा दिल्ली के एक ही मुहल्ले सादतपुर में रहे हैं। एक जगह रहने के कारण जो संग-साथ सम्भव हुआ है उसका भी चित्रण और वर्णन निकटता वाले हिस्से में है।

निकटता वाले हिस्से में ही नागार्जुन से सम्बन्धित कुछ ऐसे महत्त्वपूर्ण आलोचनात्मक वाक्य हैं—

1. जनकविता की कसौटी हैं नागार्जुन (पृ.सं. 23)

2. नागार्जुन विपक्ष का कवि है और आज़ाद देश का एक सजग नागरिक भी (पृ.सं. 26)
3. नागार्जुन ने कबीर के बाद आज़ाद भारतवर्ष के फटेहाल इन्सानों को भीतर तक झकझोर दिया था (पृ.सं. 31)

निकटता वाले हिस्से में ही नागार्जुन की तुलना जर्मनी के कवि ब्रेख़्त से की गयी है। नागार्जुन ने अपने समानधर्मा ब्रेख़्त पर एक छोटी पर अच्छी कविता लिखी है। वह कविता यह है—

इन घुच्ची आँखों में
क्या नहीं है
इन घुच्ची आँखों में!
इन शातिर निगाहों में
मुझे तो बहुत कुछ
प्रतिफलित लग रहा है!
नफरत की धधकती भट्ठियाँ...
प्यार का अनूठा रसायन...
अपूर्व विक्षोभ...
जिज्ञासा की बाल-सुलभ ताजगी...
ठगे जाने की प्रायोगिक सिधाई...
प्रवंचितों के प्रति अथाह ममता...
क्या नहीं झलक रही
इन घुच्ची आँखों से?
हाय, हमें कोई बतलाये तो!
क्या नहीं है
इन घुच्ची आँखों में!

इस कविता को पढ़ते हुए कोई भी पाठक यह महसूस करेगा कि यह कविता जितनी ब्रेख़्त से जुड़ी हुई है उतनी ही नागार्जुन से भी। यह एक तरह से नागार्जुन की आत्मकथात्मक कविता भी है।

जिसे विष्णु जी ने जिरह कहा है वह नागार्जुन की पक्षधर रचनाशीलता की पक्षधर आलोचना है। विष्णुचन्द्र शर्मा की आलोचना की एक बुनियादी विशेषता यह है कि वे निर्भीक और निर्द्वन्द्व भाव से अपनी आलोचनात्मक राय व्यक्त करते हैं। वह राय चाहे किसी कवि के बारे में हो या किसी आलोचक के बारे में। दूसरी विशेषता यह है कि वे बहुत व्यापक काव्य-बोध के साथ जनकवि नागार्जुन

की कविता का विवेचन और मूल्यांकन करते हैं। उनके काव्य-बोध के दायरे में एक ओर कालिदास, विद्यापति, निराला, मुक्तिबोध, शमशेर और केदारनाथ अग्रवाल हैं तो दूसरी ओर ब्रेख्त, नेरूदा और नाजिम हिकमत के साथ ग़ालिब भी हैं। तीसरी विशेषता यह है कि विष्णु जी की आलोचना केवल नागार्जुन की कविता के विवेचन और मूल्यांकन तक सीमित नहीं है, उनकी आलोचना-दृष्टि में नागार्जुन के उपन्यास भी हैं। उन्होंने लिखा है—"नागार्जुन उपन्यास और कविता में एक ही ज़मीन पर खड़े नज़र आते हैं। वह ज़मीन है 'अपने समय के यथार्थ से साक्षात्कार की ज़मीन'। चाहे बुद्ध जैसा इतिहास पुरुष का चरित्र हो, या 'पाषाणी' की त्रासदी हो, या कालिदास का सौन्दर्यबोध हो, या विद्यापति की मैथिल संस्कृति हो, या बर्तोल्त ब्रेख्त की आधुनिक प्रगतिशील ज़मीन हो, नागार्जुन की आँखें लगातार यथार्थ को कसौटी पर कसती हैं, उस यथार्थ का साक्षात्कार करते हुए विडम्बनाओं पर टिप्पणी जड़ती हैं।" (पृ.सं. 80)

विष्णु जी के अनुसार, "यथार्थ से साक्षात्कार करने की नागार्जुन की कसौटी के दो आधार रहे हैं, एक वामदलों का विभाजन और मार्क्सवाद का जनाधार। दूसरा किसान कवि कुटुम्ब का कवि होता है।" (पृ.सं. 81) भारत में वामदल लगातार विभाजित होते रहे हैं। ऐसी स्थिति में वामपन्थी लेखकों, कवियों और बुद्धिजीवियों के सामने लम्बे काल से यह समस्या रही है कि वे किस वामपन्थी दल से जुड़ें। नागार्जुन ने इस समस्या का एक हल यह निकाला कि जो वामपन्थी दल सचमुच जनता से जुड़ा हो उसी से नागार्जुन जुड़ जाते थे। यही कारण है कि वामपन्थी पार्टियों से उनकी सम्बद्धता बदलती रही है, जिसके लिए पार्टीबद्ध लोग उनकी आलोचना भी करते रहे हैं। विष्णु जी ने ठीक ही लिखा है कि नागार्जुन लगातार जनता को देखते रहे, जनता ही उनकी जनाधार रही, यानी उनके मार्क्सवाद की कसौटी।

नागार्जुन निस्सन्देह किसान कवि थे। उन्होंने जीवन भर भारतीय किसानों के जीवन-संघर्ष और मुक्ति-संघर्ष की कविताएँ लिखी हैं और उपन्यास भी। वह खुद को किसान मानते हैं। उन्होंने 'अपने खेत में' शीर्षक कविता में लिखा है—

जनवरी का प्रथम सप्ताह...
खुशगवार दुपहरी धूप में
इतमीनान से बैठा हूँ...
अपने खेत में हल चला रहा हूँ
इन दिनों बुआई चल रही है
इर्द-गिर्द की घटनाएँ ही

मेरे लिए बीज जुटाती हैं
हाँ, बीज में घुन लगा हो तो
अंकुर कैसे निकलेंगे!

ज़ाहिर है
बाज़ारू बीजों की
निर्मम छँटाई करूँगा
खाद और उर्वरक और
सिंचाई के साधनों में भी
पहले से जियादा ही
चौकसी बरतनी है
मक़बूल फ़िदा हुसैन की
चौंकाऊ या बाज़ारू टेकनीक
हमारी खेती को चौपट
कर देगी!

जी, आप
अपने रूमाल में
गाँठ बाँध लो! बिल्कुल!!

सामने, मकान-मालिक की
बीवी और उसकी छोरियाँ
इशारे से इजाज़त माँग रही हैं
हमारे इस छत पर आना चाहती हैं
ना, बाबा ना!

अभी हम हल चला रहे हैं
आज ढाई बजे तक हमें
बुआई करनी है...

एक और कविता है 'अपना घर—तीन चित्र' का अन्तिम चित्र देखिए—

आगे दस-एक रोज़ यही चले...
यही चले तो दरभंगा,

तेरी जै-जैकार करता हुआ दिल्ली पहुँचूँगा!
कौन कहेगा...
'क्या रक्खा है दरभंगा में?'
कोलाहल बच्चों का
शिशुओं का शोरगुल
किशोरियों-किशोरों की कानाफूसी
सयानों की डाँट-डपट
बुढ़ियों-बूढ़ों की खटमिट्ठी खीझ
सब कुछ अच्छा लगता है...
यदि अपना मन सहज हो!

इससे साबित होता है किसान कवि कुटुम्ब का कवि होता है। किसान कवि की लोक-जीवन, लोक-संस्कृति और लोक-हृदय से गहरी एकता और आत्मीयता होती है। इसीलिए विष्णु जी ने लिखा है, "नागार्जुन की कविता में लोकतत्त्व हैं। कहीं उनकी कविता में लोकनाटक रात-रात भर चला करता है। कहीं शाम से ही बतकही शुरू हो जाती है। कहीं क़िस्सा-कहानी कभी ख़त्म नहीं होती। कविता का यह लोक 'स्थापत्य' 'रात्रि के अन्तिम प्रहर' तक तालमय क्रमबद्ध रहता है। यह तालमय और क्रमबद्ध जनकविता का स्थापत्य, नागार्जुन के यहाँ ही सबसे अधिक क्यों नज़र आता है? क्योंकि 'बाघ आया उस रात' कविता में नागार्जुन बच्चों के संसार में जाते ही विस्मय विमुग्ध शिशु बन जाते हैं। 'जंगलों में' कविता में वह बाघिन बेचारी को मध्य रात्रि में वात्सल्य से चक्कर लगाते देखते हैं। बाघ को शिकार पा जाने पर फौरन लौटते देखकर सोचते हैं, घर का संस्कार प्राणिमात्र का स्थायी भाव होता है।" (पृ.सं. 90)

कभी-कभी विष्णु जी साहस के साथ ऐसा सच भी कहते हैं जिसे पढ़कर पार्टीबद्ध लोग बिदक सकते हैं। इसी पुस्तक में विष्णु जी ने लिखा है कि "एक समय यह सरलीकृत भ्रम था कि कम्युनिस्ट पार्टी का सदस्य होते ही कवि या लेखक आधुनिक और प्रगतिशील हो जाता है।" (पृ.सं. 95) हिन्दी आलोचना में आज भी ऐसे भ्रमों की भरमार है। आज भी आधुनिक, प्रगतिशील और वैज्ञानिक आदि शब्दों का प्रयोग प्रायः अलंकारों की तरह होता है।

विष्णु जी ने ध्यान देने लायक एक और बात लिखी है, एक कवि की भाषा में उस कवि के स्वभाव का निजीपन और उस कवि का लोकपक्ष, दोनों होता है। दूसरा है, कविता का विचार पक्ष! विचारों को नकारकर या भावों की उपेक्षा करके कवि अनुभव की कमी से सिर्फ़ लोक से मज़ाक़ या चौंकाने वाली चीज़

बन सकता है। इधर की कविता में अनुभव की कमी के कारण सरलीकरण और 'टॉपिकल' कविता लिखने का ख़तरा बढ़ा है। (पृ.सं. 96)

इस बात पर कम लोगों ने ध्यान दिया है कि नागार्जुन भाषा में नये रूप और रंग पैदा करने वाले कवि हैं। विष्णु जी ने इस बात पर ध्यान दिया है और लिखा है, "शब्दों के प्रयोग में नागार्जुन बेजोड़ हैं। दो व्यंजक शब्दों के योग से बने पद हैं—चकित-मुदित, व्यथित-मथित, मुग्ध-मुदित, रानी-अधिरानी। या देशज तथा संस्कृत शब्द का योग है। नागार्जुन उसी शब्द-सम्पदा में एक नयी व्यंजक अभिव्यक्ति भर देते हैं। उनके पुराण चरित्र भी व्यवहार में या नयी उपमाओं से, पतनशील महाजनी आडम्बर को खोलते चलते हैं। कहीं नाटक या प्रहसन, कहीं लीला और स्वाँग की शैलियों में नागार्जुन अपने लक्ष्य का उद्घाटन करते हैं।" (पृ.सं. 123)

यद्यपि नागार्जुन के काव्य-संसार में भारत की प्रकृति, संस्कृति और विकृति की अभिव्यक्ति करने वाली बहुत-सी कविताएँ हैं लेकिन आमतौर पर उनको राजनीतिक कवि कहा जाता है। उनकी राजनीतिक कविताओं में आज़ाद भारत की राजनीति का उत्थान और पतन दर्ज है और साथ ही अनेक राजनीतिक नेताओं के चरित्र की असलियत का ब्योरा भी है। विष्णुचन्द्र शर्मा के अनुसार, "वामदल के कवि हैं नागार्जुन। उनकी कविता का तर्कशास्त्र राजनीतिक इतिहास का अनुभव है। वह राजनीति और समसामयिक ज़िन्दगी के मुख्य अन्तर्विरोध को शून्य में न खोजकर एक सही ज़मीन पर तलाशा करते हैं।" (पृ.सं. 166) विष्णु जी की दृष्टि में नागार्जुन के तलाश का आधार है—कविता और सर्वहारा का वास्तविक जीवन संघर्ष।

कृष्णा सोबती का लद्दाख

यह तय करना मुश्किल है कि कृष्णा सोबती कलम की जादूगर हैं या कलम की चित्रकार। उनकी कलम में वह जादू है, जो उनकी भाषा में जान डाल देता है। उनके गद्य की भाषा जानदार है, इसलिए असरदार भी है। उनकी भाषिक कला संवेदनाओं, स्थितियों, वास्तविकताओं और यहाँ तक कि स्मृतियों को भी सगुण-साकार करती हुई, पाठकों की संवेदना को जगाती-सहलाती चलती है। कृष्णा जी चाहे कहानी लिखें या उपन्यास, संस्मरण लिखें या रिपोर्ताज या फिर यात्रा वर्णन; वे गद्य के हर रूप को नयी आभा से भर देती हैं, जिससे पाठकों की चेतना आलोकित होती है। वे शब्दों की मदद से गद्य में चित्र अंकित करती हैं; अनुभवों के, अनुभूतियों के और स्मृतियों के भी। इसलिए अख़बारों के लिए लिखे उनके लेख रचना लगते हैं, जबकि गद्य के ऐसे गुणों के अभाव से बहुतों की रचनाएँ रपट लगती हैं। 'बुद्ध का कमण्डल लद्दाख' उनके यात्रा-वर्णन की किताब है, जिसमें जितना वर्णन है, उससे अधिक चित्रण है।

'बुद्ध का कमण्डल लद्दाख' कृष्णा सोबती की कलम की कला और चित्रकार सिद्धार्थ के कैमरे की कला के मेल से पैदा हुई पुस्तक है, जिसमें मोहक गद्य के शब्द-चित्रों और मनोहारी दृश्यों की फ़ोटोग्राफ़ी का संगम है। इस पुस्तक में दिल्ली से लद्दाख और लद्दाख से दिल्ली तक की यात्रा के दौरान अर्जित अनुभवों, अनुभूतियों और संवेदनाओं के साथ लद्दाख की प्रकृति, संस्कृति तथा इतिहास के ज्ञान की अभिव्यक्ति है। लद्दाख, हिमालय का हिस्सा है। इसलिए कृष्णा जी ने लद्दाख और लेह के बारे में बात करने के पहले हिमालय की अभ्यर्थना इन शब्दों में की है, "विशाल विराट् हिमालय की भौगोलिक, ऐतिहासिक, स्वायत्तता अजर-अमर है। उसका साम्राज्य हज़ारों मील लम्बा है और सैकड़ों रंग-रूपों में सुशोभित है। हिमालय के चालीस शिखरों के धवल-कलश, मीनार, बुर्ज, कुण्डल-चक्र और घुमाव देखकर हर भारतीय मन-ही-मन उसका नाम लेकर नमन करता है। अकारण नहीं कि हिमालय की धवल ऊँचाइयों पर हमारे तीर्थस्थान स्थित हैं।

हिमालय न जाने कितने भारतीय ग्रन्थों का स्रोत है। वह अपने रहस्यमय एकान्त में चिन्तन की वह कड़ी है, जिसने हमारे देश का आख्यान लिख दिया है और इस भूखण्ड पर बर्फ़ीली चोटियों, ऊँचाइयों, ढलानों, घाटियों, पर्वत-श्रेणियों, नद-नदियों और झीलों के फैलाव अंकित कर दिये हैं। भारतभूमि की खेतियों को लहलहा दिया है। हमारी धरती को गंगा, जमुना की धाराओं से सरसा दिया है। ऐसा गतिमान वृत्तान्त मानवीय हाथों से नहीं लिखा जाता, न ही नश्वरों द्वारा बनाया, उगाया जाता है। यह प्रकृति की महिमा है कि महान हिमालय हमारी भारतभूमि का भाष्य है।" भारत के अनेक महाकवियों ने हिमालय की अर्चना की है। उन कवियों में एक कालिदास भी हैं, जिन्होंने हिमालय को नगाधिराज, देवात्मा और पृथ्वी का मानदण्ड कहा है। कालिदास के कथन की प्रतिध्वनि कृष्णा जी के हिमालय-वर्णन में सुनाई देती है। हिमालय कवियों और कलाकारों की सृजनशील प्रतिभा के लिए एक चुनौती है।

कृष्णा जी ने लद्दाख की प्रकृति के उदात्त सौन्दर्य और उसकी संस्कृति की अनन्यता को देखा, अनुभव किया और चित्रित किया है। उन्होंने यह लद्दाखी प्रार्थना उद्धृत की—

सूर्य महाराज उदय
हो रहे हैं, शिखरों
तले बिछी उन
घाटियों पर जहाँ
खुशियाँ और
उल्लास चमकते हैं।
भगवान करे, सूर्यदेव
की किरणें मेरे इस
पितृ देश पर बरसती
रहें जहाँ मैंने जन्म
लिया है। (पृ.सं. 11)

कृष्णा जी लद्दाख-यात्रा करती हुई भारत के इतिहास को याद करती हैं। वे लिखती हैं, "यह जानना सुखद लगा कि अशोक महान द्वारा कलिंग युद्ध के बाद बौद्ध धर्म अपनाने की ऐतिहासिक घटना को लद्दाख ने वार्षिक समारोह के रूप में याद रखा है। इस विशेष दिवस को खूब धूमधाम से मनाया जाता है।" (पृ.सं. 13)

वे लद्दाख की प्रकृति के सौन्दर्य को सराहती हैं, पर उसमें खो नहीं जातीं।

वे अपनी कल्पना और बुद्धि की क्रियाशील स्वतन्त्रता का भी उपयोग करती हैं। वे चित्रकार राम कुमार को याद करती हैं और उनके अंकन की विशिष्टता को भी। उनको ऋग्वेद की याद आती है और प्रकृति सम्बन्धी ऋचाओं की भी।

शब्दों में प्रकृति के विलक्षण सौन्दर्य का एक चित्र यह है, "यहाँ मैं प्रतीक्षा में हूँ कि गुलाबी सुनहली किरणें दिखें। दार्जिलिंग के टाइगर हिल्स का सूर्योदय आँखों में घूम गया है।" (पृ.सं. 23) लद्दाख की प्रकृति के साथ उसकी संस्कृति और कला पर भी उनकी नज़र है। इस पुस्तक में एक निबन्ध लद्दाख के भित्तिचित्रों पर है, जिसमें वहाँ के भित्तिचित्रों का पूरा ब्योरा है। कृष्णा जी ने यह भी लिखा है, "आलची को सि-चैन बजारपो ने स्थापित किया था। ग्यारहवीं सदी के भित्तिचित्र विहार में सुरक्षित हैं। इन चित्रों की तुलना अजन्ता के चित्रों से की जाती है। महासरस्वती और अप्सरा तो अनुपम हैं। बुद्ध शक्ति, राजसी प्याला और भक्तजन भी बेहद प्रभावशाली हैं। विस्मयकारी तो यह कि आलची मठ के बोधिसत्व के रंगीन वस्त्र 16वीं शताब्दी के बताये जाते हैं। आलची के किनारे बहती नदी से कभी सोना निकाला जाता था। चट्टानों से सट कर बहती नदी की छटा देखने वाली थी। वह इतनी सुन्दर लगी कि मैं दौड़ते-दौड़ते किनारे पहुँच गयी। मैदानी दुनिया से दूर आलची का यह निर्जन एकान्त जैसे हमें किसी दूसरे लोक में ले गया हो। बैठे-बैठे कुछ ऐसा भास हुआ कि हर पल हमारी राजधानी के घण्टे के समान है। समय थम-सा गया लगा।" (पृ.सं. 94) भित्तिचित्रों के बारे में उन्होंने यह लिखा है, "महासरस्वती, बुद्ध शक्ति, अप्सरा, बोधिसत्व के रंगीन वस्त्र, भक्तगण, वसुन्धरा, आक्रमणकारी, विष्णु, बलराम, कृष्ण के बड़े भाई, जिनके एक हाथ में पद्म, एक हाथ में शंख, एक में हल और एक हाथ में मूसल।" (पृ.सं. 95)

लेह के क़िले पर केन्द्रित निबन्ध में क़िले के स्थापत्य के साथ वहाँ के राजसी शासन और जनता के सम्बन्ध की भी चर्चा है। क़िले के बारे में कृष्णा जी ने लिखा है, "लेह क़िले के पुराने खँडहरों में से गुज़रना इस कठिन भूखण्ड के लिखे और अनलिखे ऐतिहासिक पाठ को पढ़ने जैसा है। खड़ी हूँ इस पथरीली धरती पर, लेकिन आँखों के सामने दिल्ली के पुराने क़िले के बुर्ज और मेहराबें आ खड़े हुए हैं। व्यतीत हो चुके समय और काल की धड़कनों को सुनना भी कितना रोमांचक है। गाइड साहिब क़िले के खँडहरों में धँसे वीराने पाठ का जैसे अनुवाद कर रहे हैं। बीच-बीच में लद्दाख की राजसी वंशावली का बखान कर रहे हैं। मैं बिना ब्रश के ही उन राजाओं और योद्धाओं को अपनी कल्पना में ज़िन्दा कर रही हूँ।" (पृ.सं. 65)

इसके बाद एक और लेख में उन्होंने यह भी लिखा है, "बहुत दिलचस्प है यह जानना कि लद्दाख में राजसी शासन-पद्धति होते हुए भी प्रजाओं में विश्वास शासन में पंचायत की भागीदारी में था। नीमा नमगियाल के काल में राज्य परिवार के झगड़े सुलझाने के लिए एक उच्च समिति का गठन किया गया।" इसके साथ ही लेखिका ने समिति के सदस्यों के नाम भी दिये हैं। राजतन्त्र में लोकतन्त्र की उपस्थिति सुखद है और आश्चर्यजनक भी। (पृ.सं. 67)

लद्दाख बौद्ध धर्म का एक तीर्थस्थल भी है। इस पुस्तक में बौद्ध धर्म, दर्शन, उसकी संस्कृति और वहाँ की कला का वर्णन है। लद्दाख की धार्मिक चेतना उदार है और व्यापक भी। वहाँ एक मस्जिद है और एक गुरुद्वारा भी।

कृष्णा जी के अनुसार लद्दाख का अपना कैलेण्डर है, जिसमें समय और कालचक्र अपने ढंग का है। कृष्णा जी को स्थानीय लोगों की बातचीत से मालूम हुआ कि वर्षों को बाँटने की परिपाटी उन्हें चीन से मिली है।

लद्दाख में सब कुछ आध्यात्मिक ही नहीं है, भौतिक भी बहुत कुछ है। लद्दाख में व्यापार की व्यवस्था थी। वहाँ से सुनहरी रंग की बकरियों की छाल, सूती कपड़ा, रेशम की लुंगी, शॉल, जरी ब्रोकेड, पशमीना, अफ़ीम, नील, जूती, शहद और गुड़ को बाहर भेजा जाता था और चीन से शॉल की ऊन, चरस, चाँदी की सलाखें, चाय, मखमल, रेशम, फिरोजा (बोख़ारा से), गलीचे, नमक आदि वस्तुएँ आती थीं।

लद्दाख में अनेक बौद्ध विहार हैं। उनके बारे में कृष्णा जी ने लिखा है, "इन विहारों में अपूर्व भित्तिचित्र, दुर्लभ मूर्तियाँ और हस्तलिखित अनमोल ग्रन्थ बौद्ध धर्म की सांस्कृतिक धरोहर के रूप में सुरक्षित हैं। इन गोम्पाओं में प्रवेश करते ही यहाँ के उजालों से अन्तरमन सघन और आत्मिक हो उठते हैं। कुछ ऐसा महसूस करते हैं कि हम जो भी देख रहे हैं, मात्र दर्शक के रूप में ही नहीं, उसमें प्रवेश कर उस समयातीत अनुभूति का आभास होने लगता है जो गोम्पाओं के स्थापत्य में सुरक्षित है।" (पृ.सं. 113) इसके बाद लेखिका ने लद्दाख के बौद्ध धर्म का स्वरूप और उसकी विशिष्टता स्पष्ट की है। उन्होंने लिखा है, "धर्म की परिभाषा 'छोस कोन चोक' के शब्द में परिभाषित होती है। धर्म महानतम विधान है। बौद्ध यात्रा पर जाने से पहले बौद्ध पद्मपानी के आगे प्रार्थना करते हैं। माना जाता है कि 'वज्र' भारत से ही सुदूर उत्तर और तिब्बत में पहुँचा था। 'वज्र' को राजसी आदर का प्रतीक माना जाता है। यह भी कि इस पवित्र 'वज्र' में दैवी शक्ति है। 'वज्र' साँची और उदयगिरी के स्तूपों पर भी देखे जा सकते हैं। द्रास में ऐसे प्राचीन स्तूप हैं, जिन पर 'वज्र' अंकित है। प्रार्थना-चक्र तिब्बत

की देन है। लामा लाल-पीला गुन्छा पहने हैं। गुन्छा का लम्बा घेर लाल पेटी से बँधा रहता है। पाँवों में लाल रंग के ऊन से बुने जूते पहने रहते हैं। यह टाँगों के ऊपर तक ढके रहते हैं। यही सर्दी में पाँव गर्म रखते हैं।" (पृ.सं. 114)

लद्दाख का भारत के अन्य भागों से प्राचीनकाल से सांस्कृतिक आदान-प्रदान होता रहा है। कृष्णा जी कहती हैं, "लद्दाख का आदान-प्रदान हिन्दूकुश से विक्टीरिया, विक्टीरिया से तक्षशिला और गान्धार जैसे देशों, प्रदेशों और विदेशों से होता रहा। विभिन्न जातियों और धर्मों का सम्मिश्रण लद्दाख के जनजीवन और कलाओं में प्रदर्शित और प्रतिबिम्बित है। मौर्य राज्य के तितर-बितर हो जाने पर पश्चिमी हिमालय तक्षशिला के क्षत्रप के अधीन रहा। इस काल में पहाड़ी कला-संस्कृति के कलात्मक पक्ष ख़ूब उभरे। इसमें सातवाहन और सांगा वंशों का बड़ा योगदान रहा।" (पृ.सं. 115)

लद्दाख में दर्रे भी अनेक हैं। ये दर्रे लद्दाख से बाहर जाने और आने के मार्ग रहे हैं, "इन्हीं दर्रों की राह लद्दाख से कारवाँ आते-जाते रहते थे। रोमांचकारी है यह सोचना कि पर्वतों की ऊँची चोटियों में दुबके दर्रों को पार करना कितना ख़तरनाक होता होगा। विस्मयकारी है, यह सोचना कि लद्दाख जैसे क्षेत्र से सदियों-सदियों खच्चरों और घोड़ों पर सामान लादे कारवाँ कैसे आँधी-अन्धड़ का सामना कर दूसरे देशों से व्यापार करते होंगे। लद्दाख के व्यापारिक प्रवेशद्वार रहे कर्राकुरम और सुगत के दर्रे लेह को सिन्क्यांग से जोड़ते थे।" (पृ.सं. 121)

लद्दाख की नदियों की चर्चा करते हुए कृष्णा जी ने लिखा है, "मानसरोवर से भारत की चार बड़ी नदियाँ निकलती हैं। सिन्धसिंह दरिया दहाड़ता दरिया कहा जाता है। सतलुज/ब्रह्मपुत्र गंगा और सतलुज। कहते हैं सिन्ध सिंह मुख से, सिन्ध की छोटी बहन जन्सकार है। ब्रह्मपुत्र एक पावस घोड़े के मुख से। गंगा गौमुख से और गोगरा मोर की चोंच से।" (पृ.सं. 128) इसी क्रम में मानसरोवर का मनोहर और पवित्र रूप इस प्रकार वर्णित है, "कैलाश पर्वत के बर्फ़ीले स्रोतों से निकली यह पवित्र झील हमारी धवल शुभ्रता की प्रतीक है, जो हम भारतीयों के सोच-विचार और चैतन्य की कुंजी है। हिमालय पर इसका स्वच्छ नीला जल भारतीय मानस के निकट अमृत रूप में अमरत्व की भावना से जुड़ा है।" (पृ.सं. 130)

इस ग्रन्थ की एक बड़ी विशेषता बौद्ध धर्म और दर्शन की सरल-सुन्दर प्रस्तुति है। 'बुद्धं शरणं गच्छामि' शीर्षक के अन्दर कृष्णा जी ने लिखा है, "तुम बुद्ध धर्म और संघ का आश्रय लेकर अपने परिश्रम से अपने तथा औरों के दुःख का नाश करो। दुनिया के दुःख कम करो।' बुद्ध ने परिश्रम को सर्वोत्तम बताया। कहा, "मैं भी किसान हूँ। मैं श्रद्धा के बीज बोता हूँ। उस पर परिश्रमी प्रयत्नों

की वृष्टि होती है। प्रज्ञा मेरा हल है। लज्जा हल की मूठ है। चित्त रस्सियाँ हैं। जागृति हल की फाल और चाबुक है। शरीर और वाणी से मैं संयम रखता हूँ। नियमित आहार में रहकर सत्य द्वारा मन के दोषियों की गोड़ाई करता हूँ। सन्तोष मेरी आवश्यकता है। उत्साह मेरे बैल हैं। मेरा वाहन ऐसी दिशा में जाता है, जहाँ दुःख नहीं, शोक नहीं।" (पृ.सं. 132-133)

कृष्णा जी ने लद्दाखी गुरुद्वारे को बहुत ही संयम, सलीके और सम्मान से याद किया है। उन्होंने लिखा है, "गुरुद्वारे के सेवादार बताने लगे कि इस प्राचीन स्थान पर गुरुनानक देव लम्बी यात्रा के दौरान रुके थे। विस्मयकारी। सदियों पहले गुरु साहिब क्या पैदल ही देश-विदेश तक पहुँचे कि घोड़ा दौड़ाते हुए उन्होंने यहाँ के दुर्गम दर्रे पार किये होंगे। इस सीमान्त पर कारवाँ तो तब भी आते-जाते थे। कहते हैं कि गुरु साहिब मक्का-मदीना तक पहुँचे थे। जाने कौन से रास्ते से वहाँ पहुँचे होंगे। इस प्रसंग पर तो इतिहासकार ही रोशनी डाल सकते हैं।" (पृ.सं. 135)

कृष्णा जी ने लद्दाखी भाषा और साहित्य का परिचय दिया है। उन्होंने लिखा है, "लद्दाखी तिब्बत परिवार की भाषा है। इसकी लिपि देवनागरी से मिलती है। दूसरी भाषा बाल्टी है। यह तिब्बती भाषा के नज़दीक है। कुछ अन्य भाषाएँ भी यहाँ बोली-सुनी जाती हैं। दरदी, दाखी, डोगरी, नेपाली, यारकन्दी, उर्दू और इंग्लिश। यहाँ सेना की उपस्थिति होने से पूरे भारत का संवाद सुना जा सकता है। लद्दाखी अक्षर देवनागरी से मिलते-जुलते हैं। विद्वानों के अनुसार सातवीं शताब्दी की देवनागरी और लद्दाखी के अक्षरों में समानता देखी जा सकती है। लद्दाखी ख़ूब अच्छी हिन्दी बोलते हैं। दोनों भाषाओं के कई शब्दों की ध्वनियाँ एक-दूसरे से मिलती हैं। हिन्दी में जो 'घर' है, वह लद्दाखी में 'खर' है, जिसका लद्दाखी उच्चारण उसे हिन्दी से अलग करता है। दिलचस्प है जानना कि लद्दाख में प्रिंटिंग तिब्बत से आयी। लकड़ी पर खुदे ब्लॉक प्रिंटिंग के लिए प्रयोग में लाये जाते थे। कृति छपने से पहले लकड़ी पर उसके ब्लॉक तैयार किये जाते थे। उसकी तुलना हमारे यहाँ की साड़ी प्रिंटिंग से भी की जा सकती है।" (पृ.सं. 147-149) लद्दाखी में साहित्य लिखा जा रहा है। शिक्षा संस्थान के निदेशक ने लेखिका को लद्दाखी लेखकों के नाम बताये, "शिक्षा संस्थान के निदेशक के साथ चाय ली, फिर लाइब्रेरी की शैल्फ़ पर नज़र मारी। निदेशक साहिब ने लद्दाखी लेखकों के नाम बताये। अब्दुल गनी शेख़ उनमें अग्रणी हैं। बताया कि यहाँ लेखकों की अच्छी-ख़ासी रौनक रहती है। मुशायरे बहुत लोकप्रिय हैं। विभाजन पर भी कहानियाँ लिखी गयी हैं।" (पृ.सं. 144)

लद्दाख में अनेक बोलियाँ हैं। विभिन्न इलाकों की बोलियों के अलग-अलग ध्वनि-संसार वैसे हैं, जैसे भारत के मैदानी इलाकों की बोलियों के। कृष्णा जी ने पुरानी लद्दाखी कविता उद्धृत की है–

सभी ऊँचे लोग ऊँचे स्थानों में रहते हैं।
आकाश पर पक्षियों के राजा के सिवाय और कोई नहीं उड़ सकता।
गर्मी के तीन महीनों में जो भी फल-फूल खिलते हैं, खिल जाते हैं।
इन तीन महीनों के सिवाय यहाँ कोई फूल नहीं खिलते।
फूल तो बस एक ही है–वह है मुझमें मेरी जान, मेरी अपनी ज़िन्दगी।
मैं अब केवल माँ का बेटा ही बना नहीं रहूँगा। जो चाहूँगा करूँगा।
इस एक जीवनकाल में जितनी खुशी मना सकूँ, मनाऊँगा।
जब तक हो सके, दिल बहलाऊँगा। (पृ.सं. 147)

इस ग्रन्थ में लद्दाख के मूल निवासियों के बारे में लिखा गया है। कृष्णा जी ने लिखा है, "मोन और दरद लद्दाख में आकर बसने वाली प्राचीनतम जातियों में कहे जाते हैं। ये लोग पहले तिब्बत में बसे, फिर लद्दाख की ओर, सुनसान विस्तारों की ओर बढ़ते चले आये। लद्दाख में 'दरद', 'द्रास' और 'दाह' में इनके क़बीले बसे हैं। द्रास के क़बीलों ने तीन सदियों पहले इस्लाम कबूल कर लिया। 'दाह में रहनेवाले 'दरद' अपनी मूल जातीय अस्मिता को आज तक बनाये हुए हैं। उन्होंने धर्म-परिवर्तन नहीं किया, न इस्लाम स्वीकार किया और न ही बौद्ध-धर्म।" (पृ.सं. 164)

कृष्णा सोबती लद्दाख-यात्रा के बारे में लिखते हुए अचानक अपने और अपने देश के निकट अतीत और वर्तमान में लौटकर एक बात कहती हैं, "विस्थापन और देशान्तरण की त्रासदी द्वारा पीढ़ी-दर-पीढ़ी, शताब्दियों तक अपने अपरिवर्तनीय अतीत को गाते चले जाना ही शायद मानवीय इतिहास लिखने की शुरुआत होगी।" (पृ.सं. 166)

विस्थापन और देशान्तरण के दर्द को कृष्णा जी से अधिक कौन जानता है और उन दोनों के बारे में उनसे अधिक मार्मिक रूप में किसने लिखा है?

भीष्म साहनी का नाटक 'आलमगीर' : एक मूल्यांकन

भारतीय सामन्तवाद की एक विशेषता है अतिरंजना का सर्वव्यापी विस्तार। भारतीय इतिहास के मध्यकाल से लेकर आधुनिक काल के आरम्भिक दशकों तक सामन्ती जीवन, संस्कृति और कलाओं में अतिरंजना मिलती है। मुग़लकाल में यह अतिरंजना साहित्य और कलाओं में ही नहीं, नामों तक में दिखाई देती है। इसके प्रमाण के रूप में मुग़ल बादशाहों के नाम देखे जा सकते हैं। अकबर से लेकर बहादुरशाह ज़फ़र तक के नामों में अतिरंजना है। अकबर का अर्थ होता है महान। यद्यपि अकबर ने अपनी राजनीतिक सूझबूझ, सांस्कृतिक रीति-नीति और जीवन व्यवहार से अपनी महानता स्थापित की, लेकिन बाद के मुग़ल बादशाहों में खोखली अतिरंजना है। अकबर के बाद बादशाह बने जहाँगीर। जहाँगीर का अर्थ है विश्व-विजेता, जबकि जहाँगीर का राज सम्पूर्ण भारत पर भी नहीं था। उसके बाद बादशाह बने शाहजहाँ, जो विश्व के बादशाह तो नहीं थे। शाहजहाँ के बाद आये आलमगीर। आलमगीर का भी अर्थ है विश्व-विजयी, जबकि जीवन भर युद्ध करते रहने के बाद भी वह सम्पूर्ण भारत पर विजय प्राप्त नहीं कर सका। उनके बाद के बादशाहों में एक थे शाह आलम, जिनके बारे में कहा जाता है कि उनका शासन पालम तक सीमित था। बहादुरशाह कितने बहादुर थे, यह जगज़ाहिर है। अतिरंजना की यह प्रवृत्ति भारतीय सामन्तों के जीवन में अंग्रेज़ी राज में भी थी। छोटे सामन्त और ज़मींदार भी स्वयं को राजाधिराज या महाराजाधिराज समझते थे।

यद्यपि भीष्म जी के नाटक 'आलमगीर' के केन्द्र में औरंगज़ेब का शासन और जीवन है, लेकिन उसके साथ ही दाराशिकोह का दुखान्त जीवन और उसकी शहादत भी है। औरंगज़ेब या दाराशिकोह पर हिन्दी, उर्दू, मराठी, तमिल और अंग्रेज़ी में जो भी उपन्यास और नाटक लिखे गये हैं उन सब में दारा और औरंगज़ेब, दोनों के बीच युद्ध में दारा की पराजय और औरंगज़ेब की विजय तथा औरंगज़ेब के हुक्म से दाराशिकोह की क्रूर हत्या का ब्योरा मौजूद है।

आलमगीर नाटक के पुरुष पात्र हैं—शाहजहान, शाइस्ताख़ान, दाराशिकोह, औरंगज़ेब, बाबालाल, मुरादबख़्श, जसवन्त सिंह, अलीबेग, महम्मद आजम, मलिक

जीवन और शेख़ बुराहनुद्दीन। स्त्री पात्र केवल तीन हैं—जहानारा, रोशनारा और नादिरा बेगम। पुरुष पात्रों में मुख्य भूमिकाओं में दाराशिकोह और औरंगज़ेब हैं। बाक़ी पुरुष पात्रों की भूमिकाएँ सीमित हैं। स्त्री पात्रों में मुख्य भूमिकाएँ जहानारा और रोशनारा की हैं। नादिरा बेगम दाराशिकोह की पत्नी है, उसकी भूमिका भी सीमित है।

आलमगीर नाटक में मुख्य संघर्ष औरंगज़ेब और दाराशिकोह के बीच होता है। इस नाटक के शेष सभी पात्र औरंगज़ेब या दारा में किसी एक के पक्षधर और सहायक हैं। स्त्री पात्रों में जहाँ जहानारा की सहानुभूति दाराशिकोह के साथ है, वहीं रोशनारा औरंगज़ेब की सहायक, समर्थक, सलाहकार और औरंगज़ेब के लिए जासूसी करने वाली है। इस नाटक में शाइस्ताख़ान, बाबालाल, मुरादबख़्श, जसवन्त सिंह, अलीबेग, महम्मद आजम, मलिक जीवन और शेख़ बुराहनुद्दीन थोड़ी-थोड़ी देर के लिए आते हैं, अपनी भूमिकाएँ निभाते हैं और फिर नाटक से ग़ायब हो जाते हैं। शाइस्ताख़ान शाहजहान का दरबारी और सलाहकार है। बाबालाल दाराशिकोह के दार्शनिक दोस्त और हमदर्द हैं। मुरादबख़्श औरंगज़ेब का भाई, सत्ता के लिए युद्ध में औरंगज़ेब का मददगार और अन्त में औरंगज़ेब की धोखाधड़ी और क्रूरता का शिकार होता है। जसवन्त सिंह पहले दारा का मददगार था और बाद में औरंगज़ेब से मिलकर दारा को गिरफ़्तार करने के अभियान में शामिल होता है। अलीबेग शाहजहान का दरबारी और औरंगज़ेब की क्रूरता, कट्टरता और मुग़ल खानदान के सर्वनाश का गवाह है। मलिक जीवन धोखेबाज़ और विश्वासघाती है, जो अपने शरण में आये पराजित दारा को औरंगज़ेब को सौंपकर उससे इनाम पाता है लेकिन दिल्ली की जनता की घृणा का शिकार भी होता है। शेख़ बुराहनुद्दीन औरंगज़ेब के हितैषी हैं लेकिन उसको आईना भी दिखाते हैं।

जहानारा जहीन, मानसिकता से सूफ़ी, स्वभाव से शायरा, दारा की हितैषी और अपने पिता शाहजहान के क़ैद के दिनों में उनकी देखभाल करने वाली उदार स्त्री है। रोशनारा औरंगज़ेब की हमदर्द, दारा और जहानारा से जलने वाली क्रूर और बेदर्द स्त्री है, जिसकी विलासिता के कारण बादशाह बनने के बहुत दिनों बाद औरंगज़ेब ने हत्या करवा दी।

दाराशिकोह दयालु, दूसरों पर विश्वास करने वाला सहृदय व्यक्ति था। वह विभिन्न धर्मों के बीच सुलह और संवाद का समर्थक था। प्रेमचन्द ने एक कहानी लिखी थी, जिसका नाम है— 'दाराशिकोह का दरबार'। यह कहानी सितम्बर, 1908 में छपी थी। उस कहानी के अनुसार दारा के दरबार में ईसाई धर्म मानने वालों का भी सम्मान था। यह बात सब जानते हैं कि दाराशिकोह इस्लाम और हिन्दू धर्म के बीच एकता का प्रबल पक्षधर था। उसने फ़ारसी में सन् 1654 में एक किताब लिखी थी, जिसका

नाम है– 'मज्म-उल-बह्रैन'। उस किताब का खुद दारा ने 1655 ई. में संस्कृत में 'समुद्र संगमः' नाम से अनुवाद किया था। इस किताब में दारा की समझ यह है कि इस्लाम और हिन्दू धर्म दो समुद्रों की तरह हैं जिनके बीच संगम होना चाहिए। इसी किताब को आधार बनाकर औरंगज़ेब के नियुक्त मौलवियों और मुल्लाओं ने दारा के क़त्ल का फ़तवा जारी किया था, जिसके बाद उसकी हत्या की गयी। 'मज्म-उल-बह्रैन' के बाद दारा ने 1657 ई. में बावन उपनिषदों का फ़ारसी में अनुवाद किया था और अपने अनुवाद की किताब का नाम रखा था– 'सिरै-अकबर'। इस तरह दारा इस्लाम और हिन्दू धर्म-दर्शन का गम्भीर अध्येता तथा दोनों धर्म-दर्शनों के बीच एकता का साधक था। दारा सूफ़ी साधक और शायर भी था।

दारा के ठीक विपरीत औरंगज़ेब कट्टर इस्लाम-परस्त था। वह हर बात में इस्लाम धर्म और खुदा की दुहाई देता था। सामूगढ़ की लड़ाई में वह अपनी चालाकी, चालबाज़ी और युद्ध सम्बन्धी अनुभवों के कारण जीता लेकिन वह अपने आप से कहता है, "शुक्र अल्लाह! परवर दिगार तेरा लाख-लाख शुक्र है मेरे मालिक! तेरी रज़ा से यह दिन देखना नसीब हुआ।" (आलमगीर, पृ.सं. 35) यही बात वह जहानारा से भी कहता है, "यह फ़तह जो मुझे नसीब हुई है, यह मेरी फ़तह नहीं है। यह खुदावन्दताला की मुझ पर मेहर हुई है। उन्होंने मुझे इस क़ाबिल समझा है कि मैं मुग़लिया सल्तनत की ख़िदमत करूँ।" (आलमगीर, पृ.सं. 37)

औरंगज़ेब का राजनीतिक रुख़ और रवैया दारा से अलग ही नहीं, बल्कि उल्टा है। दारा अकबर की राजनीतिक और सांस्कृतिक नीति को मानने वाला था। वह 'आलमगीर' नाटक में कहता है, "हुकूमत की बागडोर हाथ में होगी तो मैं एक नये तरह के निज़ाम को फ़रोग दूँगा, शहंशाह अकबर के नक्श-ए-क़दम पर चलूँगा। दिल्ली इल्म और ज़ौंक का मरक़ज़ बनेगी।" (आलमगीर, पृ.सं. 47)

प्रेमचन्द ने 'दाराशिकोह का दरबार' नाम की जो कहानी लिखी थी उसमें प्रेमचन्द कहते हैं, "शहज़ादा दाराशिकोह अकबर का अनुयायी था। वह केवल नाम का ही अकबर द्वितीय नहीं था, उसके विचार भी वैसे ही थे और उन विचारों को व्यावहारिकता में लाने का तरीक़ा भी बिल्कुल मिलता हुआ नहीं बल्कि उसके विचार अधिक रुचिकर थे और उनको व्यवहार में लाने के तरीक़े, नियमों और सिद्धान्तों में अधिक रुचि थी। उसकी गहन चिन्तन दृष्टि ने देख लिया था कि हिन्दुस्तान में स्थायी रूप से साम्राज्य का बना रहना सम्भव नहीं जब तक कि हिन्दुओं और मुसलमानों में मेल-मिलाप और एकता स्थापित नहीं हो जाती। वह भली-भाँति जानता था कि शक्ति से साम्राज्य की जड़ नहीं जमती। साम्राज्य की स्थिरता व नित्यता के लिए यह आवश्यक है कि शासकगण लोकप्रिय सिद्धान्तों और सरल कानूनों से जनता के दिलों में घर कर लें।" (लमही, अंक जनवरी-मार्च, 2009, पृ.सं. 32)

अकबर के बारे में इसके ठीक विपरीत राय औरंगज़ेब की है। वह 'आलमगीर' नाटक में कहता है, "अकबर बादशाह ने क्या भूलें नहीं की हैं! उन्होंने हर मज़हब के लोगों को सिर पर चढ़ा रखा था।" (आलमगीर, पृ.सं. 14) इन्दिरा पार्थसारथी ने औरंगज़ेब नाम के अपने तमिल नाटक में औरंगज़ेब की राजनीतिक और सांस्कृतिक दृष्टि को स्पष्ट करते हुए लिखा है कि "वह एक देश, एक भाषा और एक धर्म का स्वप्न देखता था।"

'आलमगीर' नाटक के दसवें दृश्य में, जब औरंगज़ेब बूढ़ा हो गया है, उससे मिलने शेख़ बुरहानुद्दीन आये, जिनकी औरंगज़ेब बहुत क़द्र करता था। उनसे औरंगज़ेब कहता है, "मैं बहुत अकेला पड़ता जा रहा हूँ, शेख़ साहब, बहुत-से नाते-रिश्तेदार दग़ा दे गये।" (आलमगीर, पृ.सं. 76) शेख़ बुरहानुद्दीन औरंगज़ेब से कहते हैं कि "नाते-रिश्तेदारों की तुम्हारी नज़र में कभी कोई वुक़अत नहीं रही।" (आलमगीर, पृ.सं. 76) उसके बाद औरंगज़ेब कहता है, "हक़ की लड़ाई में मैं अपने बेटे को भी कुर्बान कर दूँगा।" (आलमगीर, पृ.सं. 76) जवाब में बुरहानुद्दीन कहते हैं, "हक़ की लड़ाई में या शक की लड़ाई में?" (आलमगीर, पृ.सं. 76) बुरहानुद्दीन और बाक़ी सभी लोग जानते थे कि औरंगज़ेब शकी मिज़ाज का व्यक्ति था। वह सब पर शक करता था। यहाँ तक कि अपने बेटे-बेटियों पर भी। जिनको उसने जेल में डाला और तबाह किया। इस बातचीत के लगभग अन्त में शेख़ बुरहानुद्दीन ठीक ही कहते हैं, "तुमने दहशत का रास्ता चुना, औरंगज़ेब। अगर ख़ल्क की ख़िदमत का रास्ता चुनते तो तुम्हें कामयाबी मिलती। सच्ची फ़तह का रास्ता दूसरों को तबाह करने का रास्ता नहीं है।" (आलमगीर, पृ.सं. 77)

औरंगज़ेब ने सत्ता हासिल करने के लिए पहले अपने भाइयों की हत्या की, अपने बूढ़े बाप को क़ैद किया और बादशाह बन जाने के बाद अपने बेटों अकबर, महम्मद और मुअज़्ज़म को तबाह और बर्बाद किया और अपनी बेटी ज़ेबुन्निसा को क़ैद किया, जो क़ैद में ही मर गयी। यही नहीं उसने अपनी बहन रोशनारा की भी हत्या करवा दी। इन सब घटनाओं और औरंगज़ेब की क्रूरताओं का उल्लेख 'आलमगीर' नाटक में है। इस सबके बाद बूढ़ा औरंगज़ेब अकेला, एकदम अकेला रह गया। औरंगज़ेब जिनको तबाह और बर्बाद करना चाहता था उनको दीन का दुश्मन घोषित करता था।

औरंगज़ेब ने मज़हब की आड़ में राजनीति की। 'रूबाइयाते सरमद' की भूमिका में मौलाना अबुल कलाम आज़ाद ने ठीक ही लिखा है कि, "एशिया में हमेशा से मज़हब की आड़ में राजनीति रही है और हज़ारों ख़ूरेजियाँ जो राजनीतिक कारणों से हुईं उन्हें मज़हब की चादर से ढँककर छिपाया गया है।"

परम्परा और समकालीनता का संगम : वीरेन डंगवाल की कविता

अच्छा और बड़ा कवि वह होता है जिसके काव्य संसार में परम्परा की प्रतिध्वनियाँ हों और अपने समय तथा समाज की वास्तविकताओं, समस्याओं और आकांक्षाओं के प्रतिबिम्ब हों तथा संकेत भी। वीरेन डंगवाल ऐसे ही कवि हैं। उनकी कविताओं में एक ओर हिन्दी की प्रगतिशील काव्य परम्परा की अनेक प्रतिध्वनियाँ हैं तो दूसरी ओर उनके समय तथा समाज की वास्तविकताओं और आकांक्षाओं के अनेकानेक प्रतिबिम्ब भी हैं। वीरेन की कविताओं में परम्परा की प्रतिध्वनियों के अनेक रूप हैं। कहीं वह काव्य विषयों के चुनाव में मौजूद है तो कहीं कविता के रचाव में, कहीं कविता के शीर्षक में है तो कहीं कविता की पंक्तियों में। कहीं वह कविता के छन्द में और कहीं काव्य दृष्टि में है तो कहीं कविता के भावों और विचारों में।

वीरेन की एक अत्यन्त लोकप्रिय कविता है 'इतने भले नहीं बन जाना साथी'। उस कविता में एक पंक्ति है, 'पोथी-पतरा-ज्ञान-कपट से बहुत बड़ा है मानव'। यह पंक्ति पढ़ने के बाद प्रत्येक सजग पाठक की स्मृति में महाभारत का यह कथन आता है कि मनुष्य से श्रेष्ठतर कुछ भी नहीं है। साथ ही उसे चण्डीदास की ये पंक्तियाँ भी याद आती हैं—

शुनह मानुष भाई,
शबार उपरे मानुष-सत्य,
ताहार उपर नाई।

महाकवि निराला वीरेन की काव्यानुभूति की संस्कृति के प्रेरणा-स्रोत हैं और मार्गदर्शक भी। वीरेन की अनेक कविताओं में निराला की कविताओं की प्रतिध्वनियाँ हैं। वीरेन की एक कविता है 'हमारा समाज', जिसका छन्द विधान निराला की याद दिलाता है। वीरेन की एक और प्रसिद्ध और लोकप्रिय कविता

है 'उजले दिन ज़रूर'। इस कविता के छन्द विधान और रचाव में निराला की कविता की प्रतिध्वनि है। इस कविता का आरम्भ इस तरह होता है–

आतंक सरीखी बिछी हुई हर ओर बर्फ़
है हवा कठिन, हड्डी-हड्डी को ठिठुराती
आकाश उगलता अन्धकार फिर एक बार
संशय-विदीर्ण आत्मा राम की अकुलाती

होगा वह समर, अभी होगा कुछ और बार
तब कहीं मेघ ये छिन्न-भिन्न हो पायेंगे।

(कवि ने कहा, पृ.सं. 69)

वीरेन इस कविता में जब कहते हैं कि "होगा वह समर, अभी होगा कुछ और बार तब कहीं मेघ ये छिन्न-भिन्न हो पायेंगे।" तब वे एक ओर आज के अँधेरे समय की ओर संकेत करते हैं और दूसरी ओर भीषण भविष्य की ओर भी। इस कविता में एक साथ परम्परा की प्रतिध्वनि है और वर्तमान का प्रतिबिम्ब भी है। वर्तमान का एक प्रतिबम्ब यह है–

यह रक्तपात, यह मारकाट जो मची हुई
लोगों के दिल भरमा देने का ज़रिया है
जो अड़ा हुआ है हमें डराता रस्ते में
लपटें लेता घनघोर आग का दरिया है

(कवि ने कहा, पृ.सं. 70)

यह कविता भी निराला को ही समर्पित है।

वीरेन की एक और विशिष्ट कविता है– 'फ़ैज़ाबाद-अयोध्या'। यह भी निराला को समर्पित है। इस कविता के अन्त में वीरेन ने लिखा है :

लेकिन
वह एक और मन रहा राम का
जो
न थका।
जो दैन्यहीन, जो विनयहीन
संशय-विरहित, करुणा-पूरित, उर्वरा धरा-सा
सृजनशील, संकल्पवान
जानकी प्रिया का प्रेम–भरे जिसमें उजास
अन्यायक्षुब्ध कोटिशः जनों का एक भाव

जनपीड़ा-जनित प्रचण्ड क्रोध
भर देता जिसमें शक्ति एक
जागरित सतत ज्योतिर्विवेक।
वह एक और मन रहा राम का
जो न थका।
इसीलिए रौंदी जाकर भी
मरी नहीं हमारी अयोध्या
इसीलिए हे महाकवि, टोहता फिरता हूँ मैं इस
अँधेरे में
तेरे पगचिह्न।

(कवि ने कहा, पृ.सं. 74)

इस काव्यांश में निराला की कविता 'राम की शक्ति पूजा' का केन्द्रीय भाव ही नहीं है उसकी शब्दावली के साथ ही काव्यांश भी विन्यस्त है। 'राम की शक्ति पूजा' की इन पंक्तियों को पढ़िए—

जानकी! हाय, उद्धार प्रिया का हो न सका।
वह एक और मन रहा राम का जो न थका,
जो नहीं जानता दैन्य, नहीं जानता विनय

(राग विराग, पृ.सं. 103)

वीरेन की अनेक कविताओं में अनेक रूपों में मुक्तिबोध मौजूद हैं। मुक्तिबोध की एक कविता है 'लकड़ी का बना रावण'। उसके समानान्तर रखकर पढ़िए वीरेन की कविता 'लकड़ी का बना वही रावण' (स्याही ताल)। वीरेन की कविता में मुक्तिबोध की कविता की प्रतिध्वनि साफ़ सुनाई देती है। दोनों कविताओं का संवेदनात्मक उद्‌देश्य एक है, दोनों में सत्ता के रावण से जनता के युद्ध का संकेत है। वीरेन की एक और कविता है 'हड्डी खोपड़ी ख़तरा निशान'। इसमें एक पंक्ति है 'डोमाजी उस्ताद सुधर चुके'। ये वही डोमाजी उस्ताद हैं जो मुक्तिबोध की प्रसिद्ध कविता 'अँधेरे में' में मौजूद हैं। 'अँधेरे में' कविता में 'किसी मृत दल की शोभायात्रा' का चित्रण है। उस शोभायात्रा में 'प्रकाण्ड आलोचक, विचारक, जगमगाते कविगण, मन्त्री, उद्योगपति और विद्वान के साथ शहर का हत्यारा कुख्यात डोमाजी उस्ताद' भी मौजूद है। कविता में परम्परा का सार्थक प्रयोग तब होता है जब नया कवि परम्परा की प्रवृत्ति को वर्तमान सन्दर्भ से जोड़े और उसके नये रूप को व्यक्त करे। मुक्तिबोध की कविता का डोमाजी उस्ताद वीरेन

की कविता में सुधरकर राजनीतिक नेता या मन्त्री बन चुका है। यहाँ परम्परा के वर्तमान रूप की ओर संकेत है।

मुक्तिबोध की एक कविता है 'मैं तुम लोगों से दूर हूँ'। उस कविता में मुक्तिबोध कहते हैं—

मैं कनफटा हूँ हेठा हूँ
शेव्रलेट-डॉज के नीचे मैं लेटा हूँ
तेलिया-लिबास में पुरज़े सुधारता हूँ
तुम्हारी आज्ञाएँ ढोता हूँ।

(चाँद का मुँह टेढ़ा है, पृ.सं. 109)

वीरेन की कविता 'कुछ कद्दू चमकाए मैंने' में मुक्तिबोध की उस कविता की प्रतिध्वनि इस रूप में है—

हाँ जी हाँ, वही कनफटा हूँ, हेठा हूँ
टेलीफ़ोन की बग़ल में लेटा हूँ,
रोता हूँ, धोता हूँ, रोते-रोते धोता हूँ
तुम्हारे कपड़ों से ख़ून के निशान धोता हूँ

(कवि ने कहा, पृ.सं. 121)

वीरेन की इस कविता में मुक्तिबोध की काव्यभाषा की भी प्रतिध्वनि है।

जनकवि नागार्जुन की तरह वीरेन ने भी समाज और प्रकृति की साधारण, उपेक्षित और लगभग तुच्छ समझी और मानी जाने वाली वस्तुओं, स्थितियों और जीवों पर कविताएँ लिखी हैं। नागार्जुन ने मादा सूअर, नेवला, मिलिट्री के बूढ़े घोड़े, बिलाव, चूहा, जुगनू, कीचड़ और कुहरा आदि पर कविताएँ रची हैं तो वीरेन ने हाथी, गौरैया, मक्खी, ऊँट, पपीता, इमली, समोसा और सूअर के बच्चे पर कविताएँ लिखी हैं। साधारण के प्रति नागार्जुन और वीरेन डंगवाल की असाधारण आत्मीयता इन दोनों कवियों की उदार, उदात्त और संसार-सजग चेतना का द्योतक है। नागार्जुन और वीरेन की कुछ कविताओं में आकर्षक संगीतमयता है। ऐसी संगीतमयता नागार्जुन की कविता 'मेघ बजे' में है और वीरेन की कविता 'धन का घन' में है।

वीरेन लम्बे समय तक पत्रकारिता से जुड़े रहे। वे रघुवीर सहाय की तरह पत्रकारिता की भीतरी दुनिया की नस-नस को पहचानते थे और उसके छल-छद्म को भी जानते थे। वीरेन की कविता में पत्रकारिता की मनुष्य विरोधी गतिविधि उसी तरह दर्ज है जैसे रघुवीर सहाय की कविता में। वीरेन की एक कविता है 'पत्रकार महोदय'। उसका आरम्भ यह है—

'इतने मरे'
यह थी सबसे आम, ख़ास ख़बर
छापी भी जाती थी
सबसे चाव से
जितना ख़ून सोखता था
उतना ही भारी होता था
अख़बार।

(कवि ने कहा, पृ.सं. 98)

अब इसके साथ रघुवीर सहाय की कविता 'खोज ख़बर' को पढ़िए, जिसका अन्त यह है–

मुझसे कहा है कि मृत्यु की ख़बर लिखो :
मुर्दे के घर नहीं जाओ, मरघट जाओ
लाश को भुगताने के नियम, ख़र्च और कुप्रबन्ध
–खोज ख़बर लिख लाओ :
यह तुमने क्या लिखा–"झुर्रियाँ, उनके भीतर छिपे उनके प्रकट
होने के आसार,
–आँखों में उदासी-सी एक चीज़ दिखती है–"
यह तुमने मरने के पहले का वृत्तान्त क्यों लिखा?

(प्रतिनिधि कविताएँ, पृ.सं. 144-145)

वीरेन डंगवाल के काव्य संसार में उनके समय और समाज के असंख्य प्रतिबिम्ब हैं। उनका समय और समाज हमारा भी समय और समाज है इसलिए उसके प्रतिबिम्ब हमें आत्मीय और जाने-पहचाने यथार्थ के प्रतिबिम्ब लगते हैं। वीरेन उत्तराखण्ड के पहाड़ के कवि हैं। वे जानते हैं कि पहाड़ के मनुष्य का जीवन कितना कठिन और कठोर होता है। उनकी एक कविता है 'घुटनों-घुटनों भात हो मालिक'। इस कविता में पहाड़ के श्रमजीवी जन के जीवन का यथार्थ ही नहीं उनकी कल्पना तक का प्रतिबिम्ब है। कविता का आरम्भ यह है–

'घुटनों-घुटनों भात हो मालिक
और कमर-कमर तक दाल'
यही है हमारे पहाड़ों के धुनार-शिल्पकारों की
सुखद कल्पना की हद
'घुंडा-घुंडा भात ठकुरो अर कमर-कमर तक दाल'

(कवि ने कहा, पृ.सं. 43)

प्रकृति से पहाड़ के मनुष्य की गहरी एकता और आत्मीयता होती है क्योंकि प्रकृति पहाड़ के मनुष्यों के जीवन का हिस्सा होती है। पहाड़ के कठोर जीवन में जीने के लिए मनुष्य प्रकृति से सुख और सौन्दर्य के अवसर निकाल लेता है। वीरेन की दो कविताएँ इस प्रसंग में ध्यान देने लायक हैं। ये दो कविताएँ हैं, 'फ्यूंली : एक' और 'फ्यूंली : दो'। 'फ्यूंली : दो' में पहाड़ की प्रकृति से वहाँ के जानवरों के भी आत्मीय सम्बन्ध की अभिव्यक्ति अत्यन्त आकर्षक है।

पहाड़ के जवान व्यक्ति जब मैदानों में नौकरी करने आते हैं तब उन्हें प्रायः बाहरी कहा जाता है। उनकी बहादुरी का मैदान के मालिक लोग कैसा उपयोग करते हैं, इसका पूरा ब्योरा है 'रामसिंह' शीर्षक महाकाव्यात्मक कविता में। उस कविता में मैदान के मालिकों के चरित्र का पूरा चित्र यह है—

तुम किसकी चौकसी करते हो रामसिंह?
तुम बन्दूक के घोड़े पर रखी किसकी उँगली हो?
किसका उठा हुआ हाथ?
किसके हाथों में पहना हुआ काले चमड़े का नफ़ीस दस्ताना?
ज़िंदा चीज़ में उतरती हुई किसके चाकू की धार?
कौन हैं वे, कौन
जो हर समय आदमी का एक नया इलाज ढूँढ़ते रहते हैं?
जो बच्चों की नींद में डर की तरह दाख़िल होते हैं?
जो रोज़ रक्तपात करते हैं और मृतकों के लिए शोकगीत गाते हैं?
जो कपड़ों से प्यार करते हैं और आदमी से डरते हैं?
वे माहिर लोग हैं रामसिंह
वे हत्या को भी कला में बदल देते हैं।

(कवि ने कहा, पृ.सं. 19)

वीरेन की कविताओं में भारतीय समाज के संकट के अनेक प्रतिबिम्ब हैं। आज के भारतीय समाज का एक संकट संस्कृति के नाम पर पैदा किया जा रहा है। उसका प्रतिबिम्बन यह है—

काफ़ी बुरा समय है साथी
गरज रहे हैं घन घमण्ड के नभ की फटती है छाती
अन्धकार की सत्ता चिल-बिल मानव-जीवन
जिस पर बिजली रह-रह अपना चाबुक चमकाती
संस्कृति के दर्पण में ये जो शक्लें हैं मुस्काती

इनकी असल समझना साथी
अपनी समझ बदलना साथी

(कवि ने कहा, पृ.सं. 17)

संसार की सारी बुराइयाँ अँधेरे की कालिमा में पनपती, फूलती और फलती हैं। आज के भारत में कालिमा का अपार विस्तार हो रहा है। इस स्थिति का प्रतिबिम्ब वीरेन की कविता 'हमारा समाज' में यह है–

पर हमने यह कैसा समाज रच डाला है
इसमें जो दमक रहा, शर्तिया काला है
वह क़त्ल हो रहा, सरेआम चौराहे पर
निर्दोष और सज्जन, जो भोला-भाला है

किसने आख़िर ऐसा समाज रच डाला है
जिसमें बस वही दमकता है, जो काला है?

(कवि ने कहा, पृ.सं. 64)

वीरेन की कविता अपने पाठकों को सावधान करती है और उन्हें समाज-सजग बनाती है। उसी कविता में उन्होंने लिखा है–

कालेपन की वे सन्तानें
हैं बिछा रहीं जिन काली इच्छाओं की बिसात
वे अपने कालेपन से हमको घेर रहीं
बोलो तो, कुछ करना भी है
या काला शरबत पीते-पीते मरना है?

(कवि ने कहा, पृ.सं. 65)

सार्थक कवि वही होता है जो संकट के समय याद आये और काम आये। ऐसी ही कविता वीरेन डंगवाल की भी है।

उम्मीद और यक़ीन के ग़ज़ल गो शायर बल्ली सिंह चीमा

पिछली सदी के अस्सी के दशक में मैंने बल्ली सिंह चीमा की एक ग़ज़ल एक साहित्यिक समारोह में उनसे सुनी थी, वह ग़ज़ल यह थी—

ले मशालें चल पड़े हैं लोग मेरे गाँव के।
अब अँधेरा जीत लेंगे लोग मेरे गाँव के।

कह रही हैं झोपड़ी औ' पूछते हैं खेत भी,
कब तलक लुटते रहेंगे लोग मेरे गाँव के।

बिन लड़े कुछ भी यहाँ मिलता नहीं ये जान कर,
अब बन्दूकें बो रहे हैं लोग मेरे गाँव के।

सिर पे बाँधे हैं क़फन औ' हाथ में तलवार है,
ढूँढ़ने निकले हैं दुश्मन लोग मेरे गाँव के।

हर रुकावट चीख़ती है ठोकरों की मार से,
बेड़ियाँ खनका रहे हैं लोग मेरे गाँव के।

दे रहे हैं देख लो अब वो सदा-ए-इंक़लाब,
हाथ में परचम लिए हैं लोग मेरे गाँव के।

(ज़मीन से उठती आवाज़, पृ.सं. 3)

यह ग़ज़ल लम्बी है इसलिए इसके बाक़ी हिस्से को पढ़ने के लिए बल्ली सिंह चीमा के संग्रह 'ज़मीन से उठती आवाज़' को पढ़ना ज़रूरी है। यह ग़ज़ल सुनने के बाद बहुत दिनों तक मेरे दिल और दिमाग़ में गूँजती रही। उसी समय हिन्दी के एक टीकाकार ने एक लेख में इस ग़ज़ल और ग़ज़ल गो की निन्दा

की और दोनों पर तरह-तरह के आरोप लगाये। वह लेख पढ़कर मेरा मन क्षोभ से भर गया। वह टीकाकार उन दिनों एक ऐसे वामपन्थी दल से जुड़ा था, जो पूँजीवाद के विस्तार की राह पर चल रहा था और क्रान्ति तथा क्रान्तिकारियों की हत्या करने में जी-जान से जुटा था। ऐसे दल से प्रेरणा और प्रभाव ग्रहण करने वाले टीकाकार द्वारा बल्ली सिंह चीमा और उनकी ग़ज़ल की निन्दा करना स्वाभाविक ही था। ऐसे लेख से यह भी साबित होता है कि प्रगतिशील और क्रान्तिकारी रचनाशीलता का जितना नुक़सान पार्टीबाज़ टीकाकारों ने किया है उतना प्रगतिविरोधी आलोचकों ने नहीं।

बल्ली सिंह चीमा की यह ग़ज़ल उम्मीद और यक़ीन की ग़ज़ल है। इसमें जनता के जागरण से उपजी उम्मीद है और जनता के संघर्षों की जीत पर यक़ीन भी है। यह ग़ज़ल आन्दोलनकारियों और साधारण जन के मन में उम्मीद और यक़ीन पैदा करती है। ऐसी ग़ज़लें पहले दौर के प्रगतिशील आन्दोलन के फ़ैज़ अहमद फ़ैज़, मख़दूम और हबीब जालिब ने लिखी हैं और हिन्दी में ऐसी कविताएँ नागार्जुन तथा गोरख पाण्डेय ने भी लिखी हैं। बल्ली सिंह चीमा फ़ैज़, मख़दूम, जालिब, नागार्जुन और गोरख पाण्डेय की तरह अपने समय के जन-आन्दोलनों से पूरी तरह जुड़े हुए कवि हैं। वे भावात्मक और बौद्धिक रूप से ही नहीं, प्रत्यक्ष रूप से जन-आन्दोलनों से जुड़े हुए हैं। इसीलिए उनकी ग़ज़लें और गीत आन्दोलनधर्मी हैं, वे आन्दोलनों से उपजे हैं और आन्दोलन पैदा करने में सक्षम भी हैं। यही नहीं बल्ली की ग़ज़लें मुक्तिधर्मी ग़ज़लें भी हैं; क्योंकि वे अपने श्रोताओं और पाठकों की चेतना को बदलने और विकसित करने वाली हैं, वे पाठकों और श्रोताओं की चेतना को पुराने ख़यालों, मान्यताओं, रूढ़ियों और पूर्वाग्रहों से मुक्त करने वाली हैं।

बल्ली सिंह चीमा मूलतः पंजाब के हैं। उन्होंने गदर पार्टी की क्रान्तिकारी विरासत को आत्मसात किया है और भगत सिंह की क्रान्तिकारी विचारधारा को भी। वे अपनी अनेक कविताओं में भगत सिंह और उनकी विचारधारा को याद करते हैं। एक ग़ज़ल में वे कहते हैं—

मौत से डर कर सदा चीख़ा किये,
ज़िन्दगी के गीत अब गाओ ज़रा।
बात गाँधीवाद की छोड़ो जनाब,
भगत सिंह की राह दिखलाओ ज़रा।

(ज़मीन से उठती आवाज़, पृ. 36)

उनकी काव्य-चेतना में पाश और उनकी पीढ़ी के पंजाबी के क्रान्तिकारी

कवियों की कविताओं की अनुगूँजें भी हैं। इसलिए उनकी ग़ज़लों और गीतों में आमजन की तबाही और बर्बादी की गहरी समझ है और उनसे मुक्ति की चिन्ता भी। इसी कारण वे अपनी ग़ज़ल के बारे में कहते हैं—

झोपड़ों से उठ रही आवाज़ है मेरी ग़ज़ल।
प्यार करने का नया अन्दाज़ है मेरी ग़ज़ल।

(तय करो किस ओर हो, पृ.सं. 17)

बल्ली सिंह ग़ज़ल की पुरानी प्रवृत्ति और पुरानी परम्परा के इतिहास से परिचित हैं, इसलिए वे ग़ज़ल की नयी जन्मभूमि और नयी कर्मभूमि की खोज करते हुए कहते हैं—

ये ग़ज़ल जो राजमहलों की कभी जागीर थी,
अब तो इसको झोपड़ों की अंजुमन तक ले चलें।

(ज़मीन से उठती आवाज़, पृ.सं. 22)

हिन्दी ग़ज़ल में यही काम अदम गोंडवी ने किया है। ऐसे कवियों के कारण ग़ज़ल की जन्मभूमि बदली है और कर्मभूमि भी।

बल्ली सिंह हिन्दी कविता की प्रगतिशील परम्परा के मूल स्रोत को जानते और पहचानते हैं, इसलिए वे उससे जुड़ते हैं अपनी ग़ज़लों में। अपनी एक ग़ज़ल में वे प्रेमचन्द की आँख से भारत के गाँव और ग़रीब आदमी को देखते हैं। वह ग़ज़ल यह है—

क्या है इक्कीसवीं सदी आकर बतायें गाँव में।
मैं निमन्त्रण दे रहा हूँ आप आयें गाँव में।

अब भी होरी लुट रहा है अब भी धनिया है उदास,
अब भी गोबर बेबसी से छटपटाये गाँव में।

सिर झुकायें लोग अब भी देख राय साब को,
सिर उठे तो लाठियाँ गुण्डे चलायें गाँव में।
अब भी पण्डित रात में सिलिया चमारन को छलें,
दिन में ऊँची जातियों के गीत गायें गाँव में।

(ज़मीन से उठती आवाज, पृ.सं. 18)

बल्ली सिंह चीमा की कविता में वस्तु-बोध का दायरा बहुत व्यापक है। उसमें भारतीय समाज में मौजूद अन्याय, अत्याचार, हिंसा, छल-छद्म और लूट-खसोट की वास्तविकता के अनेक रूप व्यक्त हुए हैं। उनकी नज़र भारत में फैली

साम्प्रदायिकता पर भी है। वे साम्प्रदायिकता फैलाने के लिए देश के वर्तमान और भविष्य से खेलने वालों को सावधान करते हुए लिखते हैं—

मन्दिरों या मस्जिदों की क्या कमी है देश में,
इनकी ख़ातिर अपने हिन्दुस्तान से मत खेलिए।
ये छुरा, किरपाण, ये त्रिशूल भी रखिए मगर,
इनकी ख़ातिर देश की पहचान से मत खेलिए।

(ज़मीन से उठती आवाज़, पृ.सं. 7)

1984 के देशव्यापी सिक्ख विरोधी दंगे भारत के इतिहास और सभ्यता के लिए शर्मनाक घटना हैं। उन दंगों को देखकर प्रत्येक सभ्य इन्सान बैचेन हो जायेगा। ऐसे में एक संवेदनशील कवि की मानसिकता क्या होगी—इसका अनुमान किया जा सकता है। बल्ली सिंह की एक ग़ज़ल में सिक्ख विरोधी दंगों की हैवानियत इस रूप में दर्जहै:

दिल तो इक टूटा-सा मन्दिर हो गया।
दर्द क़तरे से समन्दर हो गया।

हर तरफ़ बिखरे पड़े हैं हादसे,
सन् चौरासी ख़ून से तर हो गया।

मैं हूँ हिन्दू, मैं हूँ सिक्ख, कहने लगे,
हर कोई खुद ही पयम्बर हो गया।

(ज़मीन से उठती आवाज़, पृ.सं. 13)

भारत में जो लोकतन्त्र है उसे दुनिया का महान लोकतन्त्र भी कहा जाता है। लेकिन असल में वह कैसा है यह जानना हो तो बल्ली सिंह की एक ग़ज़ल के कुछ शेर पढ़िए—

क्या बात है हमारे इस लोकतन्त्र की
चीतों को करनी पड़ गयी हिरनों की देखभाल
सहना पड़ेगा दर्द भी लुटने का क्योंकि हमने
सौंपी थी राहजनों को ही राहों की देखभाल।

(अष्टछाप, पृ.सं. 76)

भारतीय समाज का स्थायी भाव है भेदभाव। भेदभाव का मूलाधार है जाति-व्यवस्था। इस जाति-व्यवस्था और इसके प्रभाव पर भी बल्ली सिंह की नज़र है। वे एक ग़ज़ल में कहते हैं—

जारी है काली रात मगर तुमको इससे क्या।
मर जाये छोटी जात मगर तुमको इससे क्या।

दफ़्तर रंगे हुए हैं छुआछूत के रंगों में,
ज़िन्दा है जात-पाँत मगर मुझको इससे क्या।

(हादसा क्या चीज़ है, पृ.सं. 38)

बल्ली सिंह जीवन में किसान हैं और शायरी भी उनके लिए किसानी ही है। इसलिए वे एक ग़ज़ल में कहते हैं–

अपने खेतों में अन्न उगाते हैं,
हम फ़क़त शायरी नहीं करते।

(हादसा क्या चीज़ है, पृ.सं. 55)

यह नयी तरह की ग़ज़ल है जिसका रूप-रंग भी नया है। वे ग़ज़ल की पुरानी लकीरों के फ़कीर नहीं हैं–

गर लकीरों को पीटता मैं भी,
मुझमें ये ताज़गी नहीं होती।

(हादसा क्या चीज़ है, पृ.सं. 54)

वे भारतीय किसान के जीवन की दुश्वारियों को जानते हैं और उन्हें अपनी ग़ज़लों में कहते भी हैं। भारतीय किसान जीवन का एक संकट कीटनाशक घोल भी है। उसके प्रयोग करने और न प्रयोग करने से पैदा होने वाले संकटों का ब्योरा एक ग़ज़ल में बल्ली सिंह ने दिया है–

कीटनाशक खेत में डाले बिना पौधे नहीं बचते।
डाल दें तो फिर कबूतर, मोर और तोते नहीं बचते।

सब्ज़ियाँ या फल हों, सब में ज़हर है, खायें तो क्या खायें,
ना करें छिड़काव, फल क्या शाख पर पत्ते नहीं बचते।
बालियाँ गेहूँ की हों या धान की सब खा रही मण्डी,
हम किसानों के लिए तो फ़सल के पत्ते नहीं बचते।

लड़ मरूँ या मान दूँ, हैं रास्ते दो ही मेरे रब्बा,
खुदक़ुशी मैं कर भी लूँ, तो क़र्ज़ से बच्चे नहीं बचते।

काम खेती का रहा होगा, कभी उत्तम मगर 'बल्ली',
आजकल क़र्ज़ा चुकाने के लिए पैसे नहीं बचते।

(हादसा क्या चीज़ है, पृ.सं. 25)

बल्ली सिंह सोयी हुई पराधीन और दुखी भारतीय स्त्री को जगाने वाली कविता भी लिखते हैं। एक रूढ़िवादी समाज में ऐसी स्त्रियाँ बहुत हैं जो पति से प्रताड़ित होने के बावजूद उसे परमेश्वर मानती हैं। ऐसी स्त्री से बल्ली सिंह चीमा कहते हैं–

गुम-सुम, गुम-सुम मुरझाई सी
क्यों रहती हो तुम।
मर्द की गाली, जूते बोलो
क्यों सहती हो तुम।

मर्द तुम्हारा घोर शराबी
और जुआरी है
उसको अपना परमेश्वर
फिर क्यों कहती हो तुम।

(तय करो किस ओर हो, पृ.सं. 75)

ऐसा नहीं है कि बल्ली सिंह की शायरी में केवल संघर्ष और क्रान्ति की ही पुकार है, उसमें सौन्दर्य और प्रेम के अनेक आकर्षक चित्र भी हैं। 'हँसते बच्चे' शीर्षक कविता में बच्चों के मंजुल, मनोरम और मोहक बिम्ब देखिए–

हँसते बच्चे तो लगते हैं
दीवाली के दीपों जैसे,
रंग-बिरंगे फूलों जैसे।
खुलते हुए दरवाज़ों जैसे,
घण्टियों की आवाज़ों जैसे।
हँसते............
हँसती-गाती आँखों जैसे,
महबूबा की बातों जैसे।
खुले किताबी पन्नों जैसे,
झर-झर झरते झरनों जैसे।
हँसते............

(तय करो किस ओर हो, पृ.सं. 77)

बल्ली सिंह नैनीताल के पास रहते हैं, प्रकृति की सुन्दरता की गोद में; इसलिए उनकी कविता में प्रकृति के सौन्दर्य के चित्रों का होना स्वाभाविक है। उनकी एक कविता में प्रकृति के सौन्दर्य प्रेम के साथ मानवीय प्रेम की एकता की संश्लिष्ट अभिव्यक्ति इस रूप में है–

बर्फ़ से ढक गया है पहाड़ी नगर,
चाँदी-चाँदी हुए हैं ये पत्थर के घर।
ख़ूबसूरत नज़ारे बुलाते हैं आ,
मैं परेशान हूँ पहले देखूँ किधर।
ज़िन्दगी ख़ूबसूरत पहाड़न लगे,
साथ तेरा हो औ' हो पहाड़ी सफ़र।
हम मिले अर्थ जीवन ने पाये नये,
देख 'बल्ली' का चेहरा गया निखर।

(तय करो किस ओर हो, पृ.सं. 42-43)

बल्ली सिंह की कविता में उम्मीद के साथ-साथ यक़ीन भी है। यक़ीन अनुभव से पैदा होता है। बल्ली सिंह की कविता में वह जन-आन्दोलनों में हिस्सेदारी के अनुभव से पैदा हुआ है। बल्ली सिंह यह भी जानते हैं कि यक़ीन आता है इतिहास के ज्ञान से भी। इसीलिए वे कहते हैं–

जुल्म तो हारा है 'बल्ली' आज तक हर हाल में,
गर नहीं इतिहास को नज़रें उठाकर देखिए।

सोच की गम्भीरता के साथ शिल्प की सहजता : मिथिलेश श्रीवास्तव की कविता

मिथिलेश श्रीवास्तव का काव्य-संग्रह 'पुतले पर गुस्सा' अनेक कारणों से पाठकों के ही नहीं श्रोताओं के लिए भी आकर्षक है। इस संग्रह की कविताओं में सोच और संवेदना की गम्भीरता है लेकिन उनकी अभिव्यक्ति की शैली, संरचना और भाषा सहज है, जन-जीवन की भाषा के क़रीब है। इसलिए कोई भी कविता अबूझ नहीं लगती। उनकी कविता पाठकों और श्रोताओं से संवाद क़ायम कर लेती है। मिथिलेश गरजती, दहाड़ती और ललकारती भाषा में कुछ नहीं कहते। वे अपनी बात कहते हैं धीमी, मद्धम और पुकार की भाषा में, इसलिए वह भाषा डराती नहीं बल्कि पाठकों का दूर तक और देर तक साथ देती है।

मिथिलेश की कविता में एक ऐसा गुण है जो समकालीन कविता से ग़ायब हो रहा है। वह गुण है कविता के रचाव में व्यंग्य और विनोद का प्रयोग। मिथिलेश की कविता में व्यंग्य की आक्रामकता से अधिक विनोद की क्रियाशीलता होती है। यह बात 'पुतले पर उतरा हमारा गुस्सा' कविता में दिखाई देती है। उस कविता की शुरुआत इस तरह होती है–

पुतले की आँखें फोड़ने से
फूटती नहीं हैं अब तानाशाह की आँखें
जूते फेंक कर आततायी को मारने की कोशिश
उसे और बेशर्म बना देती है
जिसे वह उसे मार देने की साजिश बता कर
छुपा लेता है अपना आततायीपन
जूता फेंकने वाला खो देता है अपना एक जूता
दूसरा जूता किसी काम का नहीं रह जाता

पुतला जलाने की परम्परा पुरानी है, इसलिए वह एक आदत बन गयी है।

हर साल रावण का पुतला जलाया जाता है, लेकिन समाज में रावणों की संख्या लगातार बढ़ रही है। इस स्थिति को देखकर पुतला अगर जलाने वालों पर हँसे तो क्या आश्चर्य है। कवि कहता है—

हम उसके पुतले जलाते हैं
उसके ऊपर जूते फेंकते हैं
पुतले की आँखें फोड़ते हैं
और वह वहीं खड़े-खड़े
बड़े प्यार से हमें देखता रहता है
हमारे ग़ुस्से की तारीफ़ करता है
पुतले को जलाने के लिए उतावले लोगों के ग़ुस्से में
लोकतन्त्र का उज्ज्वल भविष्य देखता है

ऐसे ही व्यंग्य और विनोद से भरपूर एक और कविता है 'रामकथा'। उसका एक अंश यह है—

हिन्दू राम और हिन्दू रावण के बीच घमासान युद्ध के चलने का
एक प्रहसन देर तक चला
राम ने एक झूठा बाण चलाया
और रावण झूठ-मूठ का मर गया
थोड़ी देर बाद वे दोनों गले लगते देखे गये

कवि यह जानता है कि आज का समय संकट का समय है। यह संकट सामाजिकता और मनुष्यता के अन्त का संकट है। जिस समाज में 'ज़िद्दी जानवरों की तरह सियासत करने वाले लोग' हों वह समाज संकट में तो होगा ही। ऐसी स्थिति में तो मनुष्य जीने और संकट से बचने की प्रेरणा प्रकृति से पाता है—

याद रखिएगा ज़िद्दी जानवरों की तरह सियासत करने वालों
पानी के जैसे ही हम बचे रहेंगे फिर भी कहीं न कहीं

आज का समय बाज़ार की तानाशाही का समय है। बाज़ार के विस्तार के साथ मनुष्य की सामाजिकता और मनुष्यता का संकुचन होता जा रहा है। मिथिलेश 'ख़रीददारों का सम्प्रदाय' में बाज़ारग्रस्त समय और समाज की विडम्बनाओं को पहचानते हुए कहते हैं—

ख़रीददारों का यहाँ एक विशाल सम्प्रदाय है
जो बीज कभी नहीं बोता सीधे फ़सल काटता है
हाहाकार मचाकर चलने वाले लोगों की
इस सुखी दुनिया को देखकर रो पड़ने वाला

एक भी भला इन्सान यहाँ खोजने से नहीं मिलता
दुःख को दुःख और पाखण्ड को पाखण्ड कहने वाला
कोई नहीं मिलता नहीं मिलता कोई
दूसरों की मुश्किलों को देखकर पसीजने वाला
कर्म करने और यश को भूल जाने वाला कोई नहीं दिखता
अधिक माँगने अधिक चाहने अधिक वायदे
करने वालों के इस संसार में
अपनी चादर के भीतर रहने वाला कोई नहीं मिलता

साधारणजन किसी कविता से तब आत्मीयता महसूस करता है, जब उस कविता में साधारणजन के जीवन का कोई अनुभव, कोई संवेदना या कोई समस्या हो। जिस कविता में यह सब न हो उससे आम आदमी कैसे और क्यूँ जुड़े। मिथिलेश साधारणजन के साधारण अनुभव से कविता शुरू करते हैं और बाद में अपने अनुभव की कोई बड़ी बात कहते हैं। 'अब नमक नहीं' कविता में यही रचना-प्रक्रिया अपनाई गयी है। मिथिलेश गाँव की ज़िन्दगी से आये हुए कवि हैं जहाँ 'काले जामुन खाने का स्वाद नमक के साथ आता है'। कविता के लगभग अन्त में वे एक बड़े मानवीय गुण के लगातार खो जाने की बात करते हैं—

हाँ! यहाँ मैं नमक रखा करता था
नमकहरामी बढ़ने लगी जब यहाँ इस दुनिया में
नमक रखना मैंने बन्द कर दिया

मिथिलेश की कविताएँ सतह पर सहज लगती हैं पर तह में गम्भीर अर्थ लिए रहती हैं। हमारे देश के लोग प्रत्येक 15 अगस्त को लाल क़िले की प्राचीर से देश के प्रधानमन्त्री का दिया गया भाषण सुनते हैं, कभी सहज रूप में और कभी मजबूरी में। उन भाषणों में प्रायः होती हैं—

कुछ गरीबी की बातें कुछ ग़रीबों की बातें
कुछ मजबूरियों की बातें कुछ धमकियों की बातें
कुछ करने की बातें कुछ न हो पाने की बातें
पर्यायवाची शब्दों के सरल वाक्य-विन्यास में

ऐसे भाषणों में वादों और इरादों में जो फ़र्क़ होता है उस पर ध्यान नहीं जाता। ध्यान जाता है भाषण की भाषा की बनावट पर। कवि की राजनीतिक सजगता ऐसे भाषणों में छिपे छद्म को पहचानती है और जनता को सावधान भी करती है।

मिथिलेश ने प्रसिद्ध चित्रकार मक़बूल फ़िदा हुसैन द्वारा चित्रित घोड़ों पर तीन

कविताएँ लिखी हैं। ये कविताएँ साबित करती हैं कि कवि चित्रकला के मर्म को भी जानता-समझता है। वैसे तो घोड़े ताक़त के प्रतीक होते हैं लेकिन हुसैन के चित्रित घोड़े ताक़त के बदले उस गति के प्रतीक हैं जो प्रकृति में होती है और मनुष्य के रक्त में भी। एक कविता में कवि ने लिखा है–

देखो एक लय में दौड़ते घोड़ों को देखो उनकी गति को देखो
देखो वह गति मुझे अपनी धमनियों में महसूस होने लगी है
मैं घोड़ों की तरह सपनों की लकीरों पर उड़ने लगा हूँ
यह गति मोनालिसा की मुस्कान की तरह रहस्यमयी नहीं है

कवि के शब्दों में हुसैन के घोड़े–

हुसैन साहब इन घोड़ों की परवरिश आपने अच्छी की है
मस्जिद की अजान सुन कर वे जागते हैं
मन्दिर की लोरियों सरीखी घण्टियों की आवाज़ सुन कर सोते हैं

वैसे तो घोड़े युगों से युद्ध में काम आते रहे हैं लेकिन हुसैन के घोड़े युद्ध नहीं शान्ति का पाठ पढ़ाते हैं।

आज के समय और समाज की जो बात कवि मिथिलेश को बेचैन करती है वह यह है कि आज सामाजिक संवेदनशीलता मर रही है और उसकी जगह छद्म सामाजिकता पल रही है। आज का समाज मुखौटों से भरा पड़ा है। भारत को धर्मपरायण देश कहा जाता है लेकिन यहाँ कैसी धार्मिकता फैली पड़ी है यह समझना हो तो पढ़िए मिथिलेश की कविता–'ईश्वर'। जहाँ लोग दीवार पर प्रार्थना लिखते हैं और पेड़ पर मन्नतों के धागे बाँधते हैं वहीं खाप पंचायतों की दुनिया में एक बाप अपनी बेटी की हत्या कर देता है। ईश्वर में श्रद्धा, मन्नतों के पूरा होने पर निर्भर है। कवि जानता है कि ग़रीबी से ईश्वर, उसमें श्रद्धा और धार्मिकता का गहरा रिश्ता है। वह धार्मिकता ग़रीबी के दुख-दर्द को भूलने-भुलाने का काम करती है। आज के भारतीय समाज में धार्मिकता का एक और रूप मिथिलेश की कविता 'मेरे उनके बीच ईश्वर' में व्यक्त है। भक्तिकाल के कवियों ने अपने ईश्वर को दीनानाथ, दीनदयाल, दयालु और दीनबन्धु कहा है लेकिन आधुनिक काल में जो भाग्यवान हैं उन्हीं के निकट भगवान है। 'मेरे उनके बीच ईश्वर' कविता में मिथिलेश श्रीवास्तव कहते हैं–

उनके दमकते चेहरे की आभा ईश्वर में भरोसे से बनी हुई है
यह मालूम कर लेना इस धीमी पीली रोशनी में आसान नहीं है
ईश्वर और भाग्य फिर भी उनके दाएँ-बाएँ बैठे हुए दिख रहे हैं

बहुत पहले सुमित्रानन्दन पन्त ने चींटी पर एक कविता लिखी थी, उसी

परम्परा में मिथिलेश ने एक असाधारण कविता लिखी है 'चींटियाँ'। चींटियों की अथक श्रमशीलता, अटूट एकता और अद्‌भुत संगठन की शक्ति के बारे में अनेक लोककथाएँ प्रचलित हैं। यद्यपि चींटियाँ अपने आकार-प्रकार और व्यवहार के कारण प्रायः उपेक्षित रहती हैं, लेकिन उनके व्यवहार का अध्ययन करने वाले जीव-वैज्ञानिक उनकी विशेषताओं को जानते हैं। मिथिलेश ने अपनी कविता में चींटियों को श्रमिक जनता का समानधर्मा माना है इसलिए उन्होंने लिखा है–

चींटियाँ मुफ़्तखोरी नहीं करतीं
मेहनत करने की महान इच्छा अब भी बची है
चींटियों के स्वभाव पर मुहावरे बनाकर
जहीन लोगों का मज़ाक़ उड़ाया गया
हक़ के लिए हुज्जत करने वालों के बारे में कहा गया
कि चींटियों के पर निकल आये हैं
भारतीय अफ़सरशाही के दोगले सूरज को
कहीं दूर दफ़ना देने की इच्छा होती है
रस्ते को जहाँ-तहाँ खोद-खोद कर
चींटियों के बिलों को तबाह करने वालो!

इस कविता के अन्त में एक ओर चींटियों के अस्तित्व की रक्षा की प्रतिबद्धता व्यक्त हुई है और उसके साथ ही चींटियों के विनाश की कोशिश करने वालों के प्रति गहरी घृणा। साथ ही चींटियों की प्रतिहिंसा के ज्वार की ओर भी संकेत हैं–

कहीं भी पहुँच सकती हैं चींटियाँ
याद रखना
देह की त्वचा पर उग आये छोटे-छोटे लाल-लाल फफोले याद रखना
अपने भूख में भरे घिन को याद रखना
क़तारों पर पाँव रखकर एक साथ इतनी हत्याएँ करने वालो
याद रखना हत्या करने वाले पाँवों को पहचान लेना मुश्किल नहीं है
चींटियों के लिए

मिथिलेश की कविता के इस अंश के साथ तेलुगु के कवि वरवर राव की एक कविता का यह अंश भी पढ़ें–

तुमने ही रौंदा था
चींटियों का बिल
फिर रौंदी हुई धरती से
फूटी थी प्रतिहिंसा की धारा।

मिथिलेश की राजनीतिक चेतना की व्यापकता आदिवासी समुदाय तक पहुँचती है और उनकी मानवीय संवेदनशीलता विस्थापित आदिवासी जन की व्यथा तक। यही नहीं आदिवासियों के विस्थापन और विन्यास के प्रति लड़ने वालों से एकता और आत्मीयता महसूस करता है। इस संग्रह में एक कविता है–'सरकार', जिसमें आदिवासी जीवन और उसकी रक्षा के लिए संघर्ष करने वाली मेधा पाटकर के आचरण की सभ्यता का चित्रण है। कवि ने ठीक ही लिखा है कि मेधा पाटकर आदिवासियों के साथ एकता ही नहीं एकात्मकता भी महसूस करती हैं। कवि के शब्दों में आदिवासियों के साथ मेधा पाटकर के आचरण की सभ्यता का रूप यह है–

इनके बीच रहते हुए मेधा पाटकर
नाक पर कभी रूमाल नहीं रखती है सरकार
सरकार वह औरत जात होते हुए भी उनसे कभी डरती नहीं है
जैसे मर्द होकर भी आप अक्सर लोगों के बीच डरे हुए रहते हैं
मेधा पाटकर तो कभी अलग से
अलग तरह का कुछ खाती भी नहीं सरकार
जो सब खाते हैं
वही मेधा पाटकर खाती है

इसी संग्रह में 'सरकार' कविता के साथ ही एक कविता है 'हैरानी की बात', जिसमें आदिवासियों के विस्थापन की व्यथा, विस्थापन के बाद उनके पुनर्वास के झूठे वादों और वादाखिलाफ़ियों के अनन्त सिलसिले से उपजे आदिवासियों के आक्रोश की अभिव्यक्ति है। आदिवासियों के विस्थापन का सच यह है–

उजड़े हुए हम बेज़ुबान हो रहे हैं
क्या यह हैरानी की बात नहीं है
हमें बसाया जायेगा यहीं कहीं
हमसे कहा गया
बसने के इन्तज़ार में हम
दर-ब-दर होते चले गये
चुपचाप
क्या यह जीभ काट लेने से भी बदतर नहीं है

इस कविता के अन्त में आदिवासियों के आक्रोश की सम्भावना की ओर संकेत भी है–

लाल चींटियों की तरह
किसी भी दुर्गन्ध में

किसी भी चीज़ में
अचानक प्रकट होकर
आतंक मचाने की हमारी हार्दिक तमन्ना
क्या वाज़िब नहीं है?

मिथिलेश की कविता कभी-कभी लोक-चेतना, लोक-जीवन और लोक-संस्कृति की मदद से इतिहास की विवेक यात्रा करती है। उनकी एक कविता है 'कारीगर की भूख और बेकारी'। इस कविता में एक ओर लोक के कारीगरों की कला की पहचान है तो दूसरी ओर उनकी तबाही और बर्बादी की ओर संकेत भी है। यह लोक विश्वास है कि अतीत में बड़े कलाकार, कारीगरों के हाथ कटवा दिये जाते थे ताकि वे दूसरी कलाकृति न बना सकें—

कारीगर के हाथ कटवा डालना
सबसे आसान खेल था जिसे ख़ूब खेला गया
भस्म हुए घरों से राख उड़ी
जिसे महोत्सव समझकर मज़े से देखा गया

मिथिलेश श्रीवास्तव की कविता भारतीय स्त्री के जीवन की विडम्बना और यातना तक पहुँचती है और उन दोनों की अभिव्यक्ति भी करती है। उनकी एक कविता है 'लाल ब्लाउज़'। कविता में यद्यपि स्त्री नहीं है, लेकिन उसके ब्लाउज की दशा, ब्लाउज़ पहनने वाली की दुर्दशा बयान करती है—

एक लाल ब्लाउज़ सड़क के बीचोबीच शान्त पड़ा है
ऊपर के तीन बटन बेरहमी से तोड़े गये लगते हैं
नीचे के तीन बटन प्रतिरोध के शिथिल होने के बाद
आराम से खोले गये हैं
एक बटन अभी भी काज में फँसा हुआ है
लाल या पीली साड़ी पर ख़ूब फबने वाले इस ब्लाउज़ पर
टायरों के इतने गहरे निशान हैं
रातभर उसके ऊपर से गाड़ियाँ जैसे गुज़रती रही हों

यह कविता दिल्ली में स्त्री की अन्तहीन यातना और दुर्दशा बयान करने वाली कविता है।

मिथिलेश केवल अपने समय और समाज की वस्तुस्थितियों की ही कविता नहीं लिखते, वे विभिन्न भाव और दशाओं की कविता भी लिखते हैं। आज के भारतीय समाज में दो भाव सर्वव्यापी हैं। एक है हिंसा और दूसरा है भय।

मिथिलेश ने इन दोनों भावों पर कविता लिखी है। पहले हिंसा पर लिखी कविता का आरम्भ देखिए—

यह जो हिंसा है मेरे भीतर
यही है मेरे दुःख का कारण
इसी हिंसा की आग में बार-बार झुलसा हूँ
और झुलसाया है अपनों को
घर का लुट जाना पहली बार नहीं हुआ है
यह कोई आपदा है जो बार-बार आ रही है
बार-बार घर ढहा रही है

अब भय के बारे में दूसरी कविता देखिए। भारतीय समाज में भय के पैदा होने और फैलने के अनेक कारण हैं और भय को छिपाने के अनेक ढंग भी। भयभीत लोग जब भय को छिपाते हैं तब भय उनके भीतर फैलता है। कवि ने कविता के अन्त में उन भयावह स्थितियों की ओर संकेत किया है जो समाज को अमानवीय और मनुष्य को असामाजिक बनाती हैं—

हम आश्वस्त हुए कि लोगों ने भय छिपाना सीख लिया
भय उनके भीतर फैलता रहा
और एक दिन इतना फैल गया
कि बिना भयभीत हुए लोग जी नहीं सकते थे
प्रेम के बिना लोग रह सकते थे भय के बिना नहीं

खण्ड दो

समाज, साहित्य और आलोचना

पहली बात यह है कि साहित्य लिखा-पढ़ा जाता है भाषा में और भाषा समाज में पैदा और विकसित होती है। समाज के बिना कोई भाषा कहीं जीवित नहीं रहती। इसलिए साहित्य के लिए समाज अनिवार्य है। दूसरी बात यह है कि साहित्य में जिन अनुभवों, अनुभूतियों, सम्भावनाओं, वास्तविकताओं का विवेचन और चित्रण होता है, वे सब समाज से प्राप्त होते हैं। निपट व्यक्तिवादी लेखक भी जंगलों में रहकर कोई अनुभूति प्राप्त नहीं कर सकता और अगर प्राप्त करेगा तो कुल मिलाकर वह पशुओं की अनुभूति होगी। समाज के बिना कोई ज्ञान प्राप्त नहीं कर सकता है। समाज से साहित्यकार को जिस प्रक्रिया में यह सब प्राप्त होते हैं, आलोचना का काम है, उस प्रक्रिया को समझना। मतलब, शब्द का अर्थ से, अर्थ का संवेदना से, संवेदना का जीवन के अनुभव से, जीवन के अनुभव का जीवन के यथार्थ से, जीवन के यथार्थ का जीवन के इतिहास से जो सम्बन्ध होता है वही सार्थक रचना का स्वरूप निर्मित करता है। इसके लिए किसी भी बड़े लेखक और कवि, मसलन प्रेमचन्द से लेकर निराला तक या मुक्तिबोध, नागार्जुन किसी का भी उदाहरण आप ले सकते हैं।

दूसरी बात इस क्रम में यह है कि साहित्य के बिना आलोचना नहीं होती। किस चीज़ की आलोचना होगी? आलोचना के लिए यह ज़रूरी है कि वह साहित्य को ध्यान में रखे। मतलब आप प्रेमचन्द की रचना लीजिए या निराला, मुक्तिबोध या नागार्जुन की। रचना आपसे माँग करती है कि उसे समझने के लिए आप समाज की ओर जाइए। एक व्यक्तिगत अनुभव मैं सुनाता हूँ। बाबा नागार्जुन जब दिल्ली में रहते थे, तो मेरे घर बहुत रहते थे। जब एक बार वे मेरे घर ठहरे हुए थे तो जे.एन.यू. के एक उदार, उतावले प्रोफ़ेसर साहब उनके पास आये। उन्होंने बाबा से पूछा कि आपकी कविता को समझने के लिए किस काव्यशास्त्र की ज़रूरत होगी? जवाब में बाबा ने उनसे कहा कि काव्यशास्त्र की नहीं, समाज के ज्ञान की ज़रूरत होगी। उसी को पहले जानो फिर मेरी कविता

समझ में आयेगी। असल में, साहित्य शब्द और संसार के बीच विभिन्न प्रकार के सम्बन्धों का संगम है। मैं खाली समाज नहीं कह रहा हूँ। संसार इसलिए कह रहा हूँ कि संसार में प्रकृति भी आती है। इसलिए साहित्य में जो शब्द होते हैं, उनमें जो अर्थ होते हैं, उनका सम्बन्ध प्रकृति से भी होता है। यही नहीं, प्रकृति से संस्कृति का स्वरूप निर्मित होता है। एक उदाहरण लीजिए। हिन्दी साहित्य में समुद्र पर कविताएँ बहुत कम हैं। कारण हिन्दी क्षेत्र में कोई समुद्र नहीं है। हमारे एक अध्यापक जो प्रसाद जी के मित्र थे, बताया करते थे, चाहे वह कथा ही हो पर उसमें एक सच्चाई थी, कि तुम लोगों को मालूम है, प्रसाद जी को प्रलय की कल्पना कहाँ से मिली? हमने कहा कि नहीं हमें क्या मालूम! बोले कि मैं बताता हूँ। हम लोग यानी प्रसाद जी और रामचन्द्र शुक्ल आदि मिर्जापुर घूमने गये थे। तब तक अचानक भीषण बारिश आ गयी। हम लोग और कोई उपाय न देखकर एक छतनार वृक्ष पर थोड़ा चढ़े और वहीं बैठ गये। नीचे मीलों तक पानी ही पानी फैला हुआ था। उसी को देखकर प्रसाद जी को प्रलय की कल्पना सूझी। मैं कह रहा हूँ कि यह कथा ही है पर एक बात इससे निकलती है कि प्रकृति को देखकर ही संस्कृति का स्वरूप निर्मित होता है। एक दूसरा उदाहरण देता हूँ। भारत में और हिन्दी में भी एक काव्यरूप है—बारहमासा। यह संसार की किसी और भाषा में नहीं है। कारण यह है कि दुनिया के जितने देश हैं, उनमें ज़्यादा से ज़्यादा तीन ऋतुएँ होती हैं—गर्मी, सर्दी और कहीं-कहीं बरसात। भारत की प्रकृति की वास्तविकता यह है कि यहाँ छह ऋतुएँ होती हैं। छह ऋतुएँ और कहीं नहीं होती हैं। इन छहों ऋतुओं में प्रत्येक ऋतु के लिए दो-दो महीने हुए। इनमें भी दोनों महीनों का स्वभाव भिन्न होता है। इसीलिए हिन्दी में ही बारहमासा काव्य पैदा हुआ, दुनिया की किसी और भाषा में नहीं।

यह जो आलोचना है, उस आलोचना के प्रसंग में एक बात ध्यान रखिए कि कई तरह के आलोचक होते हैं और उतनी ही तरह की आलोचना भी होती है। संस्कृत के एक आचार्य थे—राजशेखर। उनका एक ग्रन्थ है—'काव्य मीमांसा'। उसमें उन्होंने चार तरह के आलोचकों की चर्चा की है। मैं उनके लक्षण बताऊँगा। आपके आसपास ही ऐसे लोग होंगे। पहले हैं—अरोचकी, जिनको कुछ भी अच्छा नहीं लगता। दूसरे हैं—सतृणाभ्यवहारी। वे घास-फूस सब भकोस लेते हैं। हर चीज़ की तारीफ़ करेंगे। वे जिस भाव से निराला की कविता पढ़ेंगे, उसी भाव से नीरज की भी कविता पढ़ेंगे। तीसरे होते हैं—मत्सरी। सभी कवियों और रचनाकारों से द्वेष रखने वाले—ये भी ख़राब है वो भी ख़राब है, वो तो और भी ख़राब है। राजशेखर ने कहा कि चौथे तरह के आलोचक विचारणीय होते हैं और उनका

नाम राजशेखर के अनुसार है—तत्त्वाभिनिवेषी। वे साहित्य और रचना में तत्त्व की खोज करते हैं और वही सच्चे आलोचक हैं। समाज में तत्त्वाभिनिवेषी हमेशा कम रहे हैं। बाक़ी तीन तरह के भरे हुए हैं। इसलिए आलोचना पर संकट है, इसको ध्यान में रखना चाहिए। एक और बात मैं कहना चाहता हूँ कि एक अच्छी आलोचना के लिए, रचना के सन्दर्भों को ध्यान में रखना चाहिए। या दो चीज़ों की व्याख्या आलोचना में करना ज़रूरी है। एक तो रचना की अर्थवत्ता और दूसरी रचना की सार्थकता। अर्थवत्ता हमेशा रचनानिष्ठ होती है और सार्थकता हमेशा समाजनिष्ठ होती है। किसकी रचना कितनी सार्थक है, यह इसी से तय होगा कि वह कितनी सामाजिक है, समाज के लिए कितनी उपयोगी है। अब अगर कोई आलोचक खाली आपको ये बताये कि इसमें अमुक शब्द है। यह शब्द ऋग्वेद से पैदा हुआ है। एक शब्दकोश में, इसका यह अर्थ है और दूसरे शब्दकोश में यह अर्थ है। यही बताकर अगर वे घर चले जायें तो उनकी आलोचना पढ़िए या सत्यनारायण की कथा सुनिए, दोनों बराबर है। आलोचकों को यह भी बताना पड़ेगा कि समाज के लिए इस रचना की क्या उपयोगिता है। इसी से आप फ़र्क़ करेंगे कि कौन रचना और कौन रचनाकार सामाजिक रूप से अधिक सार्थक है। इसीलिए रचना की अर्थवत्ता के साथ-साथ उसकी सार्थकता की खोज और पहचान भी ज़रूरी है।

एक बात और कहना ज़रूरी है कि आलोचना में सब विधाओं की रचनाओं को एक ही कसौटी पर कसना ठीक नहीं है। कविता की संरचना, कहानी की संरचना से बिल्कुल भिन्न होती है। कहानी की संरचना, उपन्यास की संरचना से भिन्न होती है। इन तीनों से भिन्न है निबन्ध। बाक़ी और भी विधाएँ हैं—नाटक, संस्मरण, आत्मकथा आदि। मतलब विधाओं के स्वभाव के अनुसार आलोचना का स्वरूप निर्मित होना चाहिए। कभी-कभी कविता में आपको एक केन्द्रीय शब्द मिल जायेगा। एक पंक्ति कभी-कभी पूरी कविता की संरचना को अनुशासित करती दिखाई देती है। ऐसा न कहानी में होता है और न उपन्यास में। इसीलिए विधाओं के स्वभाव को समझना बहुत ज़रूरी है। कविता में एक विशेषता और होती है। कविता में कवि का स्वर प्रधान होता है, जबकि उपन्यास में उपन्यासकार का स्वर एक स्वर होता है यानी स्वरों में से एक स्वर। एक चरित्र का स्वर ही होरी का स्वर नहीं है। प्रेमचन्द होरी के स्वर में भी हैं और रायसाहब के स्वर में भी। यह उपन्यास के स्वभाव की लोकग्राहिता है। आप रेणु के उपन्यास लीजिए। रेणु के उपन्यास में स्वरों की विभिन्नता का ऐसा समृद्ध संसार है कि तीन पात्र तीन तरह की भाषाएँ बोलते हैं। कोई मैथिली बोल रहा है, कोई हिन्दी

बोल रहा है। रेणु तो ऐसे थे कि जहाँ के वह नहीं थे, वहाँ की भाषा भी अपने पात्रों से बुलवाते थे। उनकी एक कहानी है—अगिनखोर। उस कहानी में एक लाइटर बेचने वाला आदमी रेलवे प्लेटफार्म पर रात को आता है। सर्दी के कारण सब लोग कम्बल-रज़ाई ओढ़कर सोये हुए हैं। वह चिल्लाता है—लाइटर ले लो। अब आगे शब्द रेणु का है। रेणु ने लिखा है कि एक भोजपुरी भाई ने रज़ाई से मुँह निकालकर पूछा कि 'का हो ई अगिनबोट सरवा चइल गइल का'। यह कविता में सम्भव नहीं है। यह नागार्जुन नहीं कर सकते। ये नरेश सक्सेना भी नहीं कर सकते या कोई कवि नहीं कर सकता। यह उपन्यास में सम्भव है और कहानी में भी सम्भव है। इसीलिए रचना की विधा के स्वरूप और स्वभाव को समझना ज़रूरी है। एक और उदाहरण लीजिए। जिस भाषा में 'गोदान' लिखा जा सकता है या लिखा गया है, उसी भाषा में 'शेखर : एक जीवनी' नहीं लिखा जा सकता; क्योंकि शेखर एक मध्यवर्गीय बुद्धिजीवी पात्र है, वह होरी की भाषा नहीं बोलेगा। इसलिए यह देखना पड़ेगा कि उपन्यास विधा में चरित्र का अपना स्वभाव, स्वरूप, उसकी ऐतिहासिकता, समाज में उसकी स्थिति-परिस्थिति क्या है? कविता में सांकेतिकता होती है। जैसे एक शब्द या एक मुहावरा एक कवि ने लिखा—'जागो फिर एक बार'। निराला ने पन्द्रह बार दोहराने में पन्द्रह तरह के अर्थ पैदा किये। यह कहानी में या उपन्यास में सम्भव नहीं है। इस प्रकार आपको समझना पड़ेगा और आलोचना तभी सार्थक होगी।

आलोचना में एक और बात पर ध्यान देना ज़रूरी है कि एक अच्छा आलोचक एक अच्छा इतिहासकार भी होता है। इतिहासकार के मेरे लिए दो अर्थ हैं। आलोचकों को साहित्य का इतिहासकार और समाज का इतिहासकार भी बनना पड़ता है। मान लीजिए कि आप निराला की 'राम की शक्तिपूजा' कविता पर कुछ लिख रहे हैं। तब एक तो आपको यह ध्यान में रखना होगा और निराला के भी ध्यान में रहा होगा कि उनके पहले भारत में राम काव्य किसने-किसने लिखा और क्या लिखा। यह निराला जानते थे। वह वाल्मीकि से लेकर तुलसीदास तक को जानते थे। यह आलोचक को भी जानना पड़ेगा। दूसरा यह भी जानना ज़रूरी है कि एक सामाजिक-ऐतिहासिक काल में राम के चरित्र में परिवर्तन होते रहे हैं। वाल्मीकि के यहाँ राम अलग हैं, तुलसीदास के यहाँ अलग, निराला के यहाँ अलग। इस बात को जाने बिना आप इस बात की व्याख्या नहीं कर सकते कि 'धिक् जीवन जो पाता ही आया विरोध', निराला ने क्यों लिखा। यह न वाल्मीकि के राम ने कहा है, न तुलसीदास के राम ने। ये निराला के राम कहते हैं—'धिक् जीवन जो पाता ही आया विरोध/धिक् साधन जिसके लिए सदा ही किया शोध'।

और आगे कहते हैं कि 'उद्धार प्रिया का हो न सका/वह एक और मन रहा राम का जो न थका/जो नहीं जानता दैन्य, नहीं जानता विनय'। ये निराला के राम हैं। उनके पहले की पूरी परम्परा के रामों से भिन्न। दरअसल ये स्वाधीनता आन्दोलन के दौरान के राम हैं। भारतीय जनता सारी कठिनाइयों को झेलते हुए, अत्याचारों को सहते हुए ऐसी लड़ाई लड़ रही थी, जिसमें यह भाव चाहिए कि 'वह एक और मन रहा राम का जो न थका/जो नहीं जानता दैन्य नहीं जानता विनय।' यानी निरन्तर संघर्ष और तभी विजय। वही हुआ स्वाधीनता आन्दोलन के दौरान। इसलिए आलोचक को साहित्य का इतिहासकार भी होना पड़ता है और समाज का इतिहासकर भी बनना पड़ता है। दूसरा पक्ष इसका यह है कि परम्परा और समकालीनता के बीच सम्बन्ध की पहचान भी करनी पड़ती है। बड़े लेखकों, बड़े कवियों की रचनाओं में परम्परा की गूँज सुनाई देती है। राम की शक्तिपूजा की पंक्ति है—'नयनों से नयनों का गोपन, प्रिय सम्भाषण'। यह सीधे तुलसीदास से जुड़ी हुई पंक्ति है। निराला ने बहुत कुछ बाबा तुलसीदास से सीखकर कविता लिखी। वैसे भी निराला जी तुलसीदास के परम भक्त थे और विरोधी भी थे। भक्त इस अर्थ में कि उनसे उन्होंने बहुत कुछ सीखा। विरोधी इस अर्थ में कि निराला ने कोशिश की कि रामचरितमानस का अवधी से खड़ी बोली में अनुवाद करें। उन्होंने कोशिश भी की, लेकिन बाद में छोड़ दिया और अपने मित्रों से कहा कि यह सम्भव नहीं है। अब निराला से जो सम्भव नहीं है, वह किस कवि से सम्भव होगा? इसीलिए उनका तुलसीदास से विरोध भी है। एक बड़ा कवि दो काम एक साथ करता है। वह अपनी परम्परा में कवियों की जगह बदल देता है। राम की शक्तिपूजा के पहले तुलसीदास के बाद दूसरे बड़े कवि के रूप में केशवदास का नाम लिया जाता था। राम की शक्तिपूजा के आने के बाद यह बात उलट गयी। इससे यह भी साबित होता है कि जो बड़े कवि होते हैं, वे परम्परा को बदल डालते हैं।

आप सब अपनी परम्परा को देखिए और साथ ही अपने समय की कविता को भी। कोई व्यक्ति आज की कविता क्यों पढ़ेगा जबकि उसमें उसका अन्तर्द्वन्द्व दिखाई नहीं देता। एक जर्मन मार्क्सवादी आलोचक का विचार है कि किसी रचना पर विचार करते समय उसकी विगत सार्थकता और वर्तमान अर्थवत्ता, इन दो बातों पर ध्यान रखना चाहिए। इसका अर्थ यह हुआ कि 'रामचरितमानस' का उसके समय में क्या महत्त्व था और यह भी देखना पड़ेगा कि आज उसका क्या महत्त्व है।

अब मैं आख़िरी बात आपसे कह रहा हूँ। आख़िरी बात महत्त्वपूर्ण है, पर कहूँगा थोड़ा हल्के-फुल्के अन्दाज़ में। आलोचना की भाषा पर हिन्दी में विचार

नहीं हुआ है। मैंने तो आज तक कोई गम्भीर लेख तक नहीं देखा, किताब की तो बात ही छोड़िए। लोग कविता की भाषा पर विचार करते हैं, ग्रन्थ लिखते हैं। कहानी की भाषा, उपन्यास की भाषा पर बात करते हैं पर आलोचना की भाषा पर नहीं। आलोचना की भाषा पर बात कीजिए तो आलोचक की विचारधारा का पता चलेगा, क्योंकि शब्द स्वयं विचारधारात्मक इकाई होते हैं। आलोचना की भाषा कैसी होनी चाहिए? इसके बारे में एक घटना का उल्लेख करूँगा। मैं बराबर यह मानता रहा हूँ कि आलोचना की भाषा कविता की भाषा के अन्दाज़ में लिखने से बात नहीं बनती। उससे कभी-कभी दुर्घटना की सम्भावना होती है। एक बार इलाहाबाद विश्वविद्यालय में ऐसा हुआ। आचार्य हजारी प्रसाद द्विवेदी, इलाहाबाद विश्वविद्यालय में एम.ए. की मौखिक परीक्षा लेने गये थे। तब विभाग के अध्यक्ष रामकुमार वर्मा थे। एक सुन्दर लड़की आयी। पण्डित जी ने पूछा कि बताओ, 'एकांकी किसे कहते हैं? लड़की बोली, "एकांकी काल सुन्दरी के सुन्दर कपोलों पर एक मधुर चुम्बन है।" पण्डित जी तो चकरा गये। घबड़ाकर पण्डित जी ने कहा कि जाओ। जब वह चली गयी तो रामकुमार वर्मा की ओर मुड़कर पण्डित जी बोले कि भई, ये क्या तमाशा है! इससे एकांकी का क्या पता चलता है? रामकुमार वर्मा कुछ संकोच और कुछ गर्व के मिले-जुले अन्दाज़ में बोले, कि पण्डित जी ये मेरी ही परिभाषा है। जो मैंने लिखवाया है, उसे ही बच्ची ने बताया है। पण्डित जी ने कहा कि मेरी चिन्ता का विषय यह नहीं है कि किसकी परिभाषा है। मेरी चिन्ता का विषय है कि एक अंक का छोटा एकांकी काल सुन्दरी के सुन्दर कपोलों पर अगर एक चुम्बन है तो सात अंक का नाटक उस काल सुन्दरी के साथ क्या होगा! कविता में आलोचना करेंगे या कविता की भाषा में आलोचना करेंगे तो ऐसी ही दुर्घटनाओं की सम्भावना होगी। आलोचना की भाषा के दो और दोष हैं। एक है—अतिरंजना। अतिरंजना के हिन्दी में जितने आचार्य हैं, वे किसी को मुक्तिबोध घोषित करते हैं, तो किसी को प्रेमचन्द। इस अतिरंजना की सहेली है—सरलीकरण। सरलीकरण करना भी आलोचना में उतना ही ख़तरनाक है जितना अतिरंजना। आलोचना की भाषा वस्तुनिष्ठ, तर्कसंगत, तथ्यसम्मत, संवेद्य, विचारप्रधान आदि होनी चाहिए। आलोचना की भाषा जानदार और असरदार हो इसके लिए ज़रूरी है कि उसमें व्यंग्य और विनोद भी थोड़ा होना चाहिए। ऐसा नहीं लगे कि आलोचना के नाम पर मुहर्रम के गीत गाये जा रहे हैं। अब आलोचना में व्यंग्य-विनोद के कुछ उदाहरण दे रहा हूँ। रामचन्द्र शुक्ल साहित्य में अध्यात्म की चर्चा और चिन्ता से बहुत घबराते थे। अध्यात्मवाद और रहस्यवाद के वे घोर विरोधी थे। एक समय में रवीन्द्रनाथ टैगोर बनारस आये।

उन्होंने मेघदूत की आध्यात्मिक व्याख्या की। शुक्ल जी ने अपनी आलोचना में उस भाषण का उल्लेख किया और उसकी आलोचना भी की। साथ ही एक वाक्य लिखा कि एक सज्जन ने 'बिहारी सतसई' की शान्तपरक व्याख्या करने की धमकी दी है। यानी खाली एक धमकी दी। केवल एक शब्द 'धमकी' से शुक्ल जी का व्यंग्य-विनोद दिखाई देता है। दूसरा उदाहरण देखिए। रामविलास शर्मा की किताब है—'नयी कविता और अस्तित्ववाद'। उसमें उन्होंने श्रीकान्त वर्मा की एक कविता उद्धृत की है। कविता यह है—'मैं नहीं लिखता हूँ कविताएँ/मैं गालियाँ ईजाद करता हूँ और बुदबुदाता हूँ।' रामविलास जी ने बाद में लिखा कि नयी कविता के कवि आत्मबोध के दुर्लभ क्षणों में ऐसा ही सत्य बोलते हैं। आख़िरी उदाहरण डॉ. नगेन्द्र से जुड़ा हुआ है। उन्होंने एक लेख में लिखा कि मुझे सियाराम शरण गुप्त की काव्य पुस्तक 'हिडिम्बा' जब तक पसन्द है और रामधारी सिंह दिनकर की 'उर्वशी' भी पसन्द है तब तक मैं यह कैसे मान लूँ कि मैं नयी कविता का पाठक-आलोचक नहीं हूँ। नामवर जी ने 'कविता के नये प्रतिमान' में नगेन्द्र के उस कथन को उद्धरित करते हुए यह लिखा, "वह हृदय विशाल होगा जिसमें एक ही साथ हिडिम्बा और उर्वशी दोनों के लिए जगह होगी।" इसीलिए मैं कह रहा था कि आलोचना में व्यंग्य और विनोद से आलोचना की भाषा में जान आती है।

(23 सितम्बर, 2016 को लखनऊ विश्वविद्यालय में दिये गये व्याख्यान का सम्पादित रूप।)

रीतिकाल की कविता और इतिहास बोध

मध्यकाल जिसे कहते हैं उसको दो सन्दर्भों में देखना चाहिए। साहित्य के इतिहास का काल विभाजन प्रायः समाज के इतिहास के काल विभाजन के आधार पर ही होता है। इसमें कभी-कभी विडम्बनापूर्ण स्थितियाँ भी होती हैं। जो स्वाभाविक है उसकी चर्चा बाद में और जो विडम्बना है उसकी चर्चा पहले। हिन्दी साहित्य में एक काल आदिकाल है। आदिकाल कहने से समाज के इतिहास के प्रसंग में ऐसा अर्थ निकलता है कि जैसे यह तब का काल होगा जब हम लोग यानी भारत का समाज जंगलों में रहता होगा। ऐसा नहीं है। यहाँ आदिकाल शुद्ध साहित्य से जुड़ा हुआ आदिकाल है। लेकिन हिन्दी साहित्य का जो मध्यकाल है वह भारतीय समाज का भी मध्यकाल है। मतलब, मध्यकाल जो हिन्दी साहित्य का है उसके दो हिस्से हैं। पहला हिस्सा भक्तिकाल का है और दूसरा हिस्सा रीतिकाल का है। समाज के इतिहास के हिसाब से देखिए, हिन्दी वालों के लिए मैं कह रहा हूँ देश भर के लिए नहीं, तो एक तरह से जो भक्तिकाल का साहित्य है वह लगभग विद्यापति से शुरू होता है, और यह बहुत लोगों को भ्रम है न जानने के कारण कि भक्ति कविता एक तरह से मुग़लकाल के साथ ख़त्म हो गयी। ऐसा नहीं है। वैसे स्वयं मुग़लकाल भी उन्नीसवीं सदी तक आता है। आप लोगों में से सबको यह तो मालूम ही होगा कि अन्तिम मुग़ल बादशाह बहादुर शाह ज़फ़र थे, 1857 ई. के विद्रोह के समय जिनको अंग्रेज़ों ने गिरफ़्तार किया, उनके सारे परिवार को मार डाला और स्वयं बहादुर शाह ज़फ़र को रंगून भेज दिया। यह ऐसा प्रसंग है जिसको याद करते ही थोड़ा भी देश के प्रति प्रेम-भक्ति का भाव होगा तो ख़ून खौलने लगता है। हम जब इस समय आपसे बात कर रहे हैं उस समय उसी देश का प्रधानमन्त्री हमारे देश के महान नेताओं से वार्ता के लिए आया हुआ है। ब्रिटेन का प्रधानमन्त्री आया हुआ है। ख़ैर, मैं जो मूल बात आपसे कह रहा था वह यह कि रामचन्द्र शुक्ल ने एक बात लिखी है और ठीक लिखी है; उन्होंने कहा है कि हिन्दी साहित्य की एक विशेषता यह है कि इसमें साहित्य की जो

एक परम्परा शुरू हो जाती है वह कभी मरती नहीं है। पर नामकरण तो प्रधानता के आधार पर होता है कि जो प्रवृत्ति प्रधान होती है उसके आधार पर उस काल का नाम रख दिया जाता है। ज़ाहिर है कि भक्तिकाल विद्यापति से लेकर और लगभग समझिए कि मुग़लकाल के मध्य तक, शाहजहाँ तक, भक्तिकाल के सारे बड़े कवि समाप्त हो चुके थे पर भक्ति कविता हिन्दी साहित्य के रीतिकाल में भी मौजूद थी और उन्नीसवीं सदी तक आती है। अब भी हिन्दी में कुछ कवि मिल जायेंगे आपको वृन्दावन में, अयोध्या में जो उसी ढाँचा-खाका में कविता लिखते हैं। मेरे पास अभी कुछ दिन पहले आगरा विश्वविद्यालय से डी.लिट्. का एक शोध-प्रबन्ध आया था, आज के किसी भक्त कवि की कविता का इतना बड़ा पोथा था, ज़ाहिर है कि मैं न उस कवि को जानता था न उसकी कविता को जानता था इसलिए मैंने थीसिस लौटा दी कि मैं जिसको जानता नहीं उस पर लिखी हुई थीसिस का मूल्यांकन नहीं करूँगा। ख़ैर, यह जो मध्यकाल है उसकी अनेक विशेषताएँ हैं। मैं उसकी विस्तार से बात करूँगा, विस्तार से बात आपके सामने मैं थोड़ी देर में इसी के एक हिस्से रीतिकाल की करूँगा। वैसे ही आपका विश्वविद्यालय रीतिकाल का गढ़ माना जाता है। मुझे नहीं मालूम कि रीतिकाल की बाक़ी विशेषताएँ बाक़ी विश्वविद्यालय में हैं कि नहीं, पर रीतिकालीन कविता को पढ़ने-पढ़ाने और उसी को कविता मानने की परम्परा नगेन्द्र जी से शुरू होकर अब तक मौजूद है, उनके जो भी शिष्य और शिष्य के शिष्य हैं वे सब उसी रीतिकाल में ही घूमते हैं। इसलिए उस पर बात करना मुझे ठीक लगा और मैंने वही विषय चुना है। पर व्यापक रूप से मध्यकाल जिसमें भक्तिकाल और रीतिकाल दोनों आते हैं, उसकी दो-एक विशेषताओं की चर्चा करके मैं रीतिकाल पर आऊँगा।

पहली विशेषता यह है, पता नहीं आप लोगों ने कभी इस बात पर ध्यान दिया है कि नहीं कि भक्तिकाल की और भक्ति काव्य की अखिल भारतीय स्तर पर पहली और बुनियादी विशेषता यह है कि प्रत्येक भक्त कवि अपनी मातृभाषा का कवि है। प्रत्येक भक्त कवि कह रहा हूँ, मुझे आज तक कोई अपवाद मिला नहीं है। एक तरह के अपवाद तो हैं जो अपनी मातृभाषा के अलावा दूसरी भाषा में भी कविता लिखते हैं। जैसे स्वयं विद्यापति। विद्यापति तीन भाषाओं में कविता लिखते थे, संस्कृत में, अवहट्ठ या अपभ्रंश में और अपनी मातृभाषा मैथिली में। पर महाकवि किसके हैं, संस्कृत के महाकवि नहीं हैं, अपभ्रंश के भी महाकवि नहीं हैं, महाकवि वो मैथिली के ही हैं। उसी तरह तुलसीदास अवधी में कविता लिखते थे और ब्रजभाषा में भी, पर ब्रजभाषा के महाकवि वो नहीं हैं। ब्रजभाषा के महाकवि सूरदास हैं। तुलसीदास अवधी के ही महाकवि हैं। इसलिए मैंने कहा

कि कुछ प्रतिभाशाली कवि अपनी मातृभाषाओं के अलावा दूसरी भाषाओं में भी कविता लिखते हैं पर बुनियादी महत्त्व तो उनकी मातृभाषा वाली कविता का है।

दूसरी विशेषता मध्यकाल की यह है कि जो मातृभाषाओं में कविता लिखी गयी तो संस्कृत के पण्डितों और फ़ारसी के मुल्लाओं ने इसका बहुत विरोध किया। पता नहीं आपको मालूम है कि नहीं, अपना देश दो चीज़ों के लिए बहुत प्रसिद्ध है, पहली बात तो यही है कि यहाँ अश्लीलता को रेशमी चादर से ढक कर उसको शालीनता कहते हैं और संस्कृति भी। इस दिल्ली शहर में कैसे अश्लीलता को रेशमी चादर से ढकते हैं इसका प्रमाण इस दिल्ली शहर में औरतों के साथ हुई एक हज़ार ज़्यादतियाँ हैं। एक साथ दोनों काम करते हैं, मन्त्र भी जपते हैं– 'यत्र नार्यस्तु पूज्यन्ते रमन्ते तत्र देवता...' और स्त्रियों की पूजा करने के नाम पर उनके साथ जो-जो करते हैं उनमें से अधिकांश तो कहने लायक नहीं है। इसीलिए मैं कह रहा हूँ कि अश्लीलता को शालीनता की रेशमी चादर में ढक कर उसे संस्कृति कहते हैं। दूसरा क्या है, सच को छुपाना और झूठ को मुलम्मा लगा कर पेश करना, यह एक पुरानी आदत है। यह जो विरोध हुआ वह कितनी दूर तक गया, उसके दो प्रमाण मैं दूँगा, ज़्यादा नहीं। पचासों मेरे पास हैं। मराठी के एक भक्त कवि थे, सन्तकवि ज्ञानदेव। उनकी प्रसिद्ध रचना है–'ज्ञानेश्वरी'। मराठी का महान काव्य माना जाता है उसे। असल में ज्ञानेश्वरी ओबी छन्द में है। इस ओबी छन्द को ईजाद किया था ज्ञानेश्वर ने। ओबी छन्द इसके पहले मराठी में नहीं था, देश में भी नहीं था। उन्होंने इस छन्द को गढ़ा। उन्होंने ओबी छन्द में और मराठी भाषा में गीता का अनुवाद किया है और व्याख्या भी की है। उसके तीसरे अध्याय की सत्रहवीं ओबी में ज्ञानेश्वर ने एक ऐसी बात लिखी है जिसे भारतीय समाज, संस्कृति और भाषाओं के इतिहास का सबसे क्रान्तिकारी वाक्य मैं मानता हूँ। यह मैं पहले आपसे कह चुका हूँ कि वह गीता का अनुवाद है तो यह तो आप जानते ही हैं कि गीता अर्जुन और कृष्ण के बीच संवाद है। उस तीसरे अध्याय में अर्जुन कृष्ण से कहते हैं, ध्यान रखिए; ज्ञानेश्वर के अर्जुन, संस्कृत के अर्जुन नहीं, कि आप जो कुछ कह रहे हैं वह बहुत महत्त्वपूर्ण है लेकिन बहुत गूढ़ है। मेरी समझ में नहीं आ रहा है। इसलिए इसको सरल मराठी में समझा कर कहिए। पहली बार एक मनुष्य ने, अर्जुन कुल मिलाकर एक मनुष्य ही थे कृष्ण ईश्वर तो थे, ईश्वर से कहा कि मेरी भाषा बोलो। आप जिस भाषा में कह रहे हो वह बहुत मुश्किल है इसलिए मेरी भाषा बोलो। तो इसका परिणाम क्या हुआ जानते हैं? यह जो कहन उन्होंने किया यानी कि संस्कृत से महत्त्वपूर्ण अपनी मातृभाषा को बताया, परिणाम यह हुआ कि पण्डितों ने इक्कीस वर्ष की

आयु में ज्ञानेश्वर को जीवित समाधि लेने के लिए मजबूर किया। यह तो हत्या करना है और बुरी तरह हत्या करना है। हत्या तो एक मिनट में हो सकती है, पर जीवित समाधि में जो आदमी होगा वह तो दो एक दिन में मरेगा।

उसी तरह से मराठी के सन्त तुकाराम के साथ हुआ। मराठी सन्त तुकाराम जाति के माली थे। ब्राह्मण तो थे नहीं। इनसे कहा गया कि माली-वाली को अधिकार नहीं है कि ज्ञान का उपदेश दे इसलिए अपना यह लिखा-पढ़ा फेंको। एक कवि अपनी बात कह रहा है वह चाहे जुलाहा कवि कबीर हो या माली कवि तुकाराम, वह फेंक काहे दे। तो पण्डितों ने एक चाल चली और कहा कि तुम इसको नदी में डुबो दो और ईश्वर की कृपा होगी तो यह ऊपर आ जायेगा, नहीं तो हम मान लेंगे कि यह डूबने लायक थी। अब आपसे अलग से क्या यह बताने की ज़रूरत है कि ऋग्वेद से लेकर भगवत् गीता तक की किताबें नदी में डुबोयी जायें तो सब डूब जायेंगी। कौन नहीं डूबेगी! उसमें तो स्वयं भगवान ही मौजूद हैं। वो भी डूब जायेंगे उसी में। यह चाल चली उन्होंने। कहा जाता है कि, बाक़ी तो कथा है, तुकाराम ने पण्डितों के कहने पर फेंका। मुझे तो हमेशा लगता है कि पण्डितों ने तुकाराम से जबरदस्ती छीनकर नदी में फेंक दिया लेकिन डूबा नहीं वह। जो भी हुआ, बाद में तुकाराम घर में रहने के बदले जंगलों में घूमने लगे और कभी घर लौटे ही नहीं। मेरा अपना अनुमान यह है कि उनको मार दिया जंगल में। मराठी में जानते हैं कथा क्या चलती है। फ़िल्म बनी है तुकाराम पर जो हर साल दिखाई जाती है जिसमें दिखाया जाता है, सीधे स्वर्ग से विमान आया और तुकाराम को सशरीर स्वर्ग ले गया। जिन लोगों ने मारा वे सभी क्यों नहीं गये, स्वर्ग तो सब लोग जाना चाहते हैं! यह जो प्रवृत्ति है यह भी अपने यहाँ की ही प्रवृत्ति है।

मैं एक घटना आपको सुनाऊँ चलते-चलते। मैं जब कोई काम करता हूँ तो काफ़ी गहरी खुदाई करता हूँ। जब मैंने ज्ञानेश्वरी पढ़ी और जब यह वाक्य, अर्जुन का कृष्ण से कथन, दिखाई पड़ा तो मुझे यह वाक्य बहुत ही महत्त्वपूर्ण लगा, अभी थोड़ी देर पहले मैंने आपसे कहा था कि मेरी जानकारी में भारतीय समाज में भाषाओं के इतिहास का सबसे क्रान्तिकारी वाक्य है। मैंने इसका हिन्दी अनुवाद ख़रीदा जो साहित्य अकादेमी से छपा है और अंग्रेज़ी अनुवाद ख़रीदा जो भारतीय विद्या भवन बम्बई से छपा है। दोनों में दो काम एक साथ हुए हैं। दोनों अनुवाद करने वाले मराठी लोग हैं। दोनों की भूमिकाओं में ज्ञानेश्वर को लगभग ईश्वर जैसा दर्जा दिया गया है पर दोनों अनुवादों में यह वाक्य बदल दिया गया है कि 'सरल मराठी में समझा कर कहिए'। इसके बदले लिखा हुआ

है कि 'सरल भाषा में समझा कर कहिए'। माने, संस्कृत से जो प्रेम है वह भारी पड़ा ज्ञानेश्वर से प्रेम पर। यह अपने यहाँ की जानी-पहचानी प्रवृत्ति है। पर ऐसी कितनी प्रवृत्तियाँ हैं कि मैं उन्हीं पर ध्यान दूँ तो आज का भाषण उसी पर हो जायेगा। पर वह मैं नहीं करूँगा।

यह जो मध्यकाल है, उसका जो रीतिकाल है, उसके बारे में जो कहना है उसे मैं आपके सामने रखना चाहता हूँ। पहली बात तो यह कि हिन्दी आलोचना में महावीर प्रसाद द्विवेदी और बाद में रामचन्द्र शुक्ल ने रीतिकाल के विरोध में बहुत सारा लिखा और दृष्टिकोण बनाया। महावीर प्रसाद द्विवेदी ने 'हिन्दी नवरत्न' की समीक्षा लिखी थी। बाक़ी उनका छोड़ भी दीजिए, उसको देखिए तो उनका जो रीतिकाल विरोधी दृष्टिकोण है वह दिखाई देगा। यह काम आचार्य रामचन्द्र शुक्ल ने भी किया। ये दो हिन्दी के इतने बड़े आलोचक थे कि बाद के लोगों ने उन्हीं की बातों को मिर्च-मसाला लगा कर कभी थोड़ा घटा कर कभी थोड़ा बढ़ा कर पेश किया। नया किसी ने लिखा हो, नगेन्द्र जी समेत, ऐसा नहीं है। रामचन्द्र शुक्ल का आरोप क्या था? पहला आरोप यह था कि इस कविता में शृंगारिकता बहुत है। यद्यपि आचार्य शुक्ल मन से स्वयं शृंगारिक व्यक्ति थे। एक महिला से प्रेम भी करते थे। इसलिए, ठाकुर का एक छन्द उनको बहुत प्रिय था, मुझे लगता है उनके मन से मिलता होगा, बार-बार उसको दुहराया है। मैं आपको सुना रहा हूँ।

"वा निरमोहिनि रूप की रासि जऊ उर हेतु न मानति होइहैं।
आवत जात घरी घरी मेरो सूरति तो पहिचानति होइहैं।
ठाकुर या मन की परतीति है, जो पै सनेह न मानति होइहैं।
आवत हैं नित मेरे लिए इतना तो विशेष के जानति होइहैं।।"

इसको आचार्य शुक्ल ने अपने चार लेखों में उद्धृत किया है, इतिहास के साथ। इससे उनकी मानसिकता का पता चलता है। लेकिन यही काम जब रीतिकाल के कवि कर रहे थे तो शुक्ल जी को पसन्द नहीं था।

आचार्य शुक्ल को दो और बातें पसन्द नहीं थीं। उनके नापसन्द करने का आधार है, ऐसा नहीं कि उन्होंने निराधार कहा लेकिन जो है वही मैं कह रहा हूँ। एक बात उनको पसन्द नहीं थी और यह रीतिकाल की कमज़ोरी है; नायिका-भेद का विस्तार। अपार है वह। सात बरस की बच्चियों से लेकर सत्तर बरस की बुढ़ियाओं तक सब नायिकाएँ हैं। अरे कोई स्त्री भी होगी! जो नायिका के अलावा हो। आचार्य शुक्ल को सबसे अधिक नाराज़गी इसी बात से थी। इसीलिए आचार्य शुक्ल ने बहुत कड़ा वाक्य रीतिकाल के बारे में लिखा है।

लिखा है, "रीतिकाल में कविता बँधी नालियों में बहने लगी।" लेकिन इसका एक दुष्परिणाम यह हुआ कि हिन्दी के बाद के आलोचकों ने रीतिकाल की कविता को समग्रता में पढ़ने-समझने और मूल्यांकन करने के बदले रामचन्द्र शुक्ल की बातों को दुहराना शुरू कर दिया। अब कह गये हैं आचार्य शुक्ल, अरे आचार्य शुक्ल ने पढ़-वढ़ के कहा था। बाद के बहुत लोगों ने बिना पढ़े ही कहा, क्योंकि पढ़ते तो कुछ और ऐसा दिखाई देता जो मैं आपके सामने अभी रखने वाला हूँ।

रीतिकाल के बारे में मेरी पहली बात यह है कि अपने समय के समाज और इतिहास से जैसा सम्बन्ध रीतिकाल की कविता का है वैसा सम्बन्ध भक्तिकाल का भी नहीं है। प्रमाण क्या है? मैं कोई रीतिकाल का प्रेमी नहीं हूँ। अभी ठीक बताया गया कि भक्तिकाल पर मैंने पूरी किताब लिखी है—'भक्ति आन्दोलन और सूरदास का काव्य'। मैं स्वयं भक्तिकाल का प्रेमी हूँ। पर जो जहाँ है उसके बारे में बात की जायेगी न, जो वास्तविकता है, सच्चाई है। देखिए, रीतिकाल के सबसे बड़े कवि माने जाते हैं केशवदास। अपने समय और समाज के इतिहास से केशवदास की कविता का क्या सम्बन्ध है? केशवदास की दो रचनाएँ हैं, जो सीधे इतिहास से जुड़ी हुई हैं मित्रो! मैं बाक़ी रामचन्द्रिका आदि की बात नहीं कर रहा हूँ। एक उनका प्रबन्ध काव्य है— 'वीर सिंह देव चरित'। मैं दावे के साथ आपसे कह रहा हूँ कि रीतिकाल के बहुत सारे प्रेमियों ने इसे देखा ही नहीं है, बस नाम गिना देंगे। क्या है उसमें, उसमें मध्यकाल के इतिहास की जटिल समस्याएँ हैं। मुग़लकाल के इतिहास की ख़ास तौर से। आप में से जो इतिहास के छात्र होंगे, उनको यह मालूम होगा कि अकबर के समय से और उनके राज्यकाल से सम्बन्धित दो बड़ी घटनाएँ हुईं। पहली घटना यह हुई कि उनके पुत्र सलीम ने, जो बाद में जहाँगीर बना, विद्रोह कर दिया। यह विद्रोह की घटना 'वीर सिंह देव चरित' में है। उसी विद्रोह का एक और नतीजा हुआ कि सलीम ने वीर सिंह, जो ओरछा का राजा था बहुत शक्तिशाली और प्रभावशाली, की मदद से अबुल फ़ज़ल की हत्या करवायी। यह सब वीर सिंह देव चरित में है। आप बताइए, हमारा हिन्दी साहित्य का स्वर्णयुग माना जाता है भक्तिकाल, केशवदास और तुलसीदास बहुत दूर तक समकालीन थे, मतलब दोनों अकबर के ज़माने में जीवित थे, भक्तिकाल के किस कवि ने मुग़ल शासन के बारे में लिखा है। किस कवि ने? हमारे जो परम आदरणीय बाबा तुलसीदास हैं, उन्होंने तो यह घोषित कर दिया—कीन्हें प्रकृत जन गुनगाना/सिर धुनि गिरा लागि पछिताना। यानी, अपने समय के किसी मनुष्य की कविता में चर्चा करना सरस्वती का अपमान है, तो राम का गुणगान करेंगे। सारा भक्तिकाव्य परलोकवाद की चिन्ता से लिखा गया

है। सारा रीतिकाल अपने समय और अपने समाज की चिन्ता से लिखा गया है। उसमें कोई परलोकवाद नहीं है। और जो परलोकवादी हैं उनके बारे में रीतिकाल के ही एक कवि ने कहा कि 'राधा कन्हाई सुमिरन को बहानो है'; वास्तविक भक्ति नहीं है, बहाना है वह। कहना तो है किसी स्त्री और पुरुष के बारे में कुछ, पर डर लगता है कि ज़्यादा कहेंगे तो पिटाई-विटाई होने लगेगी। परसाई जी ने एक व्यंग्य लिखा था कि कविता में सर्वनामों का प्रयोग क्यों होता है। अधिकांश कविताएँ 'वह' में लिखी जाती हैं। परसाई जी ने कहा कि वह में न लिखा जाये, संज्ञा में नाम लेकर लिखा जाये तो कोई चप्पल लेकर पहुँच जायेगी न घर पर! इसलिए सर्वनाम ही बचाता है। वही हाल है, अपने समय और समाज की चिन्ता नहीं है। ख़ैर, हिन्दी में केवल एक आलोचक ने, आप लोगों के जो छात्र हैं उनकी मदद के लिए कह रहा हूँ, केशवदास के इस काव्य के ऐतिहासिक महत्त्व पर विचार किया है। मिल जाये किताब कहीं तो पढ़िए। किताब मैं लेकर आया हूँ आपको दिखाने के लिए। यह किताब है चन्द्रबली पाण्डेय की 'केशवदास' नाम से। कोई हिन्दी का आलोचक इसका नाम नहीं लेता। जानते भी नहीं हैं लोग। उसके बाद केशवदास की दूसरी किताब है, यह थोड़ी छोटी है, 'जहाँगीर जस चन्द्रिका'। मुझे लगता है कि इसके बारे में बिना बताये भी आप सीधे समझ जायेंगे कि सीधे मुग़ल इतिहास से जुड़ी है। मैं केशवदास के बारे में बहुत कुछ सोच कर आया था, मेरे पास नोट्स हैं, वह भी आपसे कहना चाहता था पर अब समय नहीं है। दूसरी एकाध बातें और कहूँगा।

केशवदास ने इसी 'वीर सिंह देव चरित' में राजनीति की विस्तार से चर्चा की है। रूपक में। यानी, केशवदास एक राजनीतिक कवि भी हैं। केशवदास ने एक ऐसे शब्द का उपयोग अपनी कविता में किया है जिसका उपयोग आज के कवि करते हैं, 'जनपद'। मैंने भक्ति काव्य बहुत पढ़ा है लेकिन मेरी जानकारी में किसी ने जनपद शब्द का उपयोग किया हो, मुझे नहीं मालूम। उसका सन्दर्भ लेकर आया हूँ आपके सामने लेकिन पढ़ूँगा नहीं। उसी 'वीर सिंह देव चरित' में है। जनपद जैसे एकदम आधुनिक शब्द है, कोई नहीं जानता कि यह वहीं से आया है। आप लोगों को मालूम है कि आजकल ज़िला को या सब डिवीजन को जनपद भी कहा जाता है। जनपद वैसे बहुत पुराना शब्द है। हिन्दी के एक कवि हैं त्रिलोचन, उनकी कविता की किताब ही है, 'उस जनपद का कवि हूँ जो भूखा दूखा है!' इसलिए केशवदास पर ठीक से पुनर्विचार करने की ज़रूरत है। उनकी ऐतिहासिक दृष्टि, उनकी राजनीतिक-चेतना पर नये सिरे से काम करने की ज़रूरत है पर उसके लिए मेहनत करनी पड़ेगी। आजकल लड़के-लड़कियाँ

रिसर्च के नाम पर कहाँ से कहाँ तक यात्रा करते हैं, 'एक हॉस्टल से दूसरे हॉस्टल तक'। माने, लड़के लड़कियों के हॉस्टल तक और लड़कियाँ लड़कों के हॉस्टल तक, बस। इससे 'वीर सिंह देव चरित' नहीं मिलेगा। 'वीर सिंह देव चरित' या चन्द्रबली पाण्डेय की किताब किसी पुरानी लाइब्रेरी में मिलेगी।

दूसरे इस काल के कवि जिनका सीधे इतिहास से सम्बन्ध है वे हैं भूषण। भूषण औरंगज़ेब के ज़माने के कवि हैं। भूषण शिवाजी के समय के कवि हैं। मेरा ख़याल है यह तो आप लोगों को मालूम होगा कि उनके तीन ग्रन्थ हैं और तीनों का सम्बन्ध इतिहास से है। 'शिवराज भूषण', यह शिवाजी पर है। 'शिवाबावनी', यह भी शिवाजी पर है। और उस समय ही मध्य प्रदेश के एक बहादुर राजा थे छत्रसाल, उनपर उनकी एक काव्य पुस्तक है, 'छत्रसाल प्रकाश'। इसका सीधा सम्बन्ध इतिहास से है। इस बात को और भी कम लोग जानते हैं, मित्रो थोड़ी देर में उसकी और चर्चा करूँगा मैं, कि जिस समय औरंगज़ेब शासन कर रहा था (आप लोगों को मालूम है कि 1707 ई. में मरा था वह) तब तक इस देश में अंग्रेज़ आ गये थे। रीतिकाल के चार कवि ऐसे हैं जो अंग्रेज़ों के आने से चिन्तित थे। रामचन्द्र शुक्ल ने भारतेन्दु के प्रसंग में लिखा है कि जीवन दूसरी ओर जा रहा था और कविता दूसरी ओर जा रही थी यानी कि छाती पर अंग्रेज़ी साम्राज्यवाद चढ़ रहा था और कवि नायिका-भेद की कविता कर रहे थे, यह पूरा सच नहीं है मित्रो। आप लोगों में से जिसको फुरसत हो, मैं किताब का नाम और छन्द का नाम बता रहा हूँ भूषण के, उनकी किताब है 'शिवराज भूषण' उसकी छन्द संख्या है 116 और 261– इन दोनों में अंग्रेज़ों की चिन्ता है। 'शिवाबावनी' में छन्द नं. 15 में अंग्रेज़ों की चिन्ता मौजूद है।

रीतिकाल के आख़िरी महत्त्वपूर्ण कवि थे पद्माकर। मैं आपको पद्माकर का एक पूरा छन्द पढ़कर सुना रहा हूँ और तब आपको मालूम होगा कि रीतिकाल के कवि किस तरह से अंग्रेज़ों के आने से चिन्तित थे। उस समय ग्वालियर का राजा था सिन्धिया, बहुत प्रसिद्ध, माना जाता था बहादुर भी था, (माना जाता था इसलिए कह रहा हूँ कि मध्यकाल में बहादुर होने का एक ही अर्थ था कि कौन कहाँ से कितनी औरतों को भगा कर ले गया है, यही बहादुरी का एक प्रमाण था। वहाँ हर लड़ाई में यही होता था, मुझे नहीं मालूम सिन्धिया ने यह भी किया था या नहीं, ख़ैर) पद्माकर ने उनको एक चिट्ठी लिखी कविता में, मैं वही चिट्ठी या कविता पढ़ रहा हूँ (कविता से मालूम होगा कि पद्माकर को मालूम था कि अंग्रेज़ कहाँ-कहाँ अपनी जड़ जमा रहे हैं धीरे-धीरे)–

"मीनागढ़, बम्बई, सुमन्द, मन्दराज, बंग,
बन्दर को बन्द कर बन्दर बसाओगे।
कहैं पद्माकर कसक कश्मीर हूँ को,
पिंजर सो घेरि के कलिंजर छुड़ाओगे।
बाका नृप दौलत अलीजा महराज कभौ,
साजि दल पकड़ फिरंगिन भगाओगे।
दिल्ली दहपट्टि, पटना हू को झपटि कर,
कबहूँ लत्ता कलकत्ता की उड़ाओगे।"

यह ललकारा था उन्होंने। पर कवि ललकार ही सकते हैं न। आजकल बहुत सारे कवि मनमोहन सिंह को ललकार रहे हैं। पर उन पर किसी चीज़ का फ़र्क़ नहीं पड़ता। पता नहीं सिन्धिया पर कुछ फ़र्क़ पड़ा कि नहीं, कुछ किया तो नहीं उन्होंने पर कवि ने अपना काम किया। मैं आपसे यह कह रहा था कि क्या साबित होता है इससे! और भी कविताएँ मेरे पास हैं जो सीधे मुग़लकाल के इतिहास से जुड़ी हुई हैं। मैं उन सबको पढ़ नहीं रहा हूँ।

यह जो प्रवृत्ति है उससे लगता है कि रीतिकाल के कवि अपने समय के इतिहास से दो तरह से जुड़े थे, पहला तो यह कि उनका काल मुग़लकाल था उससे जुड़े हुए थे, उसका चित्रण-वर्णन अपने साहित्य में कर रहे थे और दूसरे आने वाली आफ़त अंग्रेज़ी राज की आपत्तियों-विपत्तियों को भी पहचानते थे, उसकी भी चर्चा कर रहे थे। घासीराम नाम के उस ज़माने के एक कवि थे, आप लोगों में से कुछ को मालूम होगा कि उन्हीं के नाम पर विलासपुर में एक विश्वविद्यालय है, घासीराम ने लिखा वो पढ़ रहा हूँ छन्द का हिस्सा, उनकी किताब है—पथ्यापथ्य। 1835 ई. की। इसमें उन्होंने लिखा—

छाँड़ि के फिरंगिन को राज में सुधर्म काज
जहाँ पुण्य होत आज चलो उस देश को।

यानी, फिरंगियों के राज को छोड़कर वहाँ चलो जहाँ पुण्य का काम होता हो, यहाँ तो सब पाप का काम होता है।

एक और कवि हैं रीतिकाल के, बहुत लोकप्रिय कवि हैं, आप लोग उन्हें जानते होंगे—दीनदयाल गिरि। उनको बाबा दीनदयाल भी कहा जाता है, उन्होंने लिखा है—

पराधीनता दुख महा, सुखी जगत स्वाधीन।
सुखी रमत सुक बन बिसय, कनक पींजरा दीन।

यह जो दोहा है, यह आधुनिक काल का लगता है। इस तरह की बात आज

का कोई कवि कहेगा। जो तोता है, वह बन में तो सुख से रहता है लेकिन सोने के पिंजरे में भी रख दीजिए तो वह दीन हो जाता है। जंगल में स्वतन्त्र रहता है। इससे ज़्यादा चिन्ता मैथिलीशरण गुप्त के पास भी नहीं थी। स्वाधीनता के महत्त्व का गान कर रहे थे दीनदयाल गिरि। ऐसी कविता और ऐसे काल को रामचन्द्र शुक्ल के कह देने से गरियाने का काम पिछले सौ साल से हो रहा है। ये कवि तो अपनी अंग्रेज़ी राज की पहचान कर रहे हैं, विरोध कर रहे हैं और रीतिकाल पर लिखी हुई एक किताब में भी क्या मजाल कि यह कहीं मिले। इसलिए मैं यह कह रहा हूँ। अभी दो एक उदाहरण और दूँगा। सीधे इतिहास से सम्बद्ध।

एक राजस्थान के कवि हैं, बूँदी में राजकवि थे, सूर्यमल्ल मीसण नाम है। 'वंश भास्कर' नाम का उनका महान ग्रन्थ है। आठ खण्डों में साहित्य अकादेमी से छपा हुआ है। उसकी भाषा थोड़ी मुश्किल है, उसमें प्राकृत और राजस्थानी मिली-जुली है इसलिए प्रायः आज के छात्रों को समझ में नहीं आयेगी। हम लोगों को ही कम समझ में आती है। मेहनत करके उसमें से कुछ निकालते हैं। उसमें एक तो बूँदी राजघराने का पूरा इतिहास है। दूसरा औरंगज़ेब और दाराशिकोह के बीच जो बादशाहत के लिए सारी लड़ाई हुई, उसका इतिहास है उसमें। दाराशिकोह मध्यकाल के बड़े ही ट्रैजिक और महान पात्र थे। उनका सन्दर्भ रीतिकाल की अनेक कविताओं में है। भूषण की अनेक कविताओं में है। इसके साथ ही यह इतनी महत्त्वपूर्ण किताब है कि एक इतिहासकार हैं कानूनगो; पूरा नाम उनका भूल रहा हूँ, कानूनगो अन्त में आता है, वे दाराशिकोह के इतिहासकार हैं, यदुनाथ सरकार के शिष्य थे, ढाका में प्रोफ़ेसर थे इतिहास के। उन्होंने दाराशिकोह पर एक किताब लिखी है और 'वंश भास्कर' का उल्लेख किया है। हिन्दी क्षेत्र में क्या है कि साहित्य और इतिहास के सारे सम्बन्ध ख़त्म हो गये हैं। इतिहास वाले साहित्य नहीं जानते। वीर सिंह देव चरित के सम्बन्ध में चन्द्रबली पाण्डेय ने लिखा है कि अकबर के शासन के बारे में और सलीम के विद्रोह के बारे में बहुत सारी ऐसी बातें केशवदास ने लिखी हैं जो बहुत सारे इतिहासकारों को नहीं मालूम। केशवदास उनके समय के कवि थे। जानते थे, क्योंकि राजदरबारों में रहते थे। जो पुराने और महत्त्वपूर्ण इतिहासकार थे वे साहित्य भी पढ़ते थे। हिन्दुस्तान में क्या है कि साहित्य पढ़ते तो हैं लेकिन केवल वही साहित्य पढ़ते हैं जिस समय का कोई इतिहास नहीं मालूम। मान लीजिए कि आप वैदिककाल के समाज का इतिहास खोजने चलिए तो ऋग्वेद के अलावा कुछ नहीं मिलेगा आपको। ऋग्वेद ही पढ़कर काम करेंगे। रोमिला थापर भी यही करती हैं और उनके विरोधी भी यही करते हैं। जब एक जगह आप साहित्य का उपयोग करते हैं तो बाद के दिनों

में क्यों नहीं करते। मध्यकाल का इतिहास लिखने वालों को केशवदास को पढ़ना चाहिए। पर कौन समझाये उनको, जब हिन्दी वाले नहीं पढ़ते तो इतिहासकार क्यों पढ़े। मित्रो, रीतिकाल पर नये ढंग से सोचने, समझने और विचार करने की ज़रूरत है। तब आपको मालूम होगा कि रीतिकाल की कविता के बारे में प्रायः जो धारणाएँ बनायी गयी हैं उनमें से अनेक ग़लत हैं। इस कविता का एक गहरा ऐतिहासिक पक्ष है और एक गहरा राजनीतिक पक्ष भी है।

(दिल्ली विश्वविद्यालय के वेंकटेश्वर कॉलेज में 11 फरवरी, 2013 को दिया गया व्याख्यान।)

वैश्वीकरण के दौर में प्रगतिवाद

नूर साहब, विश्वनाथ जी, कमला जी और मित्रो, एक तो इतना विशाल विषय—भूमण्डलीकरण, और उसके साथ प्रगतिवाद और इतना कम समय! माने सूत्र कहे जा सकते हैं, सारांश कहा जा सकता है, पर किसी बात के बारे में ठीक से बात करना आधे घण्टे में एकदम सम्भव नहीं है। पर ज़ाहिर है, जो समय हमारे पास है, उसी में मैं कुछ बातें आपसे कहूँगा।

एक तो असल में मुझे लगता, अगर विषय होता—भूमण्डलीकरण और मार्क्सवाद। प्रगतिवाद भी अगर कोई है मतलब की चीज़, तो इसीलिए है कि उसका आधार मार्क्सवाद है; और मार्क्सवाद स्वयं भूमण्डलीकरण के कारण और दूसरे बहुत से कारणों से गहरे संकट में है। पर ज़ाहिर है कि वह विषय ही नहीं है। इसलिए उसके बारे में मैं बात नहीं करूँगा। हाँ, एकाध चीज़ की बात अन्त में करूँगा। अब मैं तीन हिस्सों में अपनी बात कहूँगा।

एक तो भूमण्डलीकरण असल में है क्या? दूसरा ये कि भारत में क्या कर रहा है वो? और तीसरा ये कि साहित्य के संकट से उसका क्या सम्बन्ध है? तीन बातें मैं आपसे कहूँगा। पहली तो यही कि भूमण्डलीकरण की पूरी प्रक्रिया को ध्यान में रखिए तो उसके तीन पक्ष हैं। एक तो भूमण्डलीकरण आर्थिक प्रक्रिया है। आर्थिक प्रक्रिया के रूप में वह पूँजीवाद का विश्वव्यापी प्रसार है। और चलते-चलते कमला जी ने यह संकेत किया था, और ठीक ही किया था कि भूमण्डलीकरण अभी शुरू नहीं हुआ है। भूमण्डलीकरण का यह जो वर्तमान दौर है, वो असल में भूमण्डलीकरण का दूसरा दौर है। पहला दौर वह था जब पूँजीवाद के विकास के साथ सारी दुनिया में उपनिवेशों का निर्माण हुआ। कार्ल मार्क्स ने 'कम्युनिस्ट मैनीफेस्टो' में उसका विस्तार से विवेचन किया है। वह सब मेरे पास है, पर उस ओर आपको नहीं ले जाऊँगा। वैसे ही आजकल कोई मार्क्सवाद की ओर जाना नहीं चाहता! आपको ज़बर्दस्ती काहे ले चलूँ मैं!

तो ये जो वर्तमान दौर है, जैसा कि पाण्डेय (कमला प्रसाद) जी ने कहा—पहले

दौर का नेतृत्व इंग्लैंड के हाथ में था। और ये जो वर्तमान दौर है भूमण्डलीकरण का, अर्थात् पूँजीवाद के विश्वव्यापी प्रसार का, आधिपत्य का, उसका नेतृत्व अमेरिका के हाथ में है। दूसरे स्तर पर भूमण्डलीकरण अमेरिकी प्रभाव का विश्वव्यापी प्रसार है। आप एक तरह से कह सकते हैं कि सारी दुनिया का अमेरिकीकरण भूमण्डलीकरण की राजनीतिक प्रक्रिया का हिस्सा है। यह मेरी कल्पना नहीं है, स्वयं अमेरिका की घोषणा है। मैं दो उदाहरण पढ़कर आपको सुना रहा हूँ।

1947 में अमेरिका के राष्ट्रपति थे हेनरी ट्रूमैन। उन्होंने कहा था कि, "द अमेरिकन सिस्टम कैन सर्वाइव इन अमेरिका ओनली इफ़ इट बिकम्स इन वर्ल्ड सिस्टम।" मलतब जो अमेरिकी व्यवस्था है, वो अमेरिका में भी तभी क़ायम रहेगी जब ये विश्व-व्यवस्था बनेगी। दूसरा, उसी के परिणामस्वरूप अमेरिका में पाँच-सात साल पहले एक घोषणा हुई थी और भूमण्डलीकरण को एक नाम दिया गया था—नयी विश्व-व्यवस्था। न्यू वर्ल्ड ऑर्डर। ये नयी विश्व-व्यवस्था वह है जो अमेरिका के द्वारा बनाई गयी और संचालित होने वाली है। आपको सन्देह हो तो एक दूसरा गवाह पेश करूँगा।

अमेरिका के विदेश मन्त्री, भूतपूर्व विदेश मन्त्री हेनरी किसिंगर ने 1999 में लन्दन में भाषण देते हुए कहा था कि "दि बेसिक चैलेंज इज़ दैट व्हाट इज़ कॉल्ड ग्लोबलाइजेशन इज़ रियली एनॉदर नेम फॉर डोमिनेट रोल ऑफ़ यूनाइटेड स्टेट।" अब एक प्रेसिडेंट कह चुका है, दूसरा विदेश मन्त्री कह रहा है। यह वही विदेश मन्त्री है, जिसने चिली में एलेंदे की हत्या करवाकर वहाँ की चुनी हुई सरकार को गिराया था। वह घोषित कर रहा है कि ग्लोबलाइजेशन का अर्थ है—सारी दुनिया में अमेरिकी प्रभुत्व का विस्तार। तो राजनीतिक स्तर पर ग्लोबलाइजेशन ये है।

एक तीसरा पक्ष ग्लोबलाइजेशन का है—सांस्कृतिक पक्ष। तो आर्थिक प्रक्रिया, राजनीतिक प्रक्रिया और तीसरे स्तर पर है सांस्कृतिक प्रक्रिया। सांस्कृतिक प्रक्रिया में ग्लोबलाइजेशन की अभिव्यक्ति होती है उत्तर-आधुनिकतावाद में। तो यहाँ इसकी केवल तीन विशेषताओं का उल्लेख करूँगा, जो सीधे प्रगतिवाद या मार्क्सवाद से टकराती हैं, बाक़ी का नहीं। स्वयं उत्तर-आधुनिकतावाद एक विशाल विषय है।

पहली बात ये कि उत्तर-आधुनिकतावादियों ने घोषणा की कि इतिहास का अन्त हो गया है—एंड ऑफ़ हिस्ट्री। माने जो वर्तमान इतिहास है, मतलब सारी दुनिया में पूँजीवाद के आधिपत्य का जो रूप है, वही अब मानव-समाज का शाश्वत भविष्य होगा! एक दूसरे महान विचारक ने घोषणा की कि मुक्ति के महा आख्यान का अन्त हो गया है—एंड ऑफ़ ग्रैंड नैरेटी। मतलब अब स्वतन्त्र होने के लिए लड़ने की कोई ज़रूरत नहीं है। तब कहिए कि लड़ने के बारे में

कविता लिखने की क्यों ज़रूरत होगी, जब लड़ने की ही ज़रूरत न हो तो! तीसरा, आपको ध्यान होगा—ये भी अमेरिका से आया है। उन्होंने ये घोषणा की है कि सारी दुनिया में सभ्यताओं के बीच संघर्ष होगा—क्लैश ऑफ़ सिविलाइजेशन। ये तीसरे बड़े अमेरिकी विचारक हैं हटिंगटन। आपको आश्चर्य होगा ये जानकर कि एंड ऑफ़ हिस्ट्री वाला लेख और क्लैश ऑफ़ सिविलाइजेशन वाले लेख किसी साहित्यिक-सामाजिक पत्रिका में नहीं छपे थे, यह सब वहाँ के विदेशी मामले की एक मैग़जीन है, उसमें छपे थे। मतलब ये सब विदेशी मामलों या विदेश-नीति के अनिवार्य हिस्से हैं! उत्तर-आधुनिकतावाद के बड़े-बड़े सिद्धान्त! कमाल ये है कि इसके परिणामस्वरूप एक और काम हुआ है।

रोलाँ बार्थ की एक प्रसिद्ध किताब है 'माइथॉलॉजी'। रोलाँ बार्थ, जाने-माने प्रसिद्ध फ्रांसिसी आलोचक। उसने लिखा है कि किसी को यह भ्रम नहीं होना चाहिए कि मिथक केवल पुराणों और वेदों के काल में पैदा होते थे। आज के ज़माने में भी मिथक गढ़े जा सकते हैं, और गढ़े जाते हैं। भूमण्डलीकरण के पक्ष में एक मिथक यह है कि इसका कोई विकल्प नहीं है। मतलब अब लोग मान लें कि यही आख़िरी व्यवस्था है! अब ये मिथक असल में लोगों के दिमाग़ में इस कदर बैठा दिया गया है कि लगभग, राइट तो छोड़ दीजिए, भारी संख्या में लैफ्ट के लोग भी विकल्प के बारे में सोचने से डरने लगे हैं! मैं लैफ्ट के लोगों की, माने अपने लोगों की आलोचना थोड़ी देर में करूँगा। लेकिन अभी केवल यह कह रहा हूँ कि विकल्प के बारे में कोई नहीं सोच रहा। जो लैफ्ट के लोग सरकार बनाकर बैठे हुए हैं, उनके पास भी कोई विकल्प नहीं है। इस प्रक्रिया में एक और कल्चरल परिणाम हुआ है, सांस्कृतिक परिणति हुई है।

आप लोगों को ध्यान होगा कि बहुत सारे शब्दों के अर्थ बदल गये हैं। माने आजकल रेडिकल कौन है? एक ज़माने में रेडिकल का सीधा अर्थ होता था वामपन्थी या उग्र वामपन्थी। आजकल रेडिकल वो है जो पूँजीवाद का पक्का समर्थक है! यही नहीं, जो पूँजीवाद के वर्तमान शोषण-दमन आदि का विरोध करता है, उसको कंजरवेटिव कहा जाता है और जो पूँजीवाद का समर्थक है, वो प्रोगेसिव हो गया! माने प्रोगेसिव आज वह है जो विकास की नयी नीतियों का समर्थक है, स्वयं अपने देश में और सारी दुनिया में!

मुझे एक घटना याद पड़ रही है। अभी कुछ समय पहले की बात है, जापान का एक प्रधानमन्त्री नया बना था, तो कहीं से किसी मार्क्सवादी सज्जन ने मुझे बताया कि भई, वह बड़ा रेडिकल है। कल उसका भाषण होनेवाला है। टेलीविज़न पर आयेगा, आप सुनियेगा। सुना हमने। और उसका रेडिकलिज़्म यह था कि

उसने कहा, जैसे मनमोहन सिंह सुबह-शाम रोज़ कहते हैं या उनसे जो बाक़ी बचता है, वो मोंटेक सिंह अहलूवालिया कहते हैं—कि अभी जो आर्थिक सुधार हुआ है, वह काफ़ी नहीं है। मतलब जितना देश बेचा है, उसमें जितना बाक़ी रह गया है, वही हमारी बेवकूफ़ी है! ये बाक़ी भी बेचना है! आपने संसार के किसी देश में कहीं 'मिनिस्ट्री ऑफ़ डिसइन्वेस्टमेंट' सुना होगा? कहीं नहीं है। केवल हिन्दुस्तान में है 'मिनिस्ट्री ऑफ़ डिसइन्वेस्टमेंट'। उसका काम ये है कि हिन्दुस्तान की जितनी सार्वजनिक सम्पत्ति है, उसको किसी न किसी विदेशी-देशी, जिसको मन करे, उसको बेच दो! प्राइवेटाइजेशन इस समय का मूल मन्त्र है।

अब इसके बाद मैं बहुत संक्षेप में आप से ये कहूँ कि भारत में स्थिति क्या है। एक बात तो यह होगी कि जितनी सत्ताधारी, बल्कि सत्तावादी पार्टियाँ हैं, वह चाहे लैफ्ट की हों चाहे राइट की, सब मान चुके हैं कि ग्लोबलाइजेशन में ही जीना है। इसीलिए बंगाल के मुख्यमन्त्री बुद्धदेव कलकत्ता में बयान दे चुके हैं कि "ह्वाट टु बी आर प्रैक्टिसिंग हियर इज़ कैपिटलिज़्म। मैं कई बार कहता हूँ कि सी.पी.एम. का नाम वैसे ही रखिए, लेकिन उसके अन्तिम अक्षर का अर्थ बदल दीजिए। माने वो वैसे ही रहेगा, सी.पी.एम. का सी.पी.एम. ही रहेगा। उसका केवल डिटेल बदलेगा—कम्युनिस्ट पार्टी ऑफ़ इण्डिया मार्किट! बाक़ी कुछ नहीं बदलेगा।

ख़ैर, मैं मूल बात जो कह रहा हूँ वो ये कि लैफ्ट और राइट, दोनों तरह की राजनीतिक पार्टियाँ ये मान चुकी हैं कि इस देश में अब भूमण्डलीकरण के ही माध्यम से जो होगा सो होगा। तब इसके तहत एक और काम हो रहा है। डिटेल में जाइए तो मालूम होगा कि सेज नाम का एक प्रोग्राम है। सरकार उसको 'स्पेशल इकोनॉमिक ज़ोन' कहती है। मैं कहता हूँ उसको—'स्पेशल एक्सप्लॉइटेशन ज़ोन'! सेज वैसे ही रहेगा, पर होगा—स्पेशल एक्सप्लॉइटेशन ज़ोन। यह वो क्षेत्र है, जिसमें भारत के सामान्य कानून भी लागू नहीं होते। मतलब वहाँ जो मज़दूर हों, उनके साथ चाहे जो ज़्यादती की जाये, वो कहीं जाकर शिकायत नहीं कर सकते। कहाँ जा रहा है अपना देश? और हर साल केन्द्र सरकार की सहमति से प्रान्तीय सरकारें सेज के अभियान में लगी हुई हैं। इसका परिणाम क्या हुआ? कुछ दिनों पहले तक ये सूचना बहुत आती थी अख़बार में, हर सप्ताह निकलता था कि देश में इतने अरबपति हो गये हैं। वो लगातार बढ़ रहे थे। पर साथ ही दो चीज़ें और बढ़ रही थीं, जिसकी ख़बरें बहुत कम आती थीं। थोड़ी देर पहले कमला प्रसाद कह रहे थे कि ग़रीब किसानों ने आत्महत्या उतनी नहीं की है। देखिए, आत्महत्याएँ उस क्षेत्र में हो रही हैं, चाहे वो कर्नाटक में हों, महाराष्ट्र में हों—विदर्भ में ख़ासतौर से, और चाहे पंजाब में हों; ये सब वही क्षेत्र हैं, जहाँ

कभी हरित क्रान्ति हो चुकी थी। ऐसा क्यों हुआ? असल में एक तो ये विदेशी खाद-वाद। दूसरे एक बड़ी भारी समस्या बीज की। आन्ध्र में बहुत सारे किसानों ने उस बीज के मारे आत्महत्याएँ कीं।

अब स्वतन्त्रता का दुनिया में जो हाल है, वो देखिए। अमेरिका कहता है, और यह दुनिया में पहली बार हुआ है, कि कुछ देशों को स्वतन्त्र करने के लिए उन पर हमला किया जा रहा है! ये पहली बार हुआ है। आपको मालूम है, अफ़ग़ानिस्तान पर अमेरिका का जो हमला हुआ था, उसका कोड वर्ड था 'इनड्यूरिंग फ्रीडम' और इराक पर जो हुआ, उसका कोड था 'लिबरेशन इराक'। अफ़ग़ानिस्तान में 5 लाख से ज़्यादा लोग मारे जा चुके हैं। हम मानेंगे कि वो इनड्यूरिंग फ्रीडम में चले गये हैं! मतलब स्थायी स्वतन्त्रता में! अब वहाँ तो अमेरिका की भी पहुँच नहीं है, जहाँ वो गये हैं। और 10 लाख से ज़्यादा इराकी मारे गये हैं। वो भी लिबरेट हो गये होंगे!

तो ये स्थिति है। अब हिन्दुस्तान में सरकार ने स्वीकार किया कि लगभग डेढ़ लाख, गैर-सरकारी आँकड़े हैं दो लाख (और रुक अब भी नहीं रही हैं) किसानों ने आत्महत्या की है। मज़दूर बेकार हो रहे हैं। अभी एक मनोरंजक—कुछ लोगों के लिए मनोरंजक और कुछ लोगों के लिए बहुत ही दर्दनाक—ख़बर आयी कि पूरी दुनिया में एक अरब लोग भूखे हैं। अख़बार, टेलीविज़न, रेडियो में दो सप्ताह पहले यह ख़बर आयी थी। इनमें काफ़ी बड़ी संख्या हिन्दुस्तान में है। राज्य जो है हिन्दुस्तान का वो कल्याणकारी नहीं, पहले कल्याणकारी था—शुरू के दौर में, अब दमनकारी राज्य हो गया है। और इस दमनकारी राज्य का मतलब ये है कि इस देश में विरोध अपराध बन गया है। जिस व्यवस्था में विरोध अपराध हो, उसको लोकतान्त्रिक नहीं कहा जा सकता। अच्छी बात ये है कि प्रणव मुखर्जी के एक बयान में आया कि खाली चुनाव कराना लोकतन्त्र नहीं है। वो कह तो रहे थे पाकिस्तान के सन्दर्भ में, पर अपने प्रसंग में भी ध्यान रखें तो मालूम होगा कि सचमुच चुनाव करा देना लोकतन्त्र नहीं है। लोकतन्त्र में विरोध का सम्मान भी ज़रूरी होता है। व्यक्तिगत स्तर पर भी लोकतन्त्र तभी होगा जब हम अपने विरोधी विचार का सामना करें, सुनें, उसपर आप से बहस करें; और सरकारों के लिए भी यह ज़रूरी है। पर यहाँ तो हाल ये है कि एक आदमी अगर आदिवासियों की दवा-दारू के लिए काम करता है तो उसे पकड़कर विनायक सेन की तरह जेल में बन्द कर दिया जाता है। विनायक सेन पिछले साल-भर से छत्तीसगढ़ की जेल में बन्द हैं और कोई सुनने वाला नहीं है इस देश में।

आपको ये तो मालूम ही है कि हिन्दुस्तान के संविधान की प्रस्तावना में

पहले दो शब्द थे कि ये देश सेक्युलर है और डेमोक्रेटिक है। फिर एक दिन सवेरे अचानक इन्दिरा गाँधी की कृपा से देश में समाजवाद आ गया! देश के किसी आदमी को नहीं मालूम था, खाली इन्दिरा गाँधी को मालूम था! इसलिए प्रस्तावना में जोड़ दिया गया कि अब ये देश सोशलिस्ट, सेक्युलर और डेमोक्रेटिक होगा। तो जैसे आया था समाजवाद, वैसे ही चला भी गया! वैसे सच पूछिए तो ये सरकारें संविधान विरोधी सरकारें हैं। इस प्रस्तावना की कसम खाकर ये सरकारें बनती हैं, चलती हैं और प्रस्तावना के दो शब्दों के बारे में तो भ्रम पैदा करती हैं पर तीसरे शब्द के बारे में बात तक नहीं करतीं कि सोशलिस्ट अगर है तो कहाँ है, और कैसे?

लेकिन इसके साथ एक और समस्या है। जो सांस्कृतिक परिदृश्य है आज का, वो और भीषण है। इसका भी भूमण्डलीकरण से गहरा रिश्ता है। घृणा और प्रेम, दोनों की अद्‌भुत द्वन्द्वात्मकता अपने देश में दिखाई दे रही है। मान लीजिए कि जो लोग इस देश में अपने को राष्ट्रवादी कहते हैं, वो ज़ाहिर है कि राष्ट्र से प्रेम करते हैं। पर उनके लिए यह ज़रूरी है कि कुछ समुदायों से वो घृणा भी करें। तभी उनका प्रेम मज़बूत होगा!

इसके बाद सांस्कृतिक स्तर पर इस देश में एक और नया अद्‌भुत दृश्य उपस्थित हुआ है। आप जानते होंगे कि इस देश में परमहंस, महर्षि, ऋषि आदि बनने के लिए लोगों को बहुत साधना और तपस्या करनी पड़ती थी। पर यह हाल का दृश्य है कि हर गली-मोहल्ले में तीन-चार ऋषि, पाँच-सात महर्षि, छह-सात सन्त हो गये हैं। ब्रह्मचारी तो ख़ैर, इतने हैं...और ये शंकराचार्य...ऊपर से एक और हव्वा है। यहाँ हर युग में—युग बहुत लम्बा होता है—एक भगवान होते थे। अभी का हाल ये है कि हर वर्ष एकाध भगवान पैदा हो जाते हैं! मैं केवल सरल भाषा में कहना ये चाहता हूँ कि उत्तर-आधुनिकतावाद की एक देन यह भी है कि मध्ययुगीनता की वापसी हो रही है। ये सारे मध्ययुगीनता के लक्षण हैं। मध्ययुग में भी बल्कि भारत में इतना कट्टरतावाद कभी नहीं था। इतना धार्मिक रूढ़िवाद, जड़ता और आतंक का माहौल कभी नहीं था।

ये जो स्थिति है, इसमें आपको आश्चर्य होगा कि इसका भूमण्डलीकरण से क्या सम्बन्ध है। आप में से कुछ लोगों को आइडिया होगा कि इसका सीधा सम्बन्ध अमेरिका से है। ये जो बिन लादेन है, ये अपने पाँच लोगों के साथ अमेरिका गया था। तब ये लोग अफ़ग़ानिस्तान में रूस के विरुद्ध लड़ रहे थे। लिंडन जानसन ने वहाँ की सीनेट में इनको सामने रखकर भाषण देते हुए कहा था कि 'दे आर लाइक फाउंडिंग फादर्स ऑफ़ अमेरिका।' ये उसका वाक्य है। माने बिन लादेन

वगैरह...। मतलब यही हुआ न कि दूसरों के विरुद्ध लड़ें तो क्रान्तिकारी, अपने विरुद्ध लड़ने लगें तो आतंकवादी हैं। ये हुआ और स्वयं अमेरिका में ये जार्ज बुश दूसरी बार राष्ट्रपति नहीं बनते, अगर इवांजिलिस्ट क्रिश्चियन ने इनको वोट नहीं दिया होता तो। स्वयं अमेरिका में इवांजिलिस्ट क्रिश्चियंस का भयानक ज़ोर है। वहाँ एक दूसरा काम भी हो रहा है। वैज्ञानिकों को अरबों रुपये की एक योजना में लगा रखा है, जिसको इंटेलीजेंट डिजाइन कहा जाता है। उसमें साबित ये करना है कि जैसा बाइबिल में कहा गया है कि इस संसार को ईश्वर ने बनाया है तो ज़ाहिर है, इसका कोई डिजाइनर भी होगा, उसे साबित करना है। मतलब इंटेलीजेंट डिजाइन के डिजाइनर को सिद्ध करना है! माने जो ईश्वर है, उसे। अब इससे बहुत अच्छी बातें तो अपने यहाँ पुराणों में कही गयी हैं। और इस बेवकूफ़ी का परिणाम यह है कि अमेरिका के स्कूलों में डार्विन के विकासवाद के बदले क्रिएशनिज़्म, माने सृष्टिवाद पढ़ाया जा रहा है। इससे आपको सीधे लगेगा कि मध्ययुगीनता की वापसी खाली हिन्दुस्तान में ही हो रही है, ऐसा नहीं है।

ख़ैर! हिन्दुस्तान की जो स्थिति है, उस बारे में एक बात और कहकर मैं साहित्य की ओर आऊँगा। क्या है कि इस बीच में पोस्ट-मॉडर्निज़्म, पोस्ट-सोशलिज़्म, पोस्ट-रिलीजनलिज़्म आदि की बहुत बातें हुईं। मार्क्सवाद के संकटों के अनेक कारण हैं। सबसे बड़ा कारण यह नहीं है कि सोवियत संघ का विध्वंस हो गया। उस समय भी कुछ लोग सोवियत संघ के मार्क्सवाद के विरोधी थे। उस पर बहुत सारी किताबें लिखी गयी हैं। पर दुनिया-भर में क्रान्तिकारी विचार विरोधियों के विरोध से उस तरह ख़त्म नहीं होते, जैसे अनुयायियों की कमज़ोरियों से ख़त्म होते हैं। इसे अपने उदाहरण से तो हम जानते हैं। गौतम बुद्ध के साथ ये हुआ था। कबीरदास के साथ हुआ था; और अब मार्क्सवाद के साथ भी ये हुआ है। इसलिए मुझे उन्हीं के देश के, उन्हीं की भाषा के कवि हंस माग्नुस एंजेंसबर्गर की कविता याद आ रही है। बहुत पहले की कविता है, जो उसने मार्क्स पर लिखी थी। उसकी आख़िर की चार पंक्तियाँ पढ़कर सुना रहा हूँ आपको—

> *'आई सी यू बी ट्रेड बाइ योर डिसाइबुल्स ओनली योर एनिमी*
> *रिमेंड ह्वाट दे वेयर।'*

माने मैं देख रहा हूँ, तुम्हारे शिष्यों ने तुम्हें धोखा दिया है और तुम्हारे दुश्मन, वे जैसे पहले थे वैसे आज भी हैं।

इसलिए मैं ये नहीं मानता कि मार्क्सवाद पूँजीवाद के आतंक या अमेरिका की साजिश से नष्ट हुआ है या हो रहा है। ये स्वयं मार्क्सवादियों की अपनी करतूतों का परिणाम है। आप अपने देश में भी देख रहे हैं। आप स्वयं कल्पना कीजिए,

आम जनता मार्क्सवाद के बारे में या प्रगतिवाद के बारे में लेख नहीं पढ़ती। वो प्रगतिवाद पर प्रेमचन्द का लेख नहीं पढ़ती, जो उन्होंने प्रगतिशील लेखक संघ के अध्यक्ष-पद से भाषण में कहा था। न आम जनता 'दास कैपिटल' या 'कम्युनिस्ट मैनिफेस्टो' पढ़ती है। तो वो पढ़ती क्या है? बगल में एक सज्जन रहते हैं। वह अपने को मार्क्सवादी कहते हैं। उनका आचरण क्या है, इससे जनता मार्क्सवाद को जानती है। ये जो स्थिति हुई है, उससे मार्क्सवाद और प्रगतिवाद संकट में पड़ा है, किसी विरोधी के कारण नहीं। हम किसी विरोधी को इतना श्रेय देंगे ही नहीं कि उसके मारे मार्क्सवाद या प्रगतिवाद का कुछ बनने-बिगड़ने वाला है।

आख़िरी बात जो मैं आपसे करना चाहता हूँ कि असल में आज के दौर में या भूमण्डलीकरण के दौर में जो कुछ हो रहा है, वह कई तरह से साहित्य को संकट में डाल रहा है। एक सबसे बड़ा संकट तो यही है कि यह पृथ्वी जिस पर हम लोग हैं, वही ख़तरे में है। मैं विस्तार से इन स्थितियों में नहीं जाऊँगा। दूसरे, आपको याद होगा, अभी इस समय वो शोर कम है कि हिन्दुस्तान की बहुत सारी जैव सम्पदा को अमेरिका पेटेंट करा रहा है। कई चीज़ों का करा चुका है। वन्दना शिवा और कुछ लोगों ने लड़ाई लड़ी तो उसमें से कुछ बचा है। आपको मालूम होगा कि नीम को, हल्दी को, जामुन को और जो मुरार जी देसाई को बहुत प्रिय था, मेरा मतलब गोमूत्र, उसको भी वो पेटेंट कराने वाले हैं। अब कोई पूछे कि इन चीज़ों को उनके पूर्वजों के पूर्वज जो वहाँ के रेड इंडियंस थे, वो जानते होंगे तो जानते होंगे; जार्ज बुश के पूर्वज कैसे जानते थे कि ये जामुन, नीम और हल्दी क्या होती है। इस तरह हमारे देश की प्रकृति और संस्कृति, दोनों एक तरह से ख़तरे में हैं।

एक और ख़तरा है। सबसे बड़ा भाषा पर है। साहित्य भाषा के बिना हो ही नहीं सकता। और स्वयं अंग्रेज़ी के वर्चस्व के तहत भारत की भाषाओं का अस्तित्व ख़तरे में है। इस देश में सबसे पहले भूमण्डलीकरण हुआ था आन्ध्र प्रदेश में। आन्ध्र की रिपोर्ट ये है कि वहाँ के 5 प्रतिशत बच्चे हर साल तेलुगु भूल रहे हैं। अब ये 5 प्रतिशत अगर इसी तरह से बढ़ता रहा, जो कि बढ़ेगा, क्योंकि भूमण्डलीकरण भी बढ़ेगा, तो एक दिन आयेगा कि केवल चन्द्रबाबू नायडू जो हैं, जब तक जीवित रहेंगे तब तक तेलुगु बोलेंगे—वोट लेने के लिए! तो ये जो भाषाओं पर ख़तरा है, साहित्य के सन्दर्भ में और भी चिन्ताजनक है।

इससे भी ज़्यादा बड़ी बात यह जानना है कि साहित्य का काम क्या है? साहित्य असल में सामाजिक संवेदनशीलता का क्रिया-व्यापार है। साहित्य का काम है सामाजिक संवेदनशीलता पैदा करना; और सामाजिक संवेदनशीलता से

ही साहित्य की रचना सम्भव होती है। उसका यह परिणाम है। भूमण्डलीकरण के उत्तर-आधुनिकतावाद ने एक घोषणा कर दी है। किताबें लिखी गयी हैं तीन। उनमें से एक है 'डैथ ऑफ़ सोशल'। मतलब सामाजिक ही मर गया! अब जिस समाज में सामाजिक ही मर जायेगा, तो सामाजिकता की बात कहाँ होगी? और अपना देश अद्‌भुत है। यहाँ हर बदमाशी को जस्टीफाई करने के लिए संस्कृत में मन्त्र हैं। अगर भूमण्डलीकरण का समर्थन करना होगा तो कहेंगे—अरे साब, हम तो बरसों से, युगों से कह रहे हैं कि वसुधैव कुटम्बकम्! वसुधैव कुटम्बकम् का जाप करेंगे और पड़ोसी की हत्या करेंगे, और अमेरिका को भी पड़ोसी बना लेंगे! उसी तरह से ये जो सामाजिक की मृत्यु की बात है, यह साहित्य के लिए एक बड़ा ख़तरा है।

आख़िरी बात जो मैं इस क्रम में कहना चाहता हूँ कि भूमण्डलीकरण का और पूँजीवाद का विरोध करने के लिए प्रगतिवादी होना ज़रूरी नहीं है। मानवीय होना काफ़ी है, क्योंकि ये सारा अमानवीयता का रोज़गार है। एक कविता लिखी थी बहुत पहले रघुवीर सहाय ने। तब भूमण्डलीकरण का ज़ोर नहीं था, पर देखिए, बड़े कवि यही करते हैं। आने वाले कल की प्रतिध्वनि उनके यहाँ सुनाई देती है। उनकी एक कविता है—'हमारी मुठभेड़'—

हम एक ग़रीब देश के रहने वाले
हैं/हमारी मुठभेड़/हर वक़्त
रहती है/ताक़त से।

देश के ग़रीब होने का मतलब है, अकड़ और अश्लीलता का हम पर हर वक़्त हमला। ये हमला रोज़-रोज़ हो रहा है।

दूसरे कवि कुँवर नारायण की एक कविता में है—'फिर वही पागल शोर...' 'फिर वही' इस मुहावरे में, ये 18वीं सदी की याद है—'फिर वही'... मतलब जो उस समय उपनिवेश बनाने के दौर में हुआ था—

फिर वही पागल शोर/चारों ओर/नसों पर वही असह्य दबाव!...

क्या है यह असह्य दबाव—

या तो सिद्ध करो दिग्विजय/या स्वीकार करो/दासता।

मेरा ख़याल है कि संसार के किसी ने भी हिन्दुस्तान को जब भी इस तरह से ललकारा है, तो हिन्दुस्तान ने जो जवाब दिया है, वही आज के लिए प्रगतिवाद है, मतलब—प्रतिरोध, सामना और संघर्ष। धन्यवाद।

(24 दिसम्बर, 2008 को साहित्य अकादेमी में दिया गया व्याख्यान।)

समकालीन सौन्दर्यबोधीय सन्दर्भ में उत्तर-आधुनिकतावाद और मार्क्सवाद

फ्रांस के प्रसिद्ध समाजशास्त्री पियरे बॉर्दियू और लॉक वाकान्त का 'थियरी कल्चर एंड सोसायटी' नाम की पत्रिका में एक लेख छपा है, जिसका शीर्षक है 'साम्राज्यवादी-बुद्धि की चालाकी'। इस लेख में कहा गया है कि एक विशेष ऐतिहासिक परम्परा और सन्दर्भ से उत्पन्न विशेष विचार को सार्वभौम विचार के रूप में पेश करने और मनवाने की ताक़त पर ही सांस्कृतिक साम्राज्यवाद टिका रहता है। सिद्धान्तवाद विचार को ऐतिहासिक मूल और सन्दर्भ से मुक्त करने का कार्य करता है। उत्तर-आधुनिकतावाद ऐसे ही सैद्धान्तिक प्रयत्न की देन है।

उत्तर-आधुनिकतावाद पैदा तो हुआ फ्रांस में, लेकिन इसको आत्मसात करने, प्रचार-प्रसार करने और सारी दुनिया में फैलाने का काम अमेरिका ने किया है; क्योंकि वह अमेरिकी सत्ता और व्यवस्था की आकांक्षाओं और उद्‌देश्यों को पूरा करने में सहायक है। इसीलिए फ्रेडरिक जेम्सन ने उत्तर-आधुनिकतावाद को पूँजीवाद की अद्यतन अवस्था की सांस्कृतिक परिणति कहा है। पूँजीवाद की अद्यतन अवस्था का नेता अमेरिका है, इसीलिए वह उत्तर-आधुनिकतावाद का पोषक और प्रचारक भी है।

पूँजीवाद को सबसे अधिक परेशानी और बेचैनी मार्क्सवाद और समाजवाद से होती रही है और आज भी है। समाजवादी-व्यवस्थाओं पर तो अधिकांशतः पूँजीवाद की विजय हो गयी है, लेकिन एक विचार के रूप में मार्क्सवाद से पूँजीवाद अब भी भयभीत है। उत्तर-आधुनिकतावाद एक प्रकार से मार्क्सवाद का विचार के रूप में विरोध करने के उद्‌देश्य से संचालित है।

उत्तर-आधुनिकतावाद ने तीन शब्दों की मदद से मानव समाज के अब तक के ज्ञान, विज्ञान, दर्शन, कला, साहित्य और संस्कृति से उत्पन्न और प्राप्त सच्चाइयों, वास्तविकताओं, धारणाओं, मान्यताओं और समझदारियों के अस्तित्व को अस्वीकार

कर दिया है। वे शब्द हैं—उत्तर, अन्त और मौत। उत्तर-आधुनिकतावाद ने एक ओर सत्य, विवेक, अस्मिता, वस्तुनिष्ठता, सार्वभौमिकता, प्रगति, सोद्देश्यता, समग्रता, यथार्थवाद, वर्ग, राष्ट्र और मार्क्सवाद को उत्तर घोषित कर दिया है तो दूसरी ओर विचारधारा, इतिहास, चेतना, मुक्ति के वृहद् आख्यान आदि के अन्त की घोषणा कर दी है। उत्तर और अन्त के बाद मौत के मसीहों ने सामाजिक, साहित्य, लेखक, कला और समालोचना आदि की मौत की मुनादी कर दी है। इतने उत्तरों, अन्तों और मौतों के बाद सौन्दर्यबोध की क्या कोई सम्भावना है? जब कला और साहित्य की मौत हो चुकी है तब किसका और कैसा सौन्दर्यबोध। यह है उत्तर-आधुनिकतावाद के सोच-विचार की शैली।

लेकिन गनीमत यह है कि ये सब गढ़ी हुई धारणाएँ और कल्पनाएँ सच नहीं हुई हैं। इसीलिए एक कवि सीमस हिनी ने लिखा है—

यह उत्तर, वह उत्तर
वह भी उत्तर, लेकिन
कुछ भी अतीत नहीं है।

आइए, अब उत्तर-आधुनिकतावाद की संस्कृति की शैली पर सोचें। टेरी इग्लटन के शब्दों में उत्तर-आधुनिकतावाद की संस्कृति में सतहीपन, विकेन्द्रण, आधारहीनता, अनेकान्तता, आत्मचिन्तन, क्रीड़ा-वृत्ति, नक़ल की प्रधानता है जिसमें न उच्च संस्कृति और लोकप्रिय संस्कृति में कोई अन्तर होता है और न कला और दैनिक जीवन के अनुभवों के बीच। (इल्युजन ऑफ़ पोस्ट-मॉडर्निज़्म)

आइए, अब यह भी देखें कि कौन उत्तर हुआ है, किसका अन्त हुआ है और किसकी मौत हुई है। स्वयं उत्तर-आधुनिकता नाम ही अन्तर्विरोध का शिकार है, क्योंकि जिसे उत्तर-आधुनिकता कहा जाता है वह पश्चिम की आधुनिकता की ही अति है, उत्तर नहीं। इसलिए उत्तर-आधुनिकतावाद एक भ्रम है। जहाँ तक उत्तर- मार्क्सवाद का सवाल है तो यह ज़रूर कहा जा सकता है कि मार्क्सवाद की व्याख्याएँ अनेक ज़रूर हैं, लेकिन सभी तरह के मार्क्सवादी अपना लक्ष्य समाजवाद ही मानते हैं। दूसरी बात यह है कि कुछ समाजवादी सरकारों और व्यवस्थाओं के भूतपूर्व होने से केवल यह साबित होता है कि उन देशों में मार्क्सवाद और समाज के प्रयोग असफल हुए हैं न कि मार्क्सवाद का विचार और लक्ष्य। यही नहीं, आज भी दुनिया में तरह-तरह के मार्क्सवादी विचारों से प्रेरित और संचालित जन-संघर्ष चल रहे हैं जो राष्ट्र-मुक्ति के साथ जन-मुक्ति का उद्देश्य लेकर आगे बढ़ रहे हैं। नेपाल में उत्तर-मार्क्सवाद एक धोखा है जनता को भ्रम में डालने के लिए। नेपाल के साथ-साथ भारत में भी कई प्रकार के मार्क्सवादी क्रियाशील हैं।

लातिनी अमेरिका आजकल मार्क्सवाद और समाजवाद के प्रयोगों की कर्मभूमि बना हुआ है। ऐसी स्थिति में उत्तर-मार्क्सवाद की बात करना धोखा नहीं तो और क्या है! जिन देशों के मार्क्सवादी अपने राष्ट्र के जनजीवन को तरह-तरह के साम्राज्यवाद, पूँजीवाद और सामन्तवाद के शोषण और दमन से मुक्ति के लिए संघर्ष कर रहे हैं, जैसे कि नेपाल में हो रहा उन देशों के प्रबुद्ध जनों के लिए उत्तर-राष्ट्रवाद एक चालाकी है, बदमाशी से भरी हुई। जहाँ तक उत्तर-वर्ग और उत्तर-यथार्थवाद की बात है तो उसका उत्तर दुनिया भर के समाज विज्ञानी और साहित्यकार अपने सामाजिक विश्लेषणों और साहित्यिक कृतियों से दे रहे हैं।

आइए, अब यह देखें कि किन-किन विचारों, वास्तविकताओं और आकांक्षाओं का अन्त हो गया है और किन-किन का नहीं। क्या विचारधारा का अन्त हो गया है। विचारधारा पर विचार की एक विडम्बना यह है कि सभी विचारक दूसरों की विचारधारा की बात करते हैं, लेकिन अपनी विचारधारा की नहीं। विचारधारा के दो अर्थ हैं, छद्म चेतना और वर्ग-चेतना। विचारधारा के इन दोनों अर्थों में दूसरों की विचारधारा की निन्दा की जाती है, लेकिन अपनी विचारधारा में मौजूद इन दोनों अर्थों के अस्तित्व को अस्वीकार करते हैं। विचारधारा के अन्त की घोषणा अमेरिका में की गयी थी, उत्तर-आधुनिकता के जन्म के पहले। उसी घोषणा को उत्तर-आधुनिकतावादियों ने दोहराया। सच्चाई यह है कि आज का समय सारी दुनिया में पहले से अधिक विचारधारात्मक है। दुनिया भर में तरह-तरह की विचारधाराएँ आपस में टकरा रही हैं। मुख्य टकराहट नव उदारवाद या उन्मादी पूँजीवाद से समाजवाद की है। इसके साथ ही कहीं कट्टरतावाद है तो कहीं धार्मिक बुनियादपरस्ती, कहीं सभ्यताओं के संघर्ष की विचारधारा की घोषणा हो रही है तो कहीं अस्मितावाद की।

जहाँ तक इतिहास के अन्त और मुक्ति के वृहद् आख्यान के अन्त की बात है तो इन दोनों का खण्डन नेपाल का जनसंघर्ष कर रहा है। जब इतिहास के अन्त की घोषणा हुई उसके बाद अमेरिका ने पहले अफ़ग़ानिस्तान, फिर इराक और बाद में लीबिया में एक नये इतिहास की शुरुआत की। यही नहीं अरब-बसन्त के साथ अरब की जनता ने पहले ट्यूनीशिया और फिर मिस्र ने एक नया इतिहास निर्मित किया। इन सब उदाहरणों से ज़ाहिर है कि इतिहास के अन्त और मुक्ति के वृहद आख्यान के अन्त की घोषणाएँ कितनी खाली, खोखली और ख़याली हैं।

उत्तर और अन्त के साथ जिन वास्तविकताओं की मौत की घोषणाएँ हुई हैं वे सब की सब जीवित, जाग्रत और जगमगाती हुई मौजूद हैं। जब तक दुनिया में समाज है तब तक सामाजिक की मौत नहीं हो सकती। हाँ, कुछ लोगों की

विशेष रूप से पूँजीपतियों और उनके सेवकों की सामाजिकता की मौत ज़रूर हो रही है। उसी तरह जब तक संसार में मनुष्य है तब तक मानववाद की भी मौत नहीं होगी। विडम्बना तो यह है कि जो लोग साहित्य की मौत की घोषणा कर रहे हैं वही जयपुर में साहित्य का उत्सव मना रहे हैं और जो लेखक और कला की मौत की बात करते हैं वे करोड़ों रुपये बाज़ार से पा रहे हैं।

टेरी इग्लटन ने ठीक ही लिखा है कि उत्तर-आधुनिकतावाद आज के बाज़ारवाद को प्रतिबिम्बित करता है। वह बाज़ार की तरह ही मूलगामी है और रूढ़िवादी भी। वह विकसित पूँजीवादी समाजों की तरह लम्पट है और अधिनायकवादी भी, भोगवादी है और दमनकारी भी, बहुलतावादी है और एकाधिकारवादी भी। अधिकांश उत्तर-आधुनिकतावादी राजनीति में विरोध की बात करते हैं और अर्थव्यवस्था में सहयोग की।

आइए, अब उत्तर-आधुनिकतावाद के सन्दर्भ में सौन्दर्यबोध के बारे में कुछ बात करें।

सौन्दर्यबोध और उसका शास्त्र भी प्रत्येक समाज और समय की सांस्कृतिक संवेदनशीलता की अभिव्यक्ति होता है। सांस्कृतिक संवेदनशीलता एक ओर सौन्दर्यबोध को दिशा और दृष्टि भी देती है। उत्तर-आधुनिकतावाद जैसे समाज और समय की उपज है उसमें संस्कृति भी बाज़ार की वस्तु बन गयी है, ख़रीद-बिक्री और उपभोग की वस्तु। वर्तमान पूँजीवादी समय और समाज में जिस तरह उपभोक्तावाद सर्वव्यापी और सर्वग्रासी रूप में मौजूद है उससे संस्कृति और उसकी संवेदनशीलता कैसे बच सकती है। टेरी इग्लटन ने अपनी दूसरी पुस्तक 'द आइडियोलॉजी ऑफ़ द एस्थेटिक' में लिखा है कि उत्तर-आधुनिकतावाद का उपभोक्तावादी भोगवाद और जाहिल इतिहास-विरोध, समालोचना और प्रतिबद्धता के पूर्णतः अस्वीकार, सत्य, अर्थ और चेतना के अस्तित्व का उन्मादी ध्वंस और जड़ तकनीकवाद के कारण उसमें न संवेदनशीलता के लिए कोई जगह बची है और न सौन्दर्यबोध के लिए। चूँकि आज का पतित पूँजीवाद सांस्कृतिक विवेक से अलग हो गया है इसलिए उसकी विचारधारात्मक अभिव्यक्ति उत्तर-आधुनिकतावाद में सांस्कृतिक संवेदनशीलता के लिए कोई जगह नहीं बची है।

कला और साहित्य की तरह सौन्दर्यबोध भी मनुष्य को तरह-तरह के विधि-निषेधों और बाधा-बन्धनों से मुक्त करते हुए स्वतन्त्र बनाता है। यही नहीं, वह मनुष्य को अपने संस्कारों और सांसारिक सीमाओं से मुक्त करते हुए ऊपर उठने और परे जाने की प्रेरणा देता है, इसीलिए वह गहरे अर्थ में सामाजिक और मानवीय भी होता है। उत्तर-आधुनिक समय में ये सारी सम्भावनाएँ समाप्त हो

रही हैं। कला और साहित्य का सृजन सर्जक को आत्ममुग्धता से मुक्त करता है। लेकिन यह सब उस समाज-व्यवस्था में कैसे सम्भव होगा जो झूठ और लूट पर आधारित है। पूँजीवाद अपने जन्म से ही झूठ और लूट की व्यवस्था रही है, लेकिन आज वह पहले से अधिक खूँखार और दमनकारी हुआ है। कार्ल मार्क्स ने 1853 ई. में एक लेख लिखा था—'भारत में ब्रिटिश शासन के भावी परिणाम'। उसमें उन्होंने लिखा था, "बुर्जुआ सभ्यता का अथाह पाखण्ड और जन्मजात बर्बरता हमारे सामने है। वह अपने घर में सम्मानजनक रूप धारण करता है और उपनिवेशों में नंगा नाच करता है।" पूँजीवादी सभ्यता की मार्क्स द्वारा बतायी गयी दोनों विशेषताएँ—अथाह पाखण्ड और जन्मजात बर्बरता—आज पहले से अधिक नंगे रूप में मौजूद हैं। ऐसी सभ्यता की विचारधारा में संस्कृति, सौन्दर्यबोध और स्वतन्त्रता की खोज करना बालू में तेल खोजने जैसा है।

सबके अन्त और मौत की घोषणा करने वाला उत्तर-आधुनिकतावाद अब ख़ुद उसी प्रक्रिया का शिकार हो रहा है। 1996 में चार्ल्स अल्टिएरी ने एक लेख लिखा था जिसका शीर्षक है—'अमेरिकी उत्तर-आधुनिकतावाद में क्या सजीव है और क्या मृत'। इस लेख में यह स्पष्ट कहा गया है कि "एक सैद्धान्तिक धारणा के रूप में उत्तर-आधुनिकतावाद अब मर चुका है और सैद्धान्तिक चिन्तन को प्रभावित करने वाले सांस्कृतिक दृष्टिकोण की उसकी क्षमता भी मर गयी है। अब जबकि उसके बुनियादी तर्क नारे बन गये हैं और द्वैतों से उसके बचने की कोशिश द्वैत का शिकार हो गयी है तब वह कुछ नया और सार्थक पैदा करने में शायद ही सक्षम हो। ऐसी स्थिति में वह कलाओं के क्षेत्र में सार्थक रचना की प्रेरणा कैसे दे सकेगा।" असल में आधुनिकतावाद के विरुद्ध विद्रोह सबसे पहले कलाओं के क्षेत्र में हुआ था, जिसका परिणाम था अवाँगार्द आन्दोलन। उसमें एक ओर समकालीन यथार्थ और अनुभव की अभिव्यक्ति के नये रूपों के अन्वेषण की कोशिश थी तो दूसरी ओर समकालीन यथार्थ को बदलने की आकांक्षा भी थी। आधुनिकतावाद के विरुद्ध उस विद्रोह का उपयोग जब उत्तर-आधुनिकतावादियों ने अपना दर्शन गढ़ने और संस्कृति का नया सिद्धान्त बनाने के लिए किया तब वे अनेक लकवाग्रस्त अन्तर्विरोधों का शिकार हुए जो अब अपना प्रभाव दिखा रहे हैं।

जाते-जाते उत्तर-आधुनिकतावाद ने ज्ञान के विभिन्न अनुशासनों और मानव-समाज पर जो प्रभाव डाला उसकी भी थोड़ी चर्चा ज़रूरी है। प्रकृति-विज्ञानों पर उत्तर- आधुनिकतावाद के प्रभाव का प्रभावशाली खण्डन एलन सोकल और जाँ ब्रिकमोन्त ने 'इन्टेलेक्चुअल इम्पोस्टर' में किया है। इतिहास में उत्तर-आधुनिकतावाद के प्रभाव का खण्डन हाब्सवाम ने किया है। मैं मानव समाज पर, विशेष रूप

से दुनिया भर के वामपन्थ पर उसके प्रभाव की चर्चा करना चाहता हूँ। फ्रांस के अधिकांश उत्तर आधुनिकतावादी खुद को वामपन्थी कहते रहे हैं। उनमें से अनेक माओत्से तुंग के विचारों और क्रान्तिकारी व्यवहारों से अपनी सहानुभूति की बात करते थे, इसीलिए दुनिया भर के वामपन्थियों में से कुछ के मन में उत्तर-आधुनिकतावादियों और उनके सोच-विचार के प्रति हमदर्दी रही है।

एलन सोकल और जाँ ब्रिकमोन्त ने ठीक ही लिखा है कि उत्तर-आधुनिकतावादियों के भाषावाद और अभिजनवादी रवैये के प्रभाव के कारण बहुत से वामपन्थी जन आन्दोलनों से अलग होकर बौद्धिक बहसों में लग गये। दूसरी बात यह है कि इस प्रक्रिया में अनेक वामपन्थियों ने आवश्यक सामाजिक आलोचना से मुँह फेर लिया। तीसरी बात यह है कि सत्ताधारी तो झूठ से अपना काम चला सकते हैं और चलाते भी हैं, लेकिन जनता को सच चाहिए। कभी-कभी सच सचमुच क्रान्तिकारी होता है। सच की उसी क्रान्तिकारिता से बचने के लिए उत्तर-आधुनिकतावादियों ने सच के अस्तित्व को नकार दिया। फिर जब जनता तक सच को पहुँचाने वाले वामपन्थी बुद्धिजीवी बाल की खाल निकालने वाले उत्तर-आधुनिक विवाद में व्यस्त हों तो जनता तक सच कैसे पहुँचे। चौथी बात यह कि दुनिया भर के तरह-तरह के सत्ताधारी रहस्यमयता और रहस्यवाद का उपयोग जनता को भ्रमित करने और अपनी सत्ता को सुरक्षित करने के लिए करते हैं। उस प्रवृत्ति को सत्ताधारियों से जो समर्थन मिलता है उसके फलस्वरूप साहित्य और दर्शन में रहस्यवाद बढ़ता है। उत्तर-आधुनिकतावाद में रहस्यमयता बहुत है विचारों की और भाषा की भी। वामपन्थियों का दायित्व है हर तरह के विमर्श में मौजूद रहस्यमयता की असलियत बताना ताकि जनता सच को रहस्यमुक्त रूप में देख, जान और पहचान सके। यही काम कार्ल मार्क्स ने किया था। लेकिन जो वामपन्थी उत्तर-आधुनिकतावाद से सम्मोहित हैं वे उसी की रहस्यमयता के जाल में उलझे हुए रहते हैं और उस विमर्श को रहस्यमुक्त करने का प्रयत्न नहीं करते। अमेरिकी सत्ता यही चाहती है। जो सच्चे वामपन्थी हैं और उत्तर-आधुनिकतावाद की रहस्यमयता के असली रूप को जनता के सामने लाते हैं उनको रूढ़िवादी-मार्क्सवादी कहा जाता है। मुझे लगता है कि समाज में बुनियादी परिवर्तन के लिए रूढ़िवादी मार्क्सवादी अधिक उपयोगी हैं न कि उत्तर-आधुनिकतावादी मार्क्सवादी।

एलन सोकल और जाँ ब्रिकमोन्त ने ठीक ही लिखा है कि उत्तर-आधुनिकता द्वारा बुद्धि और विवेक के विनाश के परिणामस्वरूप दुनिया में बड़े पैमाने पर कट्टरतावाद, रहस्यवाद और धार्मिक बुनियादपरस्ती के फैलने का ख़तरा है। यह अब सम्भावना नहीं, वास्तविकता है। दूसरी सम्भावना यह है कि कुछ वामपन्थी

बुद्धिजीवी वर्तमान व्यवस्था की मूलगामी आलोचना से अलग हो जायें और कुछ दूसरे राजनीतिक गतिविधियों से दूर हो जायें।

अब अन्त में थोड़ी चर्चा सौन्दर्याभिरुचि और सौन्दर्यबोध के बारे में मार्क्सवादी दृष्टि से करना ज़रूरी है।

मार्क्स और एंगेल्स ने जीवन जगत की हर समस्या पर ऐतिहासिक दृष्टि से विचार किया है, इसलिए सौन्दर्य की अभिरुचि और सौन्दर्यबोध के बारे में उनके चिन्तन और लेखन पर ऐतिहासिक दृष्टि से ही विचार करना उचित होगा। मार्क्स मनुष्य के उत्पादक श्रम की प्रक्रिया से सौन्दर्य संवेदना को जोड़कर देखते हैं। मार्क्स ने आर्थिक और दार्शनिक पाण्डुलिपि 1844 में लिखा है कि मनुष्य सौन्दर्य के नियमों के अनुसार निर्माण करता है। वैसे मार्क्स ने सौन्दर्य के नियमों की व्याख्या नहीं की है, लेकिन अगर ग़रीब और अनपढ़ लोगों के मिट्टी और टाट से बनाये घरों को ध्यान से देखें तो मार्क्स की बात समझ में आती है। मनुष्य की चेतना और कल्पना सुन्दर घरों और झोपड़ों का निर्माण करती है वही अधिक विकसित होकर ताजमहल भी बनाती है। मार्क्स यह भी मानते हैं कि वैसे तो सौन्दर्य चेतना मनुष्य का स्वाभाविक गुण है लेकिन सामाजिक विकास की प्रक्रिया में उस चेतना का भी विकास होता है। मार्क्स की राय में मनुष्य कुछ बनाते समय बनाई गयी वस्तु में सार्थकता का समावेश भी करता है। मार्क्स सौन्दर्यबोध के लिए एक साथ इन्द्रिय-बोध, भाव बोध और ज्ञान को ज़रूरी मानते हैं।

मार्क्स मानते हैं कि पूँजीवादी समाज में मनुष्य पूर्णता में मनुष्य नहीं रहता, मज़दूर परायेपन (एलियनेशन) का शिकार होकर खण्डित मनुष्य बन जाता है। मार्क्स के अनुसार मानव समाज का विकास क्रमशः दमन, शोषण और व्यक्तित्व के विभाजन की प्रक्रिया से हुआ है। पूँजीवादी समाज में मज़दूर की स्वतन्त्रता, सहज स्वाभाविकता और विकास का विकृतीकरण होता है। यही नहीं पूँजीवादी समाज में कलाकार की भी स्वतन्त्रता और सहजता खण्डित होती है। इसलिए मार्क्स ने लिखा है कि पूँजीवादी समाज-व्यवस्था कला की, विशेषतः कविता की दुश्मन होती है। यह बात आज के समाज में कविता की स्थिति से साबित होती है। इन सब के साथ ही मार्क्स ने पूँजीवादी समाज में साहित्य की एक विशेष स्थिति की तारीफ़ भी की है। उन्होंने लिखा है कि विश्व बाज़ार के निर्माण के साथ विश्व-साहित्य की धारणा विकसित हुई और सम्भावना पैदा हुई। पूँजीवादी समाज में संस्कृति, कला और साहित्य पर जब बाज़ार का दबाव और प्रभाव बढ़ा तब एक ओर स्वच्छन्दतावादियों का विद्रोह पैदा हुआ तो दूसरी ओर कला के लिए कला का सिद्धान्त आगे आया। यही कारण है कि मार्क्स का प्राचीन कला

से लगाव था और ग्रीक कला को उन्होंने अद्वितीय माना तथा उसके स्थायी महत्त्व को स्वीकार किया। वे यह भी मानते थे कि पुनर्जागरण और मध्यकाल की कला तथा साहित्य पूँजीवादी युग की कला तथा साहित्य से अधिक मूल्यवान है। मार्क्स और एंगेल्स ने पूँजीवादी युग के केवल उन उपन्यासकारों और कवियों की तारीफ़ की जिनकी रचनाओं में एक ओर पूँजीवादी युग का यथार्थ व्यक्त हो रहा था तो दूसरी ओर उस युग की अग्रगामी आकांक्षाएँ व्यक्त हो रही थीं। मार्क्स यह भी मानते थे कि पूँजीवाद के अन्त के बाद जब समाजवाद आयेगा तब एक ओर मनुष्य का परायापन समाप्त होगा, दूसरी ओर व्यक्तियों की सृजनशीलता पूरी तरह विकसित होगी और तीसरी प्रत्येक मनुष्य की कलात्मक सर्जनात्मकता विकसित होगी। भूतपूर्व समाजवादी समाजों में ऐसा नहीं हो सका तो इसका तात्पर्य यह है कि वे पूरी तरह मार्क्स की इच्छा और सोच की समाजवादी व्यवस्थाएँ नहीं थीं।

मार्क्स और एंगेल्स यह मानते थे कि कला और साहित्य का वर्गीय आधार होता है और उद्देश्य भी, उनमें विभिन्न वर्गों के मूल्यों की अभिव्यक्ति होती है और विरोध भी। दूसरी प्रक्रिया से कला और साहित्य के ग्रहण और आस्वादन का भी वर्गीय स्वरूप होता है। प्रेमचन्द का उपन्यास 'गोदान' किसानों को जितना प्रिय लगेगा उतना सामन्तों को नहीं। मोदनाथ प्रश्रित की कविता 'नेपाली बहादुर' जितनी मज़दूर नेपालियों को अच्छी लगेगी उतनी उनके मालिकों को नहीं। कला और साहित्य का राजनीति से सम्बन्ध मार्क्सवादी सौन्दर्यशास्त्र का बुनियादी प्रश्न है। मार्क्स-एंगेल्स यह मानते थे और इस बारे में अपनी राय लिखी है। उन्होंने लिखा है कि कुछ कलाकार और कवि वर्चस्वशाली वर्गों के मूल्यों की अभिव्यक्ति करते हैं तो कुछ संघर्षशील वर्गों की। बाद के दिनों में दुनिया में ब्रेख्त, नेरुदा, नाजिम हिकमत जैसे कवि राजनीतिक कविता लिखने के श्रेष्ठ उदाहरण हैं।

मार्क्सवादी सौन्दर्यशास्त्र की एक प्रमुख धारणा है यथार्थवाद। इसके पक्ष में मार्क्स और एंगेल्स ने लिखा है और बाद में अनेक मार्क्सवादी आलोचकों ने भी। इस केन्द्रीय धारणा की साख समाप्त करने के लिए ही उत्तर-आधुनिकतावाद ने उत्तर यथार्थवाद की घोषणा की। यथार्थवाद केवल कला और साहित्य के सृजन का ही सिद्धान्त नहीं है, ब्रेख्त के शब्दों में, "यह एक राजनीतिक सिद्धान्त भी है।" यथार्थवाद से लेखक की विचारधारा का सम्बन्ध मार्क्सवादी सौन्दर्यशास्त्र में लम्बी बहस का मुद्दा रहा है। इस प्रसंग में यह ध्यान में रखना चाहिए कि विचारधारा केवल विचारों की धारा नहीं है और न किसी लेखक का व्यक्तिगत पूर्वग्रह ही। विचारधारा के अर्थ पर ऐसे विवाद को ध्यान में रखकर ही लुसिएँ गोल्डमान ने विचारधारा के बदले विश्वदृष्टि शब्द का प्रयोग किया है। उनके

अनुसार, जीवन और जगत से सम्बन्धित सम्पूर्ण दृष्टि है विश्वदृष्टि। इसी प्रसंग में साहित्य में प्रवृत्ति और पक्षधरता की भी बातें हुई हैं। असल में कोई लेखक या कलाकार जब कुछ रचता है तो वह पाठकों और दर्शकों से कुछ कहना चाहता है। वह जो कुछ कहना चाहता है उसमें जीवन जगत के बारे में उसका दृष्टिकोण निहित होता है। वही उसकी विचारधारा है और विश्व दृष्टि भी, जिससे उसके यथार्थवाद का स्वरूप निर्मित होता है। कार्ल मार्क्स ने कला और साहित्य के कुछ ऐसे पक्षों पर भी ध्यान दिया है जिनको रूपवादी-चिन्तन में बहुत महत्त्व मिला है। उनमें एक है रूप और अन्तर्वस्तु का सम्बन्ध। कार्ल मार्क्स तो रूप और अन्तर्वस्तु के सौन्दर्यबोधीय सम्बन्ध को अर्थशास्त्र सम्बन्धी चिन्तन में भी ध्यान में रखते हैं और राजनीति सम्बन्धी चिन्तन में भी। वे रूप और अन्तर्वस्तु के अलगाव की हर क्षेत्र में आलोचना करते हैं और दोनों की सच्ची एकता चाहते हैं। उन्होंने 1842 में एक लेख में लिखा कि “जो रूप अन्तर्वस्तु का रूप नहीं होता उसका कोई मूल्य नहीं है।” मार्क्स और एंगेल्स कलाकार की कला-कुशलता पर बहुत ध्यान देते थे, वे उस कुशलता का जहाँ अभाव देखते थे उसकी आलोचना करते थे। इसीलिए उन्होंने लासेल की भी आलोचना की थी। मार्क्स और एंगेल्स केवल कलाकृति के कलात्मक और विचारात्मक पक्षों की ही चिन्ता नहीं करते थे, वे लेखक की शैली की मौलिकता पर भी ध्यान देते थे। 1839 में ग्राबर को लिखे एक पत्र में मार्क्स ने आदर्श शैलीकार के रूप में हाइने और कून की तारीफ़ की है। उन्होंने एक ओर जर्मन और फ्रांसीसी शैलियों में अन्तर किया है तो दूसरी ओर गेटे के गीतों की संगीतात्मकता की तारीफ़ की है। एंगेल्स को एक पत्र में मार्क्स ने अपनी पुस्तक ‘पूँजी’ के बारे में कहा था कि वह एक कलाकृति है।

मार्क्स ने कला के सौन्दर्यशास्त्र की एक ऐसी समस्या पर विचार किया है जो लम्बे काल से बहस का विषय बना हुआ है। वह समस्या है कलाकृति के स्थायित्व, कालजयीपन और देशकाल की सीमाओं से मुक्त होने की क्षमता की। मार्क्स ने यूनानी कला के बारे में लिखा है, “यह जानी-मानी बात है कि कला के विकास की सर्वोच्च उपलब्धियों का अपने समय की सामाजिक अवस्था से कोई सीधा सम्बन्ध नहीं होता। यूनानी कला को समझने के प्रसंग में महत्त्वपूर्ण सवाल यह नहीं है कि उस समय के सामाजिक विकास से उसका क्या सम्बन्ध है। असली प्रश्न यह है कि वह कला हमें अब भी सौन्दयबोधीय आनन्द क्यों देती है और अब भी कला का प्रतिमान और आदर्श क्यों है।” इस प्रश्न के उत्तर पर तब से अब तक बहस हो रही है।

कार्ल मार्क्स सोच और लेखन की शैली की निजता को बहुत महत्त्व देते थे। वे सोच और लेखन की शैली पर किसी तरह की रोकथाम या पाबन्दी को नापसन्द करते थे। उन्होंने 1842 ई. में पर्सिअन सेंसर सम्बन्धी आदेशों के प्रसंग में लिखा था, "कानून मुझे लिखने की छूट देता है, वह केवल यह कहता है कि मैं अपनी शैली से भिन्न शैली में लिखूँ। मुझे अपने मानस के चेहरे को दिखाने की छूट है लेकिन एक निश्चित मुद्रा में। ऐसी पाबन्दी पर कौन सम्मानित व्यक्ति शर्मसार नहीं होगा।"

अगर मार्क्सवाद मानव समाज की मुक्ति का दर्शन है तो उससे सम्बद्ध ज्ञान, विज्ञान, कला और साहित्य की साधना और बोध का लक्ष्य भी मुक्ति ही है। इस तर्क से मार्क्सवादी सौन्दर्यबोध और उसके शास्त्र को मुक्तिधर्मी होना चाहिए। कलाकृति की रचना और बोध के मुक्तिधर्मी होने का अर्थ यह है कि वह मनुष्य की स्वतन्त्रता का साधक हो। मनुष्य अपने संस्कारों, पूर्वग्रहों, वर्गीय हितों और देश काल की सीमाओं का शिकार होता है। मुक्ति का अर्थ है इन सबसे मुक्ति और मनुष्य की केवल इन्सान के रूप में पहचान विकसित करना। ऐसी मुक्ति ही मनुष्य को आत्मबद्धता से मुक्त करती है और आत्ममुग्धता से भी।

(सन् 2014 में नेपाल की राजधानी काठमाण्डू में दिया गया व्याख्यान।)

दलित साहित्य : एक सर्वभारतीय चित्र

भेदभाव भारतीय समाज का स्थायी भाव है जिसके अनेक कारण और रूप हैं। इनमें मुख्य हैं आर्थिक, सामाजिक और सांस्कृतिक। लेकिन दलितों के सन्दर्भ में भेदभाव का मूल कारण है जाति-व्यवस्था जो रबर की तरह लचीली और इस्पात की तरह मज़बूत है। अंग्रेज़ी राज के समय माना जाता था कि जातिभेद केवल हिन्दू समाज की विशेषता है, लेकिन आजकल इस्लाम और ईसाई धर्मों को मानने वाले भारतीय समुदायों में भी जातिभेद दिखाई देता है। भारत के सर्वोच्च न्यायालय के एक निर्णय (29 अप्रैल, 2016) के अनुसार मुसलमान समुदाय में भी जातिभेद है। यही नहीं, सर्वोच्च न्यायालय की राय में जाति की स्थिति स्वायत्त है। कोई व्यक्ति अपना धर्म बदल सकता है, लेकिन अपनी जाति नहीं। उस निर्णय और उसके अभिप्राय को जानने के लिए 30 जुलाई, 2016 के 'इकोनॉमिक एंड पॉलिटिकल वीकली' (पृ.सं. 13-16) में छपे पद्मनाभ समरेन्द्र का लेख पढ़ा जा सकता है।

जाति एक ऐसी सर्वग्रासी व्यवस्था और प्रवृत्ति है जिसका प्रभाव हिन्दू समाज के अधिकांश व्यक्तियों की लगभग सभी गतिविधियों पर पड़ता है। यूरोप में सौन्दर्यशास्त्र के क्षेत्र में यह मुहावरा प्रचलित है कि सुन्दरता केवल चमड़ी तक सीमित होती है, लेकिन कुरूपता मज्जा तक मौजूद रहती है। भारतीय हिन्दू समाज पर जाति के प्रभाव की व्यापकता के सन्दर्भ में उस यूरोपीय मुहावरे को बदलकर यह कहा जा सकता है कि सभी तरह की विचारधाराएँ भारत में केवल सतह तक सीमित होती हैं, लेकिन जाति की चेतना दिल और दिमाग़ की तह तक व्याप्त होती है।

भारतीय समाज से जाति-व्यवस्था और जातिगत भेदभाव को मिटाने के लिए एक ओर गौतम बुद्ध, अश्वघोष, महात्मा फुले, डॉ. आम्बेडकर और पेरियार ने प्रयत्न किया, तो दूसरी ओर सिद्धों-नाथों तथा निर्गुण सन्तों ने अपनी कविता के माध्यम से लगातार जाति और उससे उपजे भेदभाव के विरुद्ध लिखा। लेकिन

जाति और उससे उत्पन्न भेदभाव भारतीय समाज में आज भी मौजूद ही नहीं खूँखार रूप में सक्रिय भी हैं।

बजरंग बिहारी तिवारी हिन्दी के ऐसे ग़ैर-दलित लेखक हैं जिन्होंने अत्यन्त लगन और परिश्रम से भारत के दलित समाज और साहित्य के सामने खड़े संकटों, सवालों और चुनौतियों पर व्यापक, व्यवस्थित और वस्तुपरक दृष्टिकोण से विचार किया और लिखा है और लगातार लिख रहे हैं। यही नहीं उन्होंने हिन्दी के दलित साहित्य की रचनात्मक उपलब्धियों और रचनाओं पर निर्भीक, निष्पक्ष और निर्द्वन्द्व दृष्टि से सोचा और लिखा है। मेरे सामने उनकी चार पुस्तकें हैं—'जाति और जनतन्त्र' (2015), 'दलित साहित्य : एक अन्तर्यात्रा' (2015), 'भारतीय दलित साहित्य आन्दोलन और चिन्तन' (2015) तथा 'बांग्ला दलित साहित्य : सम्यक् अनुशीलन' (2016)।

भारतीय समाज में दलित समुदाय तीन तरह के संकटों का सामना कर रहा है। ये हैं—अस्तित्व का संकट, अस्मिता का संकट और असमत का संकट। वैसे तो जाति-व्यवस्था में हिंसा की प्रवृत्ति पुरानी है। बजरंग ने 'जाति और जनतन्त्र' में लिखा है, "वर्ण-जाति-व्यवस्था हिंसा का सबसे बड़ा स्रोत है। यह व्यवस्था दृश्य अथवा प्रत्यक्ष हिंसा से कहीं ज़्यादा परोक्ष दमन करती है। यह जिस श्रेष्ठता-बोध को जन्म देती है वह दूसरों को हीन मान कर ही सम्भव है। एक सीमा तक दूसरों को कमतर मानना भी सह्य है, लेकिन वर्ण-श्रेष्ठता का बोध अन्यों को हीनतर होने का अहसास कराता चलता है—क्रूरतर तरीक़ों से। इस समाज व्यवस्था में कुछ लोग जन्मना श्रेष्ठ होते हैं तो बाक़ी लोग अकारण ही जन्मजात पापी, तुच्छ व अस्पृश्य तय कर दिये जाते हैं।" (पृ.सं. 100) बजरंग ने 'जाति और जनतन्त्र' के आरम्भिक दस लेखों में देश भर में दलितों के दमन और उत्पीड़न के घटनास्थलों पर जाकर पूरे ब्योरे के साथ जो विवेचन किया है वह आँख खोलने वाला ही नहीं, दिल दहलाने और शर्मसार करने वाला भी है। इन सब घटनाओं की रपटें पढ़ने से यह भी साबित होता है कि दलितों का दमन और उत्पीड़न पूरे भारत में होता है। आज़ादी के बाद दलितों का दमन घटा नहीं बल्कि बढ़ा है। बजरंग ने ठीक ही लिखा है, "जातिवादी समाज की क्रूरता में कमी नहीं आयी है। दलितों पर अत्याचार बढ़े हैं। उनका लगातार दमन होता रहा है। आज़ादी के ये छह दशक प्रमाणित करते हैं कि वर्णवादी समाज अपनी सोच में अपेक्षित बदलाव लाने को तैयार नहीं है। स्थिति ऐसी पैदा कर दी गयी है कि आज दलित बेहतर जीवन की कल्पना ही नहीं कर सकता। उसे अपना अस्तित्व बचाना ही भारी पड़ रहा है। स्वतन्त्रता आत्मसम्मान के साथ जीने का नाम है। जातिवादी सोच दलितों में

आत्मसम्मान पैदा होते देख ही नहीं सकती। जब भी कोई दलित समुदाय अपनी शर्तों पर, जातिवादी 'मर्यादाओं' को नकारते हुए जीने की कोशिश करता है तभी उसे नेस्तनाबूद करने का उद्यम शुरू हो जाता है।" (पृ.सं. 58)

पिछले 20-25 वर्षों में दलितों के विरुद्ध हिंसा, अत्याचार और दलित स्त्रियों के साथ बलात्कार की घटनाएँ बढ़ी हैं। इन्हीं वर्षों में देश में नव-उदारतावाद आया है और उन्मादी पूँजीवाद भी। अपने साथ पूँजीवाद जो सभ्यता लाया है उसमें हिंसा उसके पूरक रूप में है। 1853 में कार्ल मार्क्स ने एक लेख लिखा था, 'भारत में ब्रिटिश राज के भावी परिणाम'। उस लेख में मार्क्स ने पूँजीवादी सभ्यता की दो बुनियादी विशेषताओं का उल्लेख किया है। वे हैं अथाह पाखण्ड और जन्मजात बर्बरता। भारत में एक तो जातिगत हिंसा पहले से मौजूद थी, उसके साथ जुड़ गयी पूँजीवाद की जन्मजात बर्बरता। ये दोनों मिलकर दलितों का क्रूर दमन कर रहे हैं।

जाति और जनतन्त्र दोनों परस्पर विरोधी ही नहीं एक-दूसरे के दुश्मन भी हैं। जाति-व्यवस्था बुनियादी तौर पर ऊँच-नीच के भेदभाव की व्यवस्था है, जबकि जनतन्त्र, स्वतन्त्रता, समता और भाईचारे की व्यवस्था है। डॉ. आम्बेडकर ने 'जाति का विनाश' नामक अपने निबन्ध में लिखा था, "यह सवाल अनिवार्य रूप से पूछा जायेगा। यदि आप मुझसे पूछें तो मैं कहूँगा कि मेरा आदर्श ऐसा समाज है जो स्वतन्त्रता, समानता और बन्धुत्व पर आधारित हो।" (पृ.सं. 114) स्वतन्त्रता, समानता और बन्धुत्व फ्रांसीसी राज्य क्रान्ति के नारे थे, जो सारी दुनिया में जनतन्त्र के आधार माने जाते हैं। अंग्रेज़ी का डेमॉक्रैसी शब्द यूनानी मूल के शब्द 'डेमॉस' से बना है जिसका अर्थ है जन या जनता। सच्चे जनतन्त्र में साधारणजन का शासन होना चाहिए न कि सामन्ती और पूँजीपतियों का और न दबंग जातियों का।

'जाति और जनतन्त्र' में दो खण्ड हैं, पहले खण्ड में दलित समाज के अस्तित्व के सामने खड़े संकट के विभिन्न रूपों और पक्षों का विवेचन है। दूसरे खण्ड में समकालीन दलित-विमर्श से सम्बन्धित विभिन्न विचारों, विचारकों और मुद्दों का विश्लेषण है। पहले खण्ड की तुलना में दूसरे खण्ड में बिखराव अधिक है, क्योंकि उसमें विभिन्न पुस्तकों की समीक्षाओं का संकलन है। दूसरे खण्ड की एक विशेषता यह है कि बजरंग ने दलित-विमर्श और विमर्शकार व्यक्तियों के विचारों से जुड़ी अपनी सहमतियों और असहमतियों को साहस के साथ व्यक्त किया है। वे असहमतियाँ चाहे डॉ. आम्बेडकर के बौद्धधर्म सम्बन्धी विचारों से हों या हिन्दी के प्रतिष्ठित रचनाकार ओमप्रकाश वाल्मीकि के लेखन से। आम्बेडकर

से बजरंग की असहमति उनके निबन्ध 'बौद्धधर्म, मार्क्सवाद और आम्बेडकर' में है तो ओमप्रकाश वाल्मीकि से असहमति 'पुरोहित कौन?' शीर्षक निबन्ध में।

बजरंग ने दूसरे खण्ड में जिन पुस्तकों की समीक्षाओं को रखा है उनमें सबसे महत्त्वपूर्ण है तेलुगु लेखिका रंगनायकम्मा की पुस्तक 'जाति समस्या के समाधान के लिए बुद्ध पर्याप्त नहीं, आम्बेडकर भी पर्याप्त नहीं, मार्क्सवाद ज़रूरी है'। रंगनायकम्मा की पुस्तक जितनी मौलिक है उतनी ही विचारोत्तेजक भी। यह पुस्तक बुद्ध, मार्क्स और आम्बेडकर के विचारों में दिलचस्पी रखने वालों के लिए महत्त्वपूर्ण है। बजरंग ने दो निबन्धों में रंगनायकम्मा के विचारों का विवेचन किया है—'वर्ण और जाति की बैसाखी : पुनर्विचार की ज़रूरत' तथा 'बौद्धधर्म, मार्क्सवाद और आम्बेडकर'। बजरंग ने दूसरे खण्ड में ही रावसाहेब कसबे की किताब 'आम्बेडकर और मार्क्स' की समीक्षा की है जिससे मराठी के दलित चिन्तन में आम्बेडकर बनाम मार्क्स सम्बन्धी तीखा विवाद सामने आता है। बजरंग ने लिखा है, "रावसाहेब कसबे न तो आम्बेडकरवाद को कम्युनिस्ट विचारधारा में शामिल करने की हिमायत करते हैं और न मार्क्सवाद को दलित आन्दोलन में घुला देने की वकालत। उनका मानना है कि दलित और वामपन्थी आन्दोलन को परस्पर शत्रुता द्वारा अपनी सीमित शक्ति का दुरुपयोग करने की बजाय परस्पर सहयोग के द्वारा अपनी-अपनी सामर्थ्य का विस्तार करना चाहिए।" (पृ.सं. 93) पुस्तक के लगभग अन्त में कुछ लेख हिन्दी के दलित साहित्य पर हैं। एक लेख है 'दलित साहित्य : आन्दोलन और प्रतिबद्धता'। उसमें दलित साहित्य के विकास-क्रम को पाँच पड़ावों में बाँटा गया है। ये हैं—वेदना, नकार, विद्रोह-चिन्तन, भविष्य-दृष्टि तथा संसाधन और सत्ता से बेदख़ल किये जाने की चुभन। ये सभी अस्मिता-बोध के विभिन्न पक्ष हैं। सार्थक और सोद्देश्य दलित चेतना, आन्दोलन और साहित्य से जनतन्त्र को नया अर्थ प्राप्त होता है और जाति की जकड़बन्दी भी टूटती है।

'जाति और जनतन्त्र' में दलित समुदाय के अस्तित्व के संकटों का ब्योरा और विवेचन है तो 'दलित साहित्य : एक अन्तर्यात्रा' में दलित समुदाय की अस्मिता, उसके बोध और उसकी अभिव्यक्ति की पहचान तथा विश्लेषण की कोशिश है। अस्मिता-बोध दलित साहित्य का केन्द्रीय तत्त्व है जिसकी सबसे प्रामाणिक अभिव्यक्ति दलित आत्मकथाओं में होती है। आत्मकथा में दलित लेखक अपने स्वत्व के बनने और विकसित होने की कथा लिखता है। उसके लेखन की प्रक्रिया में वह अपने और अपने समुदाय के शोषण, अपमान, प्रवंचना, यातना और सामाजिक तथा सांस्कृतिक भेदभाव के शिकार होने की अभिव्यक्ति करता

है। इसीलिए पूरे भारतीय साहित्य में और हिन्दी दलित साहित्य में भी आत्मकथा केन्द्रीय विधा बन गयी है। 'दलित साहित्य : एक अन्तर्यात्रा' पुस्तक हिन्दी के दलित साहित्य की आलोचना पर केन्द्रित है। इसका पहला लेख है 'हिन्दी दलित लेखन : उद्‌भव और विकास'। इस लेख में दलित शब्द की केन्द्रीयता की स्थापना और उसके निहितार्थ से शुरू करके बजरंग ने दलित वैचारिकी के विकास में बौद्धमत के योगदान का विवेचन किया है। इसके साथ ही बौद्धमत से उपजे सिद्धमत और उसकी कविता में सरहप्पा की देन का भी उल्लेख है। यह सब लोग जानते और मानते हैं कि सिद्धों और नाथों की कविता का प्रभाव भक्तिकाल के निर्गुण सन्तों की कविता पर पड़ा। सिद्धों और सन्तों का सामाजिक और सांस्कृतिक दृष्टिकोण जातिवाद विरोधी था और समतावाद का पक्षधर।

हिन्दी क्षेत्र में दलित जागरण और आन्दोलन और लेखन को गति दी हीरा डोम, अछूतानन्द हरिहर और केवलानन्द ने। बजरंग के अनुसार, हिन्दी में दलित लेखन का दूसरा चरण 1950 से 1990 तक फैला है। इस दौर में आम्बेडकर के विचारों और आन्दोलनों का प्रभाव भारत भर में फैला। इसी दौर में हिन्दी की कविता में ओमप्रकाश वाल्मीकि का आगमन हुआ। इसी बीच मराठी के दलित साहित्य से हिन्दी के दलित लेखक परिचित और प्रभावित हुए। बजरंग ने ठीक ही लिखा है, "आन्दोलनधर्मी होने के साथ दलित-लेखन बहसधर्मी भी है। इसने एक तरफ़ सवर्ण-सत्ता से, उसके पैरोकार लेखकों/साहित्यकारों से बहस छेड़ी है तो दूसरी तरफ़ ख़ुद से बहस का भी माद्‌दा दिखाया है। दलित साहित्य पर जो आक्षेप लगे उनका उत्तर देने में एक क़िस्म की बहस शुरू हुई तो दलित विमर्शकारों ने कुछ मुद्‌दों पर मत वैभिन्न्य के चलते दूसरी क़िस्म की आन्तरिक बहस प्रारम्भ की। इन बहसों से दलित साहित्य का स्वरूप निश्चित होता रहा और उसकी दिशा भी संकेतित होती रही।" (पृ.सं. 2; 122)

हिन्दी के दलित साहित्य में बहस के मुख्य मुद्‌दे थे दलित कौन है, दलित साहित्य किसे कहते हैं, दलित लेखक कौन हो सकता है, मार्क्सवाद बनाम बौद्धमत, दलित साहित्य में अन्तर्वस्तु बनाम कला का द्वन्द्व आदि। बजरंग ने दलित साहित्य और दलित विमर्श में मौजूद आत्मालोचन की प्रवृत्ति की भी पहचान की है। उन्होंने लिखा है, "सब पर उँगली उठाने वाले दलित लेखकों ने अपने भीतर झाँकने की भी हिम्मत दिखायी। उनके आत्मकथनों में आत्मालोचन की प्रवृत्ति विशेष तौर पर दिखाई देती है। आत्मालोचन के तीन मुख्य बिन्दु रहे—1. वैयक्तिक स्तर पर अपनी विफलताओं, चूकों का स्वीकार, 2. आन्तरिक जातिवाद की समस्या पर विचार, और 3. दलित स्त्री की तिहरी दुर्दशा पर चिन्ता।" (पृ.सं. 27)

बजरंग ने इसी पुस्तक के एक लेख में भक्ति आन्दोलन के सन्त-मत और दलित लेखन के सम्बन्ध पर विचार किया है, "भारत के सांस्कृतिक-साहित्यिक इतिहास में तीन आन्दोलन ऐसे हुए हैं जिन्हें अखिल भारतीय कहा जा सकता है। ये हैं—भक्ति, प्रगति और दलित। इनके बीच एक निरन्तरता है। यह निरन्तरता कालक्रम की ही नहीं, सरोकारों, मूल्यों और लक्ष्य की भी है। ऐतिहासिक दबावों और उनके प्रति समय-सापेक्ष प्रतिक्रियाओं के कारण इनमें कुछ बुनियादी अन्तर भी हैं।" (पृ.सं. 31) प्रत्येक नया विचार, व्यवहार और लेखन परम्परा में अपनी जड़ों की खोज और पहचान करता है। इसी प्रक्रिया के अनुसार निर्गुण सन्त-मत से दलित लेखन के सम्बन्ध की पहचान का प्रयत्न बजरंग ने किया है। उन्होंने स्पष्ट लिखा है कि "सन्त-मत दलित लेखन के लिए प्रेरणास्रोत है, आर्दश नहीं।" (पृ.सं. 34)

गेल ऑमवेट ने सन्त कवि रैदास के एक पद की नयी व्याख्या अपनी 2008 में प्रकाशित पुस्तक 'सीकिंग बेगमपुरा' में की है। रैदास का प्रसिद्ध पद यह है—

बेगमपुरा सहर को नाउ। दूखु अंदोहु नही तिहि ठाउ।
नां तसवीस खिराजु न मालु। खउफु न खतान तरसु जवालु।।1
अब मोहि खूब वतन गह पाई। ऊहाँ खैरि सदा मेरे भाई रहाउ।
काइमु दाइमु सदा पातिसाही। दोम न सेम एक सो आही।।
आबादानु सदा मसहूर। ऊहाँ गनी बसहि मामूर।।2
तिउ तिउ सैल करहि जिउ भावै। महरम महल न को अटकावै।
कहि रविदास खलास चमारा। जो हम सहरी सु मीतु हमारा।।3।।2।।

(सन्त रैदास : वाणी और विचार, डॉ. रमेशचन्द्र मिश्र, पृ.सं. 150)

गेल रैदास के इस पद को एक यूटोपिया या कल्पनालोक मानती हैं। अपने समय के समाज और व्यवस्था से असन्तोष और विद्रोह की अभिव्यक्ति यूटोपिया में होती है। ऐसा ही यूटोपिया इस पद में है। रैदास के समय के भारतीय समाज में दलितों को अपार दुख और चिन्ता का सामना करना पड़ता था। इसीलिए वे ऐसे शहर की कल्पना करते हैं जहाँ न दुख हो न चिन्ता हो। यह एक क्रान्तिकारी भविष्य-दृष्टि से युक्त पद है।

एक लेख में बजरंग ने हिन्दी दलित साहित्य में आम्बेडकर के वैचारिक प्रभाव और उन पर लिखी विभिन्न रचनाओं का ब्योरा प्रस्तुत किया है। उसके साथ ही उन दलित लेखकों की आलोचना भी की है जो आम्बेडकर के चिन्तन का विरोध करते हैं। उन्होंने लिखा है कि "दलित लेखकों की एक श्रेणी ऐसी भी है जो आम्बेडकर चिन्तन का विरोध करती है। यह उल्लेखनीय है कि ऐसे लेखकों

को 'दलित लेखक' मानने से प्रायः परहेज़ किया जा रहा है। आम्बेडकर विरोधी तथाकथित दलित लेखक जाति-व्यवस्था को अधिकाधिक मज़बूत करने की माँग कर रहे हैं, दलित स्त्रियों की अस्मिता पर मनुवादी हथियारों से प्रहार कर रहे हैं और जनतन्त्र की ओर बढ़ने की बजाय धर्म और ईश्वर की सत्ता स्थापित करने की जी-तोड़ कोशिश कर रहे हैं।" (पृ.सं. 45-46)

इस पुस्तक में बजरंग ने जयप्रकाश लीलवान, मलखान सिंह और ओमप्रकाश वाल्मीकि की कविताओं का संवेदनशील विवेचन और मूल्यांकन किया है। इसी पुस्तक में एक निबन्ध है–'दलित कविता का वैचारिक परिप्रेक्ष्य', जिसमें बजरंग ने लिखा है कि प्रामाणिक अनुभव दलित कविता का नियामक तत्त्व है, लेकिन वे यह भी जोड़ते हैं कि रचना में अनुभव के साथ विज़न का भी होना आवश्यक है। यही नहीं, वे दलित कविता से संश्लिष्ट इतिहास-बोध और प्रश्नाकुलता की उम्मीद भी करते हैं। इस किताब में हिन्दी की दलित कहानी पर सात लेख हैं और दलित आत्मकथा पर चार लेख हैं। इन सभी लेखों में दलित साहित्य के प्रति गहरी आत्मीयता के बावजूद निर्भीक आलोचनात्मक चेतना सक्रिय है।

बजरंग बिहारी की तीसरी पुस्तक है 'भारतीय दलित साहित्य : आन्दोलन और चिन्तन'। इस पुस्तक को पढ़ने पर बजरंग के सोच-विचार की प्रक्रिया की कई विशेषताएँ सामने आती हैं। एक तो यही कि वे यद्यपि किसी प्रकार के मार्क्सवाद का झण्डा और डण्डा लेकर सोचने और लिखने नहीं चलते, लेकिन उनके सोच-विचार और लेखन में मार्क्सवाद अन्तर्दृष्टि के रूप में मौजूद रहता है। इस पुस्तक की भूमिका में उन्होंने ठीक ही लिखा है, "दलित आन्दोलन के ठीक पहले प्रगतिवादी आन्दोलन आ चुका था और उसने क्रान्तिकारी भारतीयता की सशक्त प्रस्तावना कर दी थी। दलित आन्दोलन ने इसका अपने ढंग से विकास किया। प्रगतिवादी आन्दोलन का परिप्रेक्ष्य अन्तरराष्ट्रीय था और वह समग्र दुनिया को बदलने का सपना सँजोये था। उधर, दलित आन्दोलन का बड़ा हिस्सा बौद्ध धर्म की ज़मीन पर खड़ा हुआ और उसे वैश्विकता की एक प्राचीन विरासत हासिल हुई। प्रगतिवाद और दलितवाद दोनों ही आन्दोलनों ने अखिल भारतीय स्तर पर प्रान्तवाद और भाषावाद की संकीर्णताएँ कम की तथा क्रमशः वर्गीय व सामुदायिक चेतना का प्रसार किया। नयी भारतीयता का नयापन इसी चेतना में अवस्थित है।" (पृ.सं. 8)

बजरंग के सोच-विचार की दूसरी विशेषता है सुस्पष्ट ऐतिहासिक दृष्टि। इस पुस्तक की भूमिका के आरम्भ में ही उन्होंने लिखा है, "भारतीयता कोई स्थिर अवधारणा नहीं है। यह हर काल में ख़ुद को बदलती रहती है। या, यों कहें कि

बदली जाती है। हाँ, कुछ मूल्य स्थिर से प्रतीत होते हैं। इसी से भारतीयता की एक पहचान स्थिर कर ली जाती है। इस स्थिरीकरण का प्रमुख कारण होता है सहूलियत की तलाश। अगर हम सहूलियत की ओर न जायें तो पायेंगे कि हर युग में भारतीयता अन्तर्वस्तु और शिल्प दोनों स्तरों पर परिवर्तित हुई है।' (पृ.सं. 7)

उनके चिन्तन की तीसरी विशेषता है इतिहास से ज्ञान के सम्बन्ध की पहचान। उन्होंने भूमिका में यह भी लिखा है कि “कभी किसी चिन्तन ने भारतीयता की अवधारणा में हस्तक्षेप किया है तो कभी आन्दोलन ने। वैसे बदलाव में निर्णायक भूमिका आन्दोलन की रही है। अगर कोई चिन्तन सिर्फ़ चिन्तन के रूप में ही रह गया और उसे क्रियाशीलता का हिस्सा नहीं बनाया गया तो उसका प्रभाव नगण्य रह गया है। देखा जाये तो चिन्तन का निर्माण ही आन्दोलन के दौरान हुआ करता है। चिन्तन आन्दोलन को दिशा देते हैं तो आन्दोलन चिन्तन को गति व स्वरूप प्रदान करते हैं। फिर, इनकी पारस्परिकता में भारतीयता का नया अध्याय रचा जाता है।” (पृ.सं. 7)

भारत में और पश्चिम में भी ज्ञान का विकास दो प्रक्रियाओं से हुआ। एक तो एकान्त साधना के माध्यम से और दूसरे जन-आन्दोलन के माध्यम से। भारत और पश्चिम में प्राचीन काल में ज्ञान का विकास प्रायः एकान्त साधना से हुआ, लेकिन आधुनिक काल में ज्ञान के विकास में जन-आन्दोलनों की महत्त्वपूर्ण भूमिका है। स्त्री की स्वाधीनता से सम्बन्धित चिन्तन हो या पर्यावरण सम्बन्धी चिन्तन, उनका विकास जन-आन्दोलनों से जुड़ा हुआ है। आन्दोलनों से उपजे ज्ञान का स्वरूप और स्वभाव एकान्त साधना से उपजे ज्ञान से भिन्न होता है। बजरंग बिहारी की यह समझ सही है कि दलित चिन्तन का विकास दलित आन्दोलन की देन है। उन्होंने लिखा है, “उत्तर-आम्बेडकर युग से विचार, संगठन और आन्दोलन के धरातल पर देश के दलित समुदायों में जैसी एकता बनी वह समूचे इतिहास में अभूतपूर्व है। देश में दलित आन्दोलनकर्मी के, सामाजिक चिन्तक के, राजनीतिक कार्यकर्ता के तौर पर जिस तरह एकत्र होने शुरू हुए और आपस में संवाद का सिलसिला चलाया उसने पूर्ववर्ती भारतीयता को एकबारगी झकझोर दिया। एक आध्यात्मिक भारतीयता के समक्ष प्रतिरोधी भारतीयता उदित हुई। सामाजिक असमानता को सैद्धान्तिक आधार देने वाली वर्णवादी भारतीयता ने सहमकर वर्णविरोधी भारतीयता को स्वीकार किया। इस असमानता के कट्टर अभ्यासकों ने तिलमिलाहट भरी घृणा के साथ हिंसक हमले किये। नयी भारतीयता न इन हमलों से डरी और न उसने समझौता किया।” (पृ.सं. 7-8)

दलित जीवन की वास्तविकताओं पर साहित्य आम्बेडकर-युग से पहले भी लिखा जाता था। लेकिन आम्बेडकर के विचारों और आन्दोलनों से प्रभावित दलितों द्वारा लिखा जाने वाला दलित साहित्य पहले के साहित्य से बुनियादी रूप से भिन्न है। इन दोनों प्रकार के साहित्यों का अन्तर स्पष्ट करते हुए बजरंग बिहारी ने लिखा है, "दलित जीवन की समस्याओं को उठाने वाला पूर्ववर्ती साहित्य पाठकों के मन में ग्लानि-बोध पैदा करता था या ऐसा करने की इच्छा रखता था। सामान्य तौर पर यह संवेदनशील ग़ैर-दलित रचनाकारों द्वारा ग़ैर-दलित पाठकों को ध्यान में रखकर रचा गया साहित्य था। इसके बरअक्स दलित साहित्य स्वातन्त्र्य-चेतना से निर्मित अधिकार-बोध जगाने वाला लेखन है। अधिकार-बोध 'मर्मस्पर्शी भावुक अभिव्यक्तियों' से नहीं बल्कि सुचिन्तित आक्रोश से पैदा होता है।"

बजरंग बिहारी की यह पुस्तक भारत की विभिन्न भाषाओं के दलित-लेखकों और विचारकों के साक्षात्कारों से तैयार की गयी है। इसमें मराठी, गुजराती, कन्नड़, तमिल, बांग्ला, उर्दू और हिन्दी के दलित लेखकों-विचारकों के साक्षात्कार हैं। बजरंग बिहारी ने इस पुस्तक की भूमिका में साक्षात्कारों की प्रक्रिया का भी ब्योरा दिया है। साक्षात्कारों के कारण इस पुस्तक में भारतीय दलित साहित्य की विविधता है, समग्रता है और प्रामाणिकता भी है। उनके साथ ही दलित साहित्य सम्बन्धी मतभेद हैं, आत्मालोचन है, समस्याएँ हैं और समाधान भी हैं। आइए, अब साक्षात्कारों को पढ़ें।

इन साक्षात्कारों की दो बातों पर लगभग सभी लेखक एकमत हैं। पहली बात तो यह कि आम्बेडकर दलित साहित्य की वैचारिक शक्ति का अनिवार्य स्रोत हैं। दूसरी बात यह कि भूमण्डलीकरण की आर्थिक व्यवस्था और नीतियों को लगभग सभी लेखक अस्वीकार करते हैं। कुछ दलित लेखक अखिल भारतीय दलित लेखक के संगठन और मंच की ज़रूरत भी महसूस करते हैं। मराठी के शरण कुमार लिंबाले यह मानते हैं कि, "दलित साहित्य के विकास के लिए अखिल भारतीय स्तर पर दलित लेखकों का एक साझा मंच बनाने की ज़रूरत है। ऐसा मंच जो सभी भाषाओं के प्रदेशों में दलित साहित्य पर संगोष्ठी, मेला और सम्मेलन का आयोजन कर सके। विभिन्न भारतीय भाषाओं में सक्रिय दलित लेखकों के साझा मंच पर आने से दलित साहित्य के विकास को गति मिलेगी। अन्यथा अपनी भाषाओं और जातियों तक सीमित दलित लेखक भटक जायेंगे। इसलिए विभिन्न भाषाओं में लिखने वाले लेखकों का साझा मंच होना ही चाहिए।" (पृ.सं. 25-26) लेकिन वे यह जानते और कहते हैं कि दलित लेखकों का अखिल भारतीय मंच बनाने में अनेक कठिनाइयाँ भी हैं।

दलित लेखकों के बीच बहस का एक मुद्दा मार्क्सवाद और भारत के मार्क्सवादियों से उनके सम्बन्ध का भी है। लिंबाले के अनुसार, "मार्क्सवाद का नेतृत्व भारत में सवर्णों के हाथों में था इसलिए दलितों ने 'ब्राह्मण कम्युनिस्ट' का विरोध किया। कम्युनिस्टों ने ट्रेड यूनियन चलायी। मिल मज़दूरों की लड़ाई लड़ी। वर्ग युद्ध की भाषा बोली। भारतीय मार्क्सवाद मज़दूरों और मिलों तक ही सीमित रहा। वह किसानों का आन्दोलन नहीं बन सका। भारतीय कम्युनिस्टों ने जाति-व्यवस्था के ख़िलाफ़ मौन साधा। इसलिए दलितों को मार्क्सवाद अपना विचार और आन्दोलन नहीं लगता।" (पृ.सं. 26)

मराठी के ही दूसरे दलित लेखक डॉ. गंगाधर पानतावणे कहते हैं कि "स्वतन्त्रता से पहले मार्क्सवादियों ने जाति पर, धर्म पर प्रश्न नहीं उठाये। मात्र आर्थिक प्रश्न उठाये। 1938 में बाबासाहेब ने कम्युनिस्टों से कहा था कि आप तो केवल आर्थिक प्रश्नों को लेकर चलते हैं, सामाजिक प्रश्न आपके यहाँ दिखते नहीं, जबकि यहाँ जाति है, वर्ग तो है नहीं। हमारी दो समस्याएँ हैं—सामन्तशाही और ब्राह्मणशाही, इन शत्रुओं से मार्क्सवाद नहीं लड़ा। कम्युनिस्टों को श्रमिकों का राज चाहिए, रक्तरंजित क्रान्ति चाहिए। यह बाबासाहेब का मार्ग नहीं है। वे तो लोकशाही की बात करते हैं।" (पृ.सं. 65)

इस पुस्तक में गुजराती के लेखक नीरव पटेल का एक साक्षात्कार है। वे मार्क्सवाद के महत्त्व को जानते हैं इसलिए वे कहते हैं कि, "मुझे यह जानकर अफ़सोस होता है कि कुछ दलित रचनाकारों, चिन्तकों ने मार्क्सवाद को परमशत्रु घोषित किया हुआ है। इसके विपरीत मैं मार्क्स का परम भक्त हूँ, जिस विचारधारा ने मानव गरिमा और मानव अधिकार को स्थापित करने के लिए पूरी मानवजाति के इतिहास का अध्ययन एवं मूल्यांकन किया। शोषण और अन्याय की न केवल पहचान की बल्कि उसे जड़ से मिटाने की वैज्ञानिक सोच भी विकसित की। ऐसी मानवतावादी विचारधारा से दलित साहित्य अप्रभावित कैसे रह सकता है?" (पृ.सं. 94)

मनोरंजन व्यापारी बांग्ला के प्रसिद्ध लेखक हैं। वे बंगाल पर लम्बे समय तक शासन करने वाली मार्क्सवादी पार्टी के दलित समुदाय के साथ दुर्व्यवहार के भुक्तभोगी हैं और उसके कटु आलोचक भी। फिर भी वे मार्क्सवाद और दलित लेखन की एकता के समर्थक हैं। उन्होंने अपने साक्षात्कार में कहा है कि "मेरा लेखन वर्गहीन, वर्णहीन समाज की स्थापना के लिए है। ऐसा समाज जहाँ आर्थिक व सामाजिक न्याय मिले। सबको महत्त्व व सम्मान मिले, कोई छोटा-बड़ा न हो। आपने पूछा नहीं फिर भी मैं बता रहा हूँ कि इस लक्ष्य की प्राप्ति के लिए जब

ज़रूरत पड़े बाबासाहेब का मार्गदर्शन ग्रहण करना चाहिए और जब आवश्यक लगे तो मार्क्सवाद का भी सहारा लेना चाहिए। वर्ग के अन्दर वर्ण हैं और वर्ण के अन्दर वर्ग—दोनों मानव समाज के दुश्मन। दोनों का विनाश चाहिए। इसलिए मार्क्सवाद और आम्बेडकरवाद में समन्वय बहुत ज़रूरी है।" (पृ.सं. 104)

इस किताब में एक साक्षात्कार उर्दू के लेखक सरदार अनवर का है। वह साक्षात्कार भारत के मुसलमान समाज में मौजूद जातिवाद की स्थिति की पोल खोलने वाला है। सरदार अनवर की राय है कि भारत में इस्लाम को अपनाने वाले दस प्रतिशत उच्च वर्णों के लोग थे और नब्बे प्रतिशत दलित समुदाय के लोग। उच्च वर्ण या उच्च जाति के जिन लोगों ने इस्लाम को अपनाया वे अपने साथ मनुवाद को लेकर मुसलमान समाज में आये। सरदार अनवर कहते हैं कि "मनुवाद क्या है? जो भी शारीरिक श्रम करे, ख़ून-पसीना बहाकर रोजी-रोटी चलाये वह सब नीच जाति का है। असली समाज-सेवा करने वाला चाहे वह तेली हो, कपड़ा बुनने वाला जुलाहा हो, नाई हो, धोबी हो, चर्मकार हो सब तिरस्कार, अपमान के हक़दार हैं और जो, धूर्तता से दिमागी चालाकी से अपने ऐशो-आराम की चीज़ें हासिल कर रहा है वह उच्च जाति का है, सम्मान के क़ाबिल है। इसी उसूल में मुसलमानों में भी ऊँच-नीच की बात आ गयी।" (पृ.सं. 66)

भारतीय समाज में स्त्री चाहे वह दलित समुदाय की हो या सवर्ण समुदाय की, पुरुष की गुलामी का जीवन जीती है। यही नहीं वह घर में और समाज में शोषण, दमन और उत्पीड़न का शिकार होती है। भारतीय स्त्री की इस स्थिति का ज्ञान और उसे दूर करने की चिन्ता भारतीय दलित लेखकों के सोच-विचार में है। शरण कुमार लिंबाले ठीक ही कहते हैं कि "दलित स्त्री जैसे जाति-व्यवस्था की गुलाम है, वैसे पुरुष-सत्ता की भी गुलाम है। उसका दोहरा शोषण होता है, दलित स्त्री जाति-व्यवस्था के विरुद्ध और दलित पुरुष-सत्ता के विरुद्ध लड़ रही है। दलित पुरुष इस व्यवस्था का गुलाम है तो दलित स्त्री गुलाम बनी है। हम समता और सामाजिक न्याय का समर्थन करते हैं। हम दलित स्त्री पर होने वाले अन्याय के ख़िलाफ़ हैं। इतना ही नहीं हम किसी भी स्त्री पर होने वाले अन्याय के पक्ष में नहीं हैं। दलित एक क्रान्तिकारी मानसिकता है। यह मानसिकता किसी भी गुलामी का समर्थन नहीं कर सकती।" (पृ.सं. 32)

सुखदेव थोरात भी कहते हैं कि "ज़ाहिर-सी बात है कि जिस मनुवाद ने दलितों को अधिकारों से वंचित किया, उसी ने स्त्रियों को भी नहीं बख़्शा। अछूतों और स्त्रियों की स्थिति में बहुत अन्तर नहीं है। दोनों को ही सम्पत्ति का, ज्ञान का, धार्मिक कृत्य करने का अधिकार प्राप्त नहीं था। इसे समझना चाहिए। एक

मसला तो पुरुष-आधिपत्य का है जो किसी भी समाज में देखा जा सकता है और दूसरा मसला यह है कि हिन्दुइज़्म ने स्त्रियों को अधिकारों से वंचित किया है।" (पृ.सं. 81)

अनेक भारतीय दलित लेखकों ने अपने साक्षात्कारों में आत्मालोचन भी किया है। जिसमें आत्मशक्ति होती है वही आत्मालोचन करता है। आत्मालोचन अपनी कमियों और कमज़ोरियों से मुक्त होने के लिए ज़रूरी होता है। शरणकुमार लिंबाले कहते हैं, "दलित समीक्षकों ने वैश्वीकरण, उदारीकरण, विनिवेशीकरण, बाज़ारीकरण के परिप्रेक्ष्य में अपना मन्तव्य नहीं रखा। उन्हें इस मोड़ पर दलित साहित्य के विकास के लिए ब्लू प्रिंट देना ज़रूरी था। इस सन्दर्भ में उनकी सोच में कमी है। दलित लेखकों के अहं ने भी दलित समीक्षकों को आड़े हाथों लिया। दलित लेखक प्रगतिशील विचारधारा के प्रति अविश्वास की भावना व्यक्त करते रहे। ग़ैर-दलितों ने दलित समीक्षकों के प्रति ऊटपटाँग बातें करके दूरी बनाये रखी। दलित साहित्य का गम्भीर अध्ययन करके इस साहित्य की समीक्षा करने का कार्य किसी ने भी नहीं किया।" (पृ.सं. 43)

कन्नड़ साहित्य के प्रसिद्ध लेखक डॉ. मोगल्ली गणेश ने तल्ख़ भाषा में कुछ दलित लेखकों की कुछ प्रवृत्तियों की आलोचना करते हुए कहा है कि "दुर्भाग्यवश आज देश के तमाम दलित लेखक अपने नाम और यश के लिए लिखते हैं तथा दलित समुदाय के नाम पर तमाम लाभ लेते हैं। मुझे ऐसे लेखकों से घृणा है। मध्यवर्गीय दलित क्रमशः शोषक समाज का हिस्सा बनते जा रहे हैं। किसी दलित लेखक को सत्ता की राजनीति में अपने समुदाय के अनुभवों को बेचना नहीं चाहिए। व्यवस्था के ठेकेदार अथवा साहित्य के मालिक (या दैत्य) अपने हिसाब से, सुविधानुसार अनुकूल व्यक्तियों/लेखकों को चुनेंगे। दलित लेखकों को उनसे जुड़ने में बेहद सावधानी बरतनी होगी।" (पृ.सं. 111)

बजरंग बिहारी ने बांग्ला दलित साहित्य पर जो पुस्तक तैयार की है वह हिन्दी के दलित और ग़ैर-दलित लेखकों के लिए आँख खोलने वाली है और राह दिखाने वाली भी है। इसका उपशीर्षक है 'सम्यक् अनुशीलन', जो शत-प्रतिशत सही है। यह हिन्दी में बांग्ला दलित साहित्य पर पहली पुस्तक है। यह आठ वर्षों में तैयार हुई है और एक सहयोगी प्रयास का परिणाम है। यहाँ सहयोगी प्रयास का अर्थ यह है कि बजरंग ने बांग्ला दलित साहित्य से सम्बन्धित सूचनाओं का संग्रह बांग्ला के दलित लेखकों की मदद से किया है और बांग्ला दलित साहित्य की रचनाओं का हिन्दी में अनुवाद अनेक मित्रों की सहायता से प्राप्त किया है। इस पुस्तक में बजरंग ने बांग्ला दलित आन्दोलन का जो संक्षिप्त इतिहास प्रस्तुत

किया है उससे बांग्ला दलित साहित्य की अनेक विशेषताएँ समझने में पाठकों को सहायता मिलेगी। बांग्ला दलित साहित्य से जुड़ा पहला प्रश्न यह है कि बांग्ला में दलित साहित्य देर से क्यों शुरू हुआ? दूसरा प्रश्न यह है कि पश्चिम बंगाल में लगभग तीस वर्षों तक वामपन्थी शासन के बावजूद वहाँ के दलितों के जीवन की परिस्थितियों और उनकी पीड़ाओं में कोई परिवर्तन और सुधार क्यों नहीं हुआ? इन दोनों प्रश्नों के उत्तर बांग्ला दलित आन्दोलन और साहित्य के संक्षिप्त इतिहास में मौजूद हैं।

इस पुस्तक की भूमिका में बांग्ला दलित साहित्य की विशेषता स्पष्ट करते हुए बजरंग ने लिखा है कि "बांग्ला दलित साहित्य की जो खूबी उसे अन्य भारतीय भाषाओं में लिखे जा रहे दलित साहित्य से अलग करती है वह है उसका अ-शिकायती लहजा। बांग्ला दलित लेखक किसी के समक्ष शिकायतों का पुलिन्दा लेकर प्रस्तुत नहीं होते। वैसे तो कई भाषाओं के दलित साहित्यकार धीरे-धीरे 'शिकायती-शैली' की व्यर्थता समझ गये और उन्होंने अपने को इससे मुक्त कर लिया लेकिन यह विशेषता बांग्ला दलित लेखन में प्रारम्भ से ही दिखती है। याचना-भाव और दम्भोक्ति दोनों से बचते हुए बांग्ला दलित साहित्य ने अन्य भारतीय भाषाओं के दलित साहित्य की तुलना में किंचित विलम्ब से अपनी यात्रा शुरू की।" (पृ.सं. 3)

बजरंग बिहारी ने भूमिका में यह भी लिखा है कि "बांग्ला दलित साहित्य में इतिहास मुखर नहीं है। ऐसा लग सकता है कि बांग्ला दलित रचनाकार इतिहास के प्रति बेपरवाह रह कर लिखते हैं। लेकिन, जब उनकी रचनाओं को नज़दीक से देखने की कोशिश की जाती है तब पता चलता है कि बोध के स्तर पर इतिहास अन्तर्धारा के रूप में प्रवाहित है। इतिहास कई तरह से सहायता करता प्रतीत होता है।" (पृ.सं. 31) मेरी समझ से यह बात सही नहीं है। बांग्ला दलित साहित्य की इतिहास दृष्टि मूलगामी है। उसमें सुदूर अतीत के इतिहास से गहरा सम्बन्ध है। इसी पुस्तक से मालूम होता है कि पौंड्र जाति के रायचरण सरदार ने 1910 में 'ब्रात्य-बान्धव' का प्रकाशन किया था। (पृ.सं. 32) यही नहीं अनिल सरकार नाम के कवि का एक काव्य-संग्रह है जिसका नाम है 'ब्रात्य जनेर कविता'। उसका एक अंश इस पुस्तक में भी है। राजूदास के कहानी-संग्रह का नाम है 'ब्रात्य जनेर गल्प'।

आख़िर ये ब्रात्य जन कौन हैं, इसे जानना हो तो बिहार के प्रसिद्ध इतिहासकार राधाकृष्ण चौधरी की अंग्रेज़ी में लिखित पुस्तक 'ब्रात्य इन एनसिएंट इंडिया' (1964) को पढ़ना ज़रूरी है। डॉ. चौधरी के अनुसार ब्रात्य जन आर्य जन के

समानान्तर और समसामयिक जनसमुदाय था। उनके बारे में अथर्ववेद में बहुत कुछ कहा गया है। ब्रात्य आर्यों से भिन्न थे। उनकी आर्यों से भिन्न ज्ञान व्यवस्था थी और संस्कृति भी। ब्रात्य मुख्यतः मगध, अंग, बंग आदि भारत के पूर्वी भाग में रहते थे। वे घुमन्तू थे। वे न वेद की मान्यताओं को मानते थे न ब्राह्मणवाद को स्वीकार करते थे। ब्रात्यों की अपनी सामाजिक संरचना थी और राजनीतिक व्यवस्था भी, जो आर्यों से अलग थी। बांग्ला के दलित साहित्य में और कहानी में ब्रात्य चेतना की उपस्थिति से यह साबित होता है कि बांग्ला दलित साहित्य के रचनाकार अपने प्राचीन इतिहास से मूलगामी रूप से जुड़े हुए हैं और उससे प्रेरणा भी लेते हैं।

जहाँ तक निकट अतीत के इतिहास से बांग्ला के दलित साहित्य के सम्बन्ध का प्रश्न है तो इसका उत्तर बजरंग की पुस्तक में मौजूद है। बजरंग बिहारी ने लिखा है कि "दलित नरसंहार के लिए कुख्यात मरिचझाँपी काण्ड (1978) इस मामले में सबसे अधिक टीस भरा प्रसंग है। दलितों की सामूहिक स्मृति में सर्वाधिक ताज़े और चिलकते मरिचझाँपी काण्ड को बांग्ला दलित साहित्य में बार-बार उकेरा गया है।" (पृ.सं. 31)

मरिचझाँपी का दलित जनसंहार पश्चिम बंगाल की वामपन्थी सरकार के इतिहास पर काला धब्बा है और बांग्ला के दलित लेखकों के लिए विक्षोभ, आक्रोश और वामपन्थ से मोहभंग का कारण भी है। बजरंग बिहारी ने स्वयं लिखा है कि "बांग्ला के अधिकांश दलित लेखकों का कहना है कि साम्यवाद, मार्क्सवाद से उनका कोई विरोध नहीं, वे तो बल्कि इसके समर्थक हैं। लेकिन, जिस तरह के मार्क्सवाद को वे देखते आ रहे हैं, उसके कट्टर विरोधी हैं। ब्राह्मणवादी मार्क्सवादी कितनी भी लुभावनी भाषा, मोहक चेहरा लेकर क्यों न आयें उसे तो वे शत्रु मानेंगे और उसके ख़िलाफ़ संघर्ष करेंगे।" (पृ.सं. 24)

बांग्ला के ग़ैर-दलित ईमानदार लेखक और कवि भी बंगाल के मार्क्सवादियों की विचारधारा और आचरण के छद्म को जानते हैं और उसकी आलोचना भी करते हैं। बजरंग बिहारी ने प्रगतिशील कवि सुभाष मुखोपाध्याय की एक कविता का यह अंश उद्धृत किया है—

पोशाक के नीचे जनेऊ और
आस्तीन के अन्दर ताबीज़ ढक कर
एक खाँटी कुलीन के बच्चे ने
मुझे साफ़-साफ़ समझाया
कि दुनिया को किसी तरह से बदलना होगा। (पृ.सं. 23)

यही नहीं उन्होंने हीरेन्द्रनाथ मुखोपाध्याय का एक कथन भी उद्धृत किया है। हीरेन्द्रनाथ मुखोपाध्याय ने पश्चिम बंग गणतान्त्रिक लेखक शिल्पी संगठन के वार्षिक अनुष्ठान में कहा था, "इतने दिन तक समता का आन्दोलन करके क्या मिला हमें? स्वाधीनता के 50 वर्ष बाद की बांग्ला की किसी भी पत्रिका के शारदीय संस्करण में किसी भी दलित लेखक का चेहरा नहीं दिखाई देता।" (पृ.सं. 24)

दलित समुदाय की सवर्णों द्वारा की गयी उपेक्षा, उनके अपमान और उनकी यातना के विरुद्ध अपनी प्रतिक्रिया व्यक्त करने के लिए किसी का मार्क्सवादी होना आवश्यक नहीं है, केवल संवेदनशील, सहृदय और मानवीय होना काफ़ी है। यही कारण है कि रवीन्द्रनाथ ठाकुर ने गीतांजलि के एक गीत में दलितों की उपेक्षा और अपमान के लिए सवर्ण समुदाय को धिक्कारते हुए यह गीत लिखा था—

हे अभागे देश मेरे, तुमने किया जिनका अपमान,
होना पड़ेगा अपमान में, तुम्हें उन सब के समान।
मनुष्य के अधिकार से
वंचित किया है जिसे,
सामने खड़ा रखा, लेकिन दिया नहीं गोद में स्थान
होना पड़ेगा अपमान में, तुम्हें उन सब के समान।

मनुष्य के स्पर्श से भी, दूरी बढ़ा कर प्रतिदिन
तुम करते रहे मनुष्य के प्राण देवता से घिन,
विधाता के प्रलय रोष में,
दुर्भिक्ष द्वार पर बैठ—
मिल-बाँटकर करना पड़ेगा, सब के संग खान-पान।
होना पड़ेगा अपमान में, तुम्हें उन सब के समान।

अपने आसन से जिन्हें तुमने नीचे उतार दिया।
तुमने अपनी शक्ति को ही, लांछित और निर्वासित किया।
उन पैरों तले रुँधते हुए
और धूल में तिरते हुए—
उतर आओ उन निम्नजनों के पास, वरना नहीं मिलेगा त्राण।
होना पड़ेगा अपमान में, तुम्हें उन सब के समान।

जिन्हें तुमने फेंक दिया है नीचे, तुम को भी बाँध रखेंगे नीचे।
जिन्हें बिठा रखा है पीछे, वे खींच रहे हैं तुम को भी पीछे।
अज्ञान के अन्धकार में
छिपा रखा है तुमने जिन्हें,
तुम्हारा मंगल यश ढाँप, उन्होंने भी रचा घोर व्यवधान,
होना पड़ेगा अपमान में, तुम्हें उन सब के समान।

हज़ारों साल से लादे हुए, सिर पर असम्मान का भार,
नर में बैठे नारायण को, कभी करते नहीं नमस्कार।
लेकिन फिर भी आँखें मूँदे,
क्या वे देख नहीं पाते,
उतरा है धूल तले दीन-हीन पतितों का भगवान।
होना पड़ेगा अपमान में, तुम्हें उन सब के समान।
क्या तुम देख नहीं पाते द्वार पर मृत्युदूत खड़ा आकर,
उसने आँक दिया अभिशाप तुम्हारे जाति गर्व पर।
अगर अब भी सबको नहीं बुलाते,
और दूर पड़े रहते हो,
बाँध रखा अपने को, चारों ओर से लादे वृथा अभिमान,
मृत्युपाश में, चिताभस्म में, होना होगा एक समान।

हे अभागे देश मेरे, तुमने किया जिनका अपमान,
होना पड़ेगा अपमान में, तुम्हें उन सब के समान।

(हिन्दी अनुवाद, रणजीत साहा, पृ.सं. 251-53)

बजरंग बिहारी की इस पुस्तक में बांग्ला दलित साहित्य का परिचय, उसके आन्दोलन और विकास का विवेचन ही नहीं है, उसमें बांग्ला दलित साहित्य की कविताओं, कहानियों, आत्मकथाओं, उपन्यासों, नाटकों और आलोचनाओं का ऐसा संग्रह भी है जिन्हें पढ़कर पाठक बांग्ला दलित साहित्य की प्रामाणिक समझ और उस सबका बोध प्राप्त कर सकते हैं। बजरंग बिहारी की इस पुस्तक से बांग्ला दलित साहित्य की समृद्धि और समग्रता का सम्यक् ज्ञान प्राप्त हो सकता है।

बजरंग बिहारी ने भारत के दलित समाज और दलित साहित्य पर जो चार पुस्तकें लिखी हैं उनको पढ़ने के बाद एक बात की ओर मेरा ध्यान गया कि भारतीय समाज में अपने अस्तित्व की रक्षा और बेहतरी के लिए जो लम्बा आन्दोलन, संगठन

और संघर्ष का प्रयत्न दलितों ने किया है उस पर भी एक किताब हिन्दी में लिखने की ज़रूरत है। देश भर के दलित, उनके नेता और कार्यकर्ता लगभग 150 वर्षों से अधिक समय से संघर्ष कर रहे हैं। महाराष्ट्र में महात्मा ज्योतिराव फुले और आम्बेडकर तथा हिन्दी क्षेत्र में स्वामी अछूतानन्द के आन्दोलन से दलित समुदाय में जागरण हुआ है और दलित चेतना के विकास में सहायता मिली है। अभी इसी वर्ष सफ़ाई कर्मचारी आन्दोलन के कार्यकर्ताओं ने जिस भीमयात्रा का आयोजन किया उसने 3500 किमी. की यात्रा की, डिब्रूगढ़ से दिल्ली तक की यात्रा। यह यात्रा 25 दिनों तक चली और 13 अप्रैल, 2016 को नयी दिल्ली पहुँची। यह लम्बी और कठिन यात्रा चीन के लम्बे अभियान की याद दिलाती है। दोनों लम्बी यात्राओं में परेशानियों और परिश्रम की समानता है परन्तु परिणाम एकदम भिन्न। इसी वर्ष गुजरात के दलितों ने अपने समुदाय के लोगों पर होने वाले अत्याचार के विरुद्ध जैसा आन्दोलन और संघर्ष किया है वह अत्यन्त महत्त्वपूर्ण है। अब भारत के दलित यह समझने लगे हैं कि भारत सरकार या किसी राज्य की सरकार केवल निवेदन और आवेदन को सुनने और कुछ करने वाली नहीं है, इसीलिए आन्दोलन और संघर्ष की राह पर चलने से ही कुछ बात बनेगी। दलित समाज और साहित्य पर लिखने वालों का यह दायित्व है कि वे दलितों के आन्दोलन और संघर्षों को इतिहास में दर्ज करें और उस पर लिखें।

खण्ड तीन

सुब्रह्मण्य भारती की काव्य-प्रतिभा

दुनिया के साहित्य के इतिहास में कुछ ही ऐसे साहित्यकार हैं जिन्होंने अपने छोटे से जीवनकाल के बावजूद अपनी आश्चर्यजनक प्रतिभा के आलोक से अपनी भाषा के साहित्य के लिए नया मार्ग बनाया और उसके विकास के लिए सोच, संवेदना और भाषा की नयी दिशा निर्धारित की। ऐसे साहित्यकारों में रूसी के पुश्किन और हिन्दी के भारतेन्दु हरिश्चन्द्र के साथ तमिल के सुब्रह्मण्य भारती का नाम विशेष रूप से उल्लेखनीय है। भारती को कुल उनतालीस वर्ष का जीवन मिला था, वे 11 दिसम्बर, 1882 को पैदा हुए थे और 12 सितम्बर 1921 को दिवंगत हुए। उन्हें कुल 16-17 वर्षों का सृजनात्मक जीवन मिला था। इस थोड़े से समय में ही भारती ने अपनी काव्य-प्रतिभा की तेजस्विता के प्रभाव से एक ओर तमिल जनता की चेतना को आन्दोलित किया तो दूसरी ओर भारत की ब्रिटिश सरकार को हिला दिया। भारती ने तमिल में साहित्य रचा है और अंग्रेज़ी में भी। उन्होंने कविता, कहानी, उपन्यास और निबन्ध लिखे हैं, लेकिन वे प्रसिद्ध हैं तमिल के भारतीय कवि के रूप में ही।

भारती की काव्यदृष्टि अत्यन्त व्यापक, बहुमुखी और बहुरंगी है। उनकी कविताओं में अनेक स्वर हैं। वे सामाजिक, दार्शनिक, आध्यात्मिक, भक्तिपरक और प्रेमानुभूति के स्वर हैं, लेकिन इन सबके होते हुए भी जो स्वर सबसे प्रखर, उदात्त और बुलन्द है वह है राजनीतिक स्वर। वे भारत की पराधीनता के कठोर यथार्थ और स्वाधीनता की उद्दाम आकांक्षा के कवि हैं। वे भारत के स्वाधीनता आन्दोलन के कवि हैं, स्वाधीनता आन्दोलन से प्रेरित और उसे प्रभावित करने वाले कवि हैं।

कवि भारती की राजनीतिक कविताओं की एक विशेषता यह है कि उसमें तमिल जनता के राजनीतिक जागरण को अखिल भारतीय राजनीतिक जागरण से जोड़ा गया है और स्वाधीनता की भारत व्यापी भावना की शक्ति को पहचाना गया है। भारती 1898 से 1901 तक बनारस और इलाहाबाद में रहे और पढ़े।

उन्होंने 1905 में कलकत्ता की यात्रा की और बहन निवेदिता से मुलाक़ात की। 1907 में उन्होंने सूरत कांग्रेस के अधिवेशन में भाग लिया था। इस तरह भारती को एक अखिल भारतीय परिवेश का बोध प्राप्त हुआ था। इसीलिए 1905 के बंग-भंग के विरोध में विकसित स्वदेशी आन्दोलन का भारती पर गहरा असर पड़ा और उन्होंने उस आन्दोलन में बंकिम चन्द्र के अत्यन्त लोकप्रिय गीत वन्दे मातरम् पर कविताएँ लिखीं। उनमें से एक कविता यह है—

चाहे विजय हमारी हो,
पराजय हो या मृत्यु।
हम एक हैं
और एक होकर उच्चारेंगे
वन्दे मातरम्!

भारती की कविता में भारत की प्रकृति है और संस्कृति भी, जिनके मेल से भारतीयता बनती है। वे एक कविता में लिखते हैं—

यह महान् हिमवान् हमारा है—
इसकी कोई उपमा संसार में नहीं है।
यह स्नेहमयी गंगा हमारी है—
अन्य कौन-सी नदी इतनी गौरवशाली है?
पावन उपनिषदें, हमारी हैं
इनके समान पुण्य ग्रन्थ और कहाँ हैं?
यह स्वर्णिम धरा हमारी अद्वितीय है,
आओ, हम इसका गुणगान करें।

भारती जब भारत की पराधीनता के यथार्थ और उसके यातनामय प्रभावों की कविता लिखते हैं तो पूरे भारत की जनता की दुर्दशा को ध्यान में रखते हैं। उनकी एक कविता है भारतवासियों की वर्तमान अवस्था जिसमें वे कहते हैं—

डर के मारे जान सदा इनकी निकली रहती है।
भला कौन-सी वस्तु इन्हें भयभीत नहीं करती है...
इनसे कर लेकर, इन पर शासन करते हैं।
उनको भूत समझकर नाहक ये डरते रहते हैं...
पुलिसमैन के दिखते ही तो प्राण सूख जाते हैं।
चौकीदारों के चेहरे भी इन्हें कँपा देते हैं।

पराधीन भारतीय जनता की इस अवस्था के बोध के बाद भारती संकल्प के स्वर में कहते हैं—

पराधीनता का जीवन है तो अति लज्जाजनक बात है।
पराधीनता जीवन पर लज्जित सारा भारत एक साथ है।
अब हम यह संकल्प करेंगे,/दास-वृत्ति का त्याग करेंगे।
कभी नहीं परतन्त्र रहेंगे।
हम वन्दे मातरम् कहेंगे।

भारतीय नवजागरण के अनेक दूसरे साहित्यकारों की तरह भारती पत्रकार भी थे। इसलिए उनके चिन्तन में जहाँ एक ओर साहित्यकार का परम्परा-बोध है वहीं दूसरी ओर पत्रकार की समकालीन चेतना भी है। उनकी कवि-दृष्टि उनकी पत्रकारिता को संवेदनशील बनाती है तो उनकी पत्रकार-दृष्टि उनकी कविता को समकालीन समस्याओं के प्रति सजग और उनकी भाषा को सहज सम्प्रेष्य बनाती है। 1904 से उन्होंने पत्रकारिता की शुरुआत की थी। वे 'स्वदेश मित्रन' के सह-सम्पादक नियुक्त हुए, फिर 'चक्रवर्धनी' पत्रिका के सम्पादक बने। 1906 में वे क्रान्तिकारी साप्ताहिक 'इंडिया' के सम्पादक हुए। पत्रिका के क्रान्तिकारी विचार और तेवर के कारण पत्रिका और सम्पादक दोनों को अंग्रेज़ी राज्य के दमन का शिकार होना पड़ा। 1910 में 'इंडिया' का प्रकाशन बन्द हो गया। लेकिन भारती की पत्रकार दृष्टि जीवनभर उनके साथ रही और उनके लेखन में सोच और शैली के रूप में व्यक्त होती रही।

भारती को फ्रांसीसी राज्य क्रान्ति के तीन नारे या शब्द बहुत प्रिय थे। उन्होंने एक निबन्ध में लिखा है, "फ्रांस ने तीन मार्गदर्शक शब्द घोषित किये थे, स्वाधीनता, समानता और भाईचारा। जब मनुष्य इन्हें समझ लेंगे तब ये मानव विकास में सर्वश्रेष्ठ पथप्रदर्शक बनेंगे।" (भारतीय संस्कृति और हिन्दी-प्रदेश—रामविलास शर्मा, पृ.सं. 486) फ्रांसीसी राज्य क्रान्ति के ये तीनों नारे बाद के समय में दुनियाभर के क्रान्तिकारी आन्दोलनों के प्रेरणास्रोत और मार्गदर्शक सिद्धान्त बने और आज भी हैं। ये तीनों शब्द भारती के चिन्तन और लेखन के बीज-शब्द हैं और उनकी सम्पूर्ण सृजनशीलता के उद्देश्यों को समझने की कुंजी भी हैं।

फ्रांसीसी राज्य क्रान्ति के नारों में पहले है स्वाधीनता। भारती स्वाधीनता के साधक कवि हैं। उनके लिए स्वाधीनता केवल राजनीति तक सीमित नहीं है। वे अंग्रेज़ी राज से भारत की राजनीतिक स्वाधीनता भी चाहते थे, लेकिन वे स्वाधीनता को सामाजिक भी बनाना चाहते थे। उनके लिए स्वाधीनता का अर्थ जितना व्यापक है उतना ही गहरा भी। वे एक विचार के रूप में स्वाधीनता के समर्थक हैं, एक भावना के रूप में उसका आदर करते हैं, एक व्यवहार के रूप

में प्रत्येक व्यक्ति के जीवन में उसको चरितार्थ होते देखना चाहते हैं और एक सामाजिक सिद्धान्त के रूप में पूरे भारतीय समाज में उसका विनियोग ज़रूरी समझते हैं। उनका साहित्य हर तरह की पराधीनता के विरुद्ध युद्ध की घोषणा का साहित्य है। स्वतन्त्रता के प्रति उनकी आस्था की दृढ़ता को इस कविता में देखा जा सकता है–

सुख देने वाले घर से निकल कर
भले ही, मुझे गहन अन्धकार में छोड़ दिया जाये
माँ, खुशी के एक क्षण के बदले, चाहे
उदासी-से बोझिल दिनों को
बिता लेने को विवश कर दिया जाऊँ,
यह सच है, अनगिनत कष्ट
मुझे क्षत-विक्षत ही क्यों न कर डालें,
पर हे माँ स्वतन्त्रते!
मैं तुम्हें पूजना नहीं भूलूँगा।

भारती के अनुसार स्वाधीनता की आकांक्षा के सर्वाश्लेषी रूप और स्वाधीनता के यथार्थ के सर्वशोधक व्यवहार को देखना हो तो उनकी कविता मुक्ति गीत का यह अंश देखिए–

जातिगत अहंकार ख़त्म हुआ,
विदेशी वर्चस्व अब नहीं रहा,
न कोई रहा अब याचक
न बची प्रभुता धूर्तों की।
आओ हम गायें, झूमें...
हम हैं स्वतन्त्र यही चर्चा है सर्वत्र–
अब सब समान यही सत्य है
विजय शंख फूँकेंगे हम
धरती पर यह नाद गुँजायेंगे हम!
आओ हम गायें, झूमें...
सब एक हैं, अब यहाँ
झूठ फरेब सब ख़त्म हुआ
अब सज्जन ही है–महापुरुष यहाँ
दुष्टों का अब अन्त हुआ।
आओ हम गायें, झूमें...

फ्रांसीसी राज्य क्रान्ति का दूसरा नारा था समानता का। यह जितना राजनीतिक है उससे अधिक सामाजिक व्यवस्था से सम्बद्ध है। भारती जब इस धारणा की दृष्टि से भारतीय समाज को देखते हैं तब वे पाते हैं कि भारतीय समाज का स्थायी भाव तो भेदभाव ही है। इसमें असमानता का राज है। इस असमानता के राज का प्रमुख आधार है जाति प्रथा। उसके समाप्त होने पर ही समानता की सम्भावना हो सकती है। भारती ने जाति प्रथा के झूठ और सच को जनता के सामने लाने के लिए एक लेख अंग्रेज़ी में लिखा था, 'जाति प्रथा का अपराध' (द क्राइम ऑफ़ कास्ट)। इस लेख में उन्होंने कहा है कि, "गौतम बुद्ध से लेकर विवेकानन्द तक बहुत से ज्ञानियों ने जाति प्रथा की निन्दा की, परन्तु वह फिर भी जारी है। वह भारतीय जनता के रक्त में घुल-मिल गयी है। भारती ने इस तर्क का उत्तर दिया। लोग जाति प्रथा से सन्तुष्ट नहीं हैं। इसका परिणाम यह है कि ढाई हज़ार वर्षों में बहुत से बड़े आदमियों ने इस प्रथा की निन्दा की है। अब उसमें कोई गुण बाक़ी नहीं रह गया। वह निर्जीव हो गयी है। किसी को इस बात पर ख़ुश न होना चाहिए कि जाति प्रथा के ख़त्म होने में इतना समय लग रहा है, क्योंकि जितना ही समय लगेगा, उतना ही उसका रूप भयावह होगा।" (भारतीय संस्कृति और हिन्दी-प्रदेश, पृ.सं. 496-7)

भारती स्वाधीनता आन्दोलन के दौरान और उसके हित में राजनीतिक चेतना के साथ ऐसी सामाजिक चेतना का विकास चाहते थे जिसमें जाति प्रथा से पैदा हुई असमानता एकदम न हो। इसीलिए उन्होंने यह कविता लिखी–

ब्राह्मण हों या अब्राह्मण, हम सब समान हैं
इस धरती पर जन्मे सब मानव समान हैं।
जाति-धर्म का दम न भरेंगे
ऊँच-नीच के भेद तजेंगे।
हम वन्दे मातरम् कहेंगे।
जो अछूत हैं, वे भी कोई और नहीं हैं
वे भी तो रहते हम सबके साथ यहीं हैं।
अपने कहीं पराये होंगे
और हमारा अहित करेंगे?
हम वन्दे मातरम् कहेंगे।

(पृ.सं. 17)

भारती चाहते थे कि भारत में जब स्वतन्त्रता आये तो वह ऐसी हो जो दलितों की भी स्वतन्त्रता हो। यही उन्होंने इस कविता में लिखा है–

है स्वतन्त्रता तिया, परया, पुलया लोगों को।
पर्वा, कुरवा और मारवा सभी जातियों को भी हैं वह।
उच्च ज्ञान, शिक्षा का जीवन सुखद बनायें।
सबने पायी भाई आज स्वतन्त्रता।

(पृ.सं. 41)

वृहद् जाति में नहीं अकिंचन, दास न कोई।
अब भारत में नीच व्यक्ति का नाम न कोई।
शिक्षित हों, समुचित धन-धान्य सभी जन पायें।
आपस में हिल-मिल समता का समय बितायें।
सबने पायी भाई आज स्वतन्त्रता।

(भारती, पृ.सं. 14)

भारतीय समाज में असमानता का दूसरा उदाहरण है स्त्री और पुरुष के बीच असमानता। भारतीय समाज में स्त्रियों की पराधीनता सामाजिक है और सांस्कृतिक भी। भारती ने भारतीय स्त्री की पराधीनता की वास्तविकता को देखा, पहचाना और उसे दूर करने के बारे में सोचा ही नहीं, बल्कि स्त्रियों की स्वाधीनता की माँग का समर्थन भी किया। उनका एक निबन्ध है 'नारी स्वाधीनता' (वीमेन्स फ्रीडम); उसमें वे स्पष्ट कहते हैं कि "हमारी स्त्रियाँ आज दासी हैं वे हमारे धार्मिक, सामाजिक और राजनीतिक जीवन में गुलामी की परिस्थितियों को सुरक्षित और अपरिवर्तित बनाये रखने में जबर्दस्त सहायता करती हैं।" रामविलास शर्मा भारती के इस कथन पर टिप्पणी करते हुए ठीक ही लिखते हैं कि "यहाँ भारती हर तरह के रूढ़िवाद का, हर तरह की कट्टरता का विरोध करते हैं। ऐसी रूढ़ियाँ, ऐसी कट्टरता, धार्मिक मामलों में हैं, सामाजिक और राजनीतिक मामलों में भी हैं। अशिक्षित होने के कारण स्त्रियाँ इस तरह के रूढ़िवाद को अपना धर्म मानती हैं और पुरुष इसका विरोध करने के बदले उनकी प्रशंसा करते हैं कि वे धर्म की रक्षा कर रही हैं।" (भारतीय संस्कृति और हिन्दी-प्रदेश, पृ.सं. 500)

भारती स्त्री को समाज का गौरव मानते हैं, उसे जीवन की संरक्षिका और जीवनदात्री भी कहते हैं। उन्होंने यह भी लिखा है कि "वह हमारे जीवन का जीवन है और आत्मा की मधुरता है।" भारती समाज में स्त्री को पुरुष की दासी समझने वाली मानसिकता वाले पुरुषों से प्रश्न करते हैं—

भार्या अपनी को दासी बनाने हेतु
सारी नारियों को दबाना उचित है क्या?

जग हँसाई करवाने वाली यह अभद्र प्रथा!
क्या इससे सच्चे प्रेम का निरादर नहीं होता?
पत्नी बेचारी को दासी बनाने हेतु
समग्र जननी-कुल को दासी बनाना उचित है क्या?

भारती उन सबकी आलोचना करते हैं जो स्त्रियों पर तरह-तरह की पाबन्दियाँ लगाते हैं और उन्हें प्रतिबन्धों से घिरी ज़िन्दगी जीने के लिए मजबूर करते हैं। भारती स्त्रियों की ओर से कहते हैं—

हम स्वतन्त्रता का आनन्दमय गान करती हैं
हर्ष से भरे प्राण, आत्मा में दीप्ति, चमक आँखों की
जो देता है, वही परमात्मा सम्बन्ध हमारा है...
वे सब व्यतीत हुए, जो यों बरसते थे
नारी को ज्ञान-लाभ का अधिकार नहीं है
और ऐसे अजीब लोग भी, जिनकी गर्वोक्ति थी
'हम इन नारियों को घर में क़ैद रखेंगे।'
आज उन्हीं का सिर झुका है...

भारती अंग्रेज़ी के कवि शेली को बहुत पसन्द करते थे, इसलिए वे शेली की तरह ही निर्द्वन्द्व और स्वच्छन्द प्रेम में स्त्री की मुक्ति देखते थे। उन्होंने लिखा है—

आओ जियें वन में पक्षियों की तरह
निर्द्वन्द्व, स्वच्छन्द, लेकिन प्रेम के साथ
प्रेम जिसे कविता के रूप में लाना है
यही तो मेरी शिव-पादों से कामना है।

भारतीय स्त्री की पराधीनता और स्वाधीनता के महाप्रश्न के प्रसंग में भारती की सर्वाधिक महत्त्वपूर्ण और लम्बी कविता है 'पांचाली शपथम्'। द्रौपदी महाभारत की ही नहीं सम्पूर्ण भारतीय कविता की ऐसी स्त्री है जो भारतीय स्त्री की स्वाधीनता और पराधीनता, सुगति और दुर्गति तथा शक्ति और सीमा का पुंजीभूत सगुण-साकार रूप है, इसीलिए आधुनिक भारतीय साहित्य में उस पर अनेक विधाओं में महत्त्वपूर्ण कृतियाँ रची गयी हैं। महाभारत में द्रौपदी एक ऐसे दर्पण की तरह है जिसके सामने आते ही उस महाकाव्य के लगभग सभी प्रमुख पुरुष पात्रों का असली चेहरा प्रकट हो जाता है। वह भारतीय स्त्री के त्याग और आत्म बलिदान के साथ ही चरम रूप में अपमानित होने का प्रतीक है और उग्र आक्रोश की प्रतिमा भी। डॉक्टर राम मनोहर लोहिया ने ठीक ही लिखा है कि कृष्ण और कृष्णा महाभारत के दो समान योग्यता वाले विशिष्ट पात्र हैं और उनके बीच निर्द्वन्द्व सख्यभाव भी है।

भारती ने कौरव सभा में द्यूत-क्रीड़ा के बाद द्रौपदी के चीरहरण और घोर अपमान पर अपना गहरा विक्षोभ और आक्रोश इस तरह व्यक्त किया है—

क्या यज्ञ की सामग्री पुनीत
नीच श्वान के सम्मुख डालेगा कोई?
स्वर्ण-महल स्थापित कर अति विशाल
भूत-प्रेतों को उनमें बसा देगा कोई?
विक्रय कर मनुष्य का, स्वर्ण मुद्राएँ ले
उल्लू को पहनायेगा उनसे भूषण कोई?
प्राणप्रिया को डाला नीच दुष्टजन के आगे
अबला के हाल नहीं क्या पूछने वाला कोई?
पादुका हेतु चाम के लिए
अपने ही पाले प्रिय शिशु को मारेगा कोई?
अशिष्ट जन संग खेले गये जुए में
क्या दाँव पर लगेगी पतिव्रता पांचाली?

इसके साथ ही उन्होंने सभा में भीष्म पितामह से द्रौपदी के स्पष्ट कथन में उसके संयम, साहस और विद्रोह को व्यंजित किया है—

बहुत अच्छी और
बहुत धर्मानुकूल बात कही, आपने तात!
सीता को हरने और अशोक-वाटिका में
रखने के बाद
उस क्रूर रावण ने अपने मन्त्रियों
और परामर्शदाताओं को बुलाकर
अपना कृत्य सुनाया। तब इन्हीं बुद्धिमान परामर्शदाताओं ने
घोषणा की—
'आपने उचित ही किया।
धर्मानुकूल आचरण ही किया।'
जब धरती पर शैतान राज्य करता है,
तब शास्त्र नरभक्षी हो जाते हैं।
ओ उपस्थित लोगों, सुनो,
तुम्हारी भी बहनें है, पत्नियाँ हैं—
क्या यह स्त्री पर अन्याय नहीं है?
ओह, तुम सबका सर्वनाश हो!

द्रौपदी के आक्रोश का चरम रूप उसकी शपथ में प्रकट होता है। अपने अपमान से उपजे उग्र आक्रोश में उबलती हुई द्रौपदी को भारती शक्ति का मूर्तिमान रूप मानते हैं—

यौवन से उद्वेलित उमा,
स्वयं शक्तिमान काली वहाँ थी,
अपने भयंकर धनुष के साथ,
वह आद्या शक्ति,
वह महामाया—
जो भ्रम को विनष्ट करती है,
और जो सिंह पर आसीन, सस्मित,
सबकी रक्षा करती है।

महाभारत में द्रौपदी के चीरहरण से पहले कौरव सभा के सभी सभासदों से द्रौपदी ने एक प्रश्न पूछा था कि 'उस जुआरी राजा युधिष्ठिर ने पहले अपने आपको हारा या मुझे?' उसके प्रश्न का अर्थ यह था कि जो खुद हार गया हो वह दूसरे को कैसे दाँव पर रखकर हार सकता है। वासुदेव शरण अग्रवाल ने 'भारत सावित्री' (खण्ड एक) में इसे महाप्रश्न ठीक ही कहा है। इस महाप्रश्न का उचित उत्तर किसी सभासद ने नहीं दिया। अन्यों की कौन कहे, भीष्म पितामह तक ने स्वीकार किया कि वे भी द्रौपदी के प्रश्न का ठीक उत्तर नहीं दे सकते। सच्चाई यह है कि आज तक भारतीय समाज ने द्रौपदी के प्रश्न का ठीक उत्तर नहीं दिया है।

महाभारत में अनेक प्रश्नोत्तर प्रसंग हैं। लेकिन परम्परा से सर्वाधिक महत्त्वपूर्ण माना जाता है यक्ष और युधिष्ठिर का प्रश्नोत्तर। जब कभी किसी व्यक्ति के सामने कोई कठिन प्रश्न आता है तब उसे यक्ष-प्रश्न कहा जाता है। पर युधिष्ठिर ने तो यक्ष के सभी प्रश्नों के सन्तोषजनक उत्तर दिये थे। यक्ष के सभी प्रश्न अमूर्त थे और युधिष्ठिर के उत्तर अनुमान पर आधारित, जबकि द्रौपदी का महाप्रश्न मूर्त है तथा सामाजिक और नैतिक भी। वह पुरुष सत्ता और युधिष्ठिर के धर्मराजत्व को चुनौती देने वाला भी है, इसीलिए वह महाप्रश्न है और महाभारत में अनुत्तरित। द्रौपदी के प्रश्न की उपेक्षा का अर्थ है भारतीय स्त्री के स्वत्व, सम्मान और अधिकार के प्रश्न की उपेक्षा। सम्भवतः इसीलिए भारत के पुरुष समुदाय ने द्रौपदी के महाप्रश्न के बदले यक्ष के प्रश्न को महत्त्वपूर्ण प्रश्न मानने की परम्परा बना रखी है। भारतीय समाज के सामने आज भी द्रौपदी का महाप्रश्न समुचित उत्तर की प्रतीक्षा कर रहा है, इसलिए कठिन प्रश्नों को यक्ष-प्रश्न के बदले द्रौपदी-प्रश्न कहना उचित है।

जो कवि या विचारक समाज में समानता का पक्षधर होगा वह निश्चय ही पूँजीवाद का विरोधी भी होगा, क्योंकि पूँजीवाद असमानता पर आधारित व्यवस्था है। भारती समाज में समानता चाहते हैं, वे असमानता को मिटाने की माँग करते हैं, इसलिए पूँजीवाद का विरोध भी करते हैं। भारती का एक लेख है 'आने वाला युग' (द कमिंग एज)। उसमें उन्होंने लिखा है, "इतिहास के आरम्भ से उच्चतम मानव-भावना ने बराबर प्रयत्न किया है कि मनुष्यों के बीच पूर्ण भाईचारा हो या कम-से-कम ऐसे सम्बन्ध कायम हों जिनमें मनुष्य एक-दूसरे का अहित न करें। मानव जाति के कवियों ने इस भाईचारे के गीत गाये हैं। द्रष्टाओं ने उसका उपदेश किया है और विधायकों ने अक्सर यह दिखावा किया है कि वे भी उसके लिए काम कर रहे हैं। परन्तु मानव-समाज-रचना की यह बात थोड़े-से वर्ग के विवेक और भावों तक ही पहुँच सकी। ये थोड़े-से वर्ग ऊँची सीख को आदर्श उद्देश्य मानकर सन्तुष्ट होने पर बाध्य हुए। उनके विचार से सामान्य मानव जीवन में उन्हें कभी व्यावहारिक रूप नहीं दिया जा सकता था। इस तरह मानव इच्छा-शक्ति जो ऊँचाइयों की ओर बढ़ना चाहती थी, सदा पुरानी पशुवृत्ति से परास्त हुई है। इस पशुवृत्ति के अनुसार मानव जीवन 'प्रतिद्वन्द्विता' का मंच है अर्थात् आवश्यक भौतिक पदार्थों और विलास सामग्री की प्राप्ति के लिए परस्पर अहित और अनन्त संघर्ष का मंच है।" (भारतीय संस्कृति और हिन्दी-प्रदेश, पृ.सं. 487) भारती का यह लेख पढ़ते हुए प्रेमचन्द का 'महाजनी सभ्यता' नामक लेखक याद आता है।

भारती पूँजीवाद के विरोधी ही नहीं हैं, वे समाजवाद के समर्थक भी हैं। उन्होंने 'आने वाला युग' शीर्षक लेख में लिखा है, "पश्चिम के लोग जिसे सोशलिज़्म कहते हैं, वह यहाँ साफ़-साफ़ नहीं समझा जाता। फिर भी पश्चिम के लिए और पूर्व के लिए भी जीवन का एक ही भला तरीका है और वह यह कि धरती को सभी की सामान्य सम्पत्ति बना लें और उस पर सहकर्मी और सहभागी के रूप में रहें।" (भारतीय संस्कृति और हिन्दी प्रदेश, पृ.सं. 486) 'भारत समुदायम्' नाम के गीत में भारती ने स्वाधीनता के बाद भारत में समाजवादी समाज व्यवस्था के निर्माण की कल्पना की है, जो इस प्रकार है—

तीस कोटि जन का समान अधिकार
यहाँ के धन पर होगा...
एक मनुष्य का कौर दूसरा छीने
यह क्या अब भी सम्भव?
दूजे का दुख मूक भाव से देखे

यह क्या अब भी सम्भव?...
एक नया कानून बनायें
पालन उसका करें सदा हम।
भूखा रहे एक जन यदि
नष्ट-भ्रष्ट कर दें जग को हम।
अन्नपूर्णा चिर उदार इस भारत-भू की जय हो, जय हो!
भारतीय समुदाय अमर हो।

जो व्यक्ति समाजवाद के पक्ष में होगा वह समाज के क्रान्तिकारी परिवर्तन के भी पक्ष में होगा। भारती ने रूसी क्रान्ति का समर्थन करते हुए लिखा है–

मानो झंझा के झोंकों में
वन के सभी वृक्ष
ईंधन बन जल उठे हों।

प्रायः कवियों ने क्रान्ति के प्रतीक के रूप में आग का प्रयोग किया है। भारती ने भी ऐसा किया है उनकी एक कविता है 'अग्नि कण'। वह यह है–

सघन वन में मुझे
किसी दिन कहीं
मिला एक अग्निकण
जिसे रख दिया पेड़ के खोखल में वहीं।
आग की भयंकर लपटों से
सारा जंगल हो गया राख।
एक बार को लपटें यदि हो जायें क्रुद्ध
तब कौन छोटा, कौन बड़ा, कौन युवा, कौन वृद्ध

फ्रांसीसी राज क्रान्ति का तीसरा नारा था–भाईचारा। असल में भाईचारा आरम्भिक दो नारों–स्वाधीनता और समानता–की चरितार्थता का परिणाम है। जिस समाज में स्वाधीनता और समानता का अभाव होगा वहाँ भाईचारा भी नहीं होगा। भारती समाज में स्वाधीनता और समानता के प्रसार के लिए अपने साहित्य के माध्यम से प्रयत्न करते रहे। लेकिन उनकी आकांक्षा न उनके जीवन में पूरी हुई और न आज तक हो पायी है। भारत आज भी तरह-तरह की पराधीनताओं और असमानताओं का शिकार है। ऐसी स्थिति में भाईचारे की केवल आकांक्षा और कल्पना ही की जा सकती है, जो भारती ने की है। उन्होंने अपनी एक कविता 'ख़तरे की घण्टी बजाओ' में बन्धुत्व की कामना इन शब्दों में व्यक्त की है–

पृथ्वी पर समानता
भ्रातृत्व फैलायें हम।
धरती पर समस्त मानवता के लिए रोटी–.
विश्व को शिक्षा के पंख प्रदान करें हम।
इस धरती का उत्थान करें हम।
ओह/दुन्दुभि गुँजाओ, एकता के बोल
और प्रेम की विजय मनाओ,
पृथ्वी पर सबकी समृद्धि का सन्देश सुनाओ।

भारती ने फ्रांसीसी राज्य क्रान्ति के जिन तीन नारों–स्वाधीनता, समानता और भाईचारा को अपनी राजनीतिक और सामाजिक विचारधारा का मार्गदर्शक सिद्धान्त समझा और काव्य साधना का लक्ष्य माना, उन्हीं नारों को बाद में डॉक्टर आम्बेडकर ने भारत में सच्चे लोकतन्त्र के लिए अनिवार्य स्वीकार किया। फ्रांसीसी राज्य क्रान्ति के ये नारे लोकतन्त्र के लिए आवश्यक हैं और समाजवाद के लिए भी।

सुब्रह्मण्य भारती स्वच्छन्दतावादी कवि हैं। उनकी काव्य-दृष्टि के निर्माण में अंग्रेज़ी के प्रसिद्ध स्वच्छन्दतावादी कवि शेली और बांग्ला के रवीन्द्रनाथ टैगोर का महत्त्वपूर्ण योगदान है। भारती का स्वच्छन्दतावाद सक्रिय और आशावादी है। वह कहीं-कहीं कल्पना से अधिक वास्तविकता को, अनुमान से अधिक अनुभव को और अतीत से अधिक वर्तमान को महत्त्व देता है। फिर भी उनकी काव्यदृष्टि स्वच्छन्दतावादी ही है। वे कविता को स्वर्गिक वस्तु मानते हैं–

कविता का स्वर है स्वर्गिक
कविता अगर नहीं
तो सब कुछ है सिर्फ़ धूल
धूल और धूल...

दूसरे स्वच्छन्दतावादी कवियों की तरह भारती भी आकांक्षाओं के कवि हैं। उनकी आकांक्षाओं में संसार के कल्याण की कामना है। आप उनकी एक कविता 'महत्त्वाकांक्षाएँ' पढ़िए–

हृदय में दृढ़ता हो
वाणी में मधुरता हो
विचारों में पवित्रता हो
इच्छित फल–हमें सदा मिले
स्वप्न पूरे हों समस्त

समृद्धि और सुख मिले हमें
यश मिले इस जगत् में।
दृष्टि स्वच्छ हो,
दृढ़ता हो कार्य में,
नारी की मुक्ति हो,
ईश्वर की अनुकम्पा हो,
हरी-भरी फसल हो,
सत्य की हो विजय
स्वर्ग उतरे इस जगत् में

भारती ने मुक्ति के ऐसे गीत लिखे हैं जिनमें मुक्ति के अर्थ की बहुलता है। उनके लिए मुक्ति राजनीतिक है, सामाजिक है, आध्यात्मिक है और वैयक्तिक भी है। भारती मुक्ति के साथ प्रेम को जोड़ते हैं। वे कभी-कभी प्रेम में मनुष्य की मुक्ति खोजते हैं। यही काम उन्होंने कोयल गीत नामक कविता में किया है और प्रेम का उद्‌देश्य नामक कविता में भी।

दुनिया भर के स्वच्छन्दतावादी कवियों ने प्रकृति से अपार प्रेम की कविताएँ लिखी हैं। हिन्दी के छायावादी कवियों की कविता के केन्द्र में प्रकृति ही है। भारती भी प्रकृति से अथाह प्रेम के कवि हैं। उनकी एक कविता में प्रकृति के साथ लगाव ही नहीं तादात्म्य की अभिव्यक्ति इस तरह हुई है—

हे प्रभु!
हमने यह वृक्ष
जल से नहीं
अश्रुओं से सींचा है।
क्या हमारा हृदय इसे
टूटा हुआ देख सकता है?

यह प्रकृति पर विजय के अभियान में शामिल होने के बदले प्रकृति से जुड़कर जीने की सीख लेने वाली कविता है। भारती प्रकृति पर विश्वास करने और उससे प्रेम करने की प्रेरणा देने वाले कवि हैं।

स्वच्छन्दतावादी कवियों का लोक से लगाव जगत विख्यात है। लोक से लगाव का अर्थ है लोकजीवन, लोकभाषा, लोकलय और लोकचेतना से लगाव। भारती ने तमिल कविता को लोकजीवन, लोकभाषा, लोकलय और लोकचेतना से जोड़कर उसकी प्रगति की नयी राह बनायी। तमिल लोकजीवन से तमिल कविता को जोड़ने के लिए वे आवश्यक मानते थे कि कविता में सरस शब्दावली, सरल

शैली, सहज धुन और साधारण मनुष्य की समझ में आने वाले छन्द, जो इन सारी विशेषताओं के साथ एक महाकाव्य की रचना कर सकता है, वही सच्चा कवि है और हमारी मातृभाषा को नया जीवन प्रदान कर सकता है।

एक ओर जहाँ कक्षा दो तक पढ़े हुए तमिलभाषी तक उसे समझ सकते हैं, वहीं दूसरी ओर उसकी कवित्व शक्ति भी बनी रहे... (भारती, प्रेमा नन्दकुमार, पृ.सं. 59)

यह तमिल काव्यानुभूति की नयी संस्कृति थी जिसका विकास भारती ने किया और कविता की रचना तथा बोध की प्रक्रियाओं को गहरे स्तर तक प्रभावित किया। उन्होंने अपने एक निबन्ध में कविता लिखने की नयी संस्कृति की व्याख्या करते हुए लिखा है, "यश के लिए बुनना धन के लिए बुनने से बेहतर है। धन अच्छा है। पर कार्यकुशलता का महत्त्व अधिक है। हमें बनारसी रेशम की तरह कविता लिखनी है। अथवा इसे किसान की मज़बूत धोती की तरह बुनना होगा। मशीन से बुनना ठीक नहीं। मसलन वह टिकाऊ नहीं होता। कविता में शक्ति, स्वच्छता, न्याय, गहनता और चरित्र होना चाहिए। आप कोई और रंग भले ही मिला लें पर, बेहतर है आप उसे न मिलायें।" (भारती, प्रेमा नन्दकुमार, पृ.सं. 50)

सुब्रह्मण्य भारती केवल कालजीवी कवि नहीं हैं, वे कालजयी कवि भी हैं। इसका अर्थ यह है कि उनकी कविता केवल अपने समय में जीने वाली कविता नहीं है, वह समय की सीमा के पार जाने वाली समय को जीतने वाले कविता भी है। भारती की कुछ कविताएँ या कविता के अंश ऐसे हैं जिनमें आज के समय, समाज और संसार की वास्तविकताओं और अनुभवों की पहचान बताने की क्षमता है। ऐसा एक काव्यांश यह है—

ईश्वर आज शक्तिहीन है, और शक्तिशाली है राक्षस।
धर्म आज प्रभावहीन है, और शक्तिशाली है अधर्म।
सच्चाई अगर मूर्खता है, तो असत्य है सर्वव्यापी।
सुख नश्वर है और शोक अनश्वर
और इस प्रकार पृथ्वी पर अशुभ का जन्म हो गया।
मनुष्य ठगे-से रह गये, विश्वामित्र, वशिष्ठ और कश्यप की प्रेरक वाणी
और सभी ज्ञानी सहसा लुप्त हो गये।
कई धूर्त मसीहा प्रकट हुए।
मानव तरसता रहा गंगाजल को,
और मिला केवल विष।

कालजयी होने की क्षमता केवल उनके काव्य में ही नहीं है, उनकी गद्य कृतियों में भी है। उनके गद्य के दो उद्धरण और आज के समय में उनकी प्रासंगिकता के बारे में सोचिए–

(क) "किसी भी सुलझी हुई सरकार का सच्चा साथी है, वाक्-स्वतन्त्रता। जब आप लोगों की आवाज़ों का गला घोंट देते हैं, आप स्वभावतः उनके हृदय को कठोर और तीखा बना देते हैं, और यह संसार मन पर आधारित है, विचार ही वस्तु हैं।" (प्रेमा नन्दकुमार, पृ.सं. 52)

(ख) "एक प्राचीन भारतीय लेखक का कहना है कि एक बुद्धिमान राजा हमेशा कुछ सौ बुद्धिमान लोगों द्वारा दिये गये सम्मान को करोड़ों मूर्खों की अन्ध-भक्ति से बेहतर ही समझेगा। सम्मान की पहली शर्त है। हर स्थिति में सारे दलों को विचार-स्वातन्त्र्य प्रदान करना।" (प्रेमा नन्दकुमार, पृ.सं. 53)

भारती की एक व्यंग्य रचना है 'सुनहरी पूँछ वाली लोमड़ी'। यह जितनी लोकप्रिय है उतनी ही महत्त्वपूर्ण भी। यह अपने समय में तो सार्थक थी ही, आज भी पूरी तरह प्रासंगिक है। प्रेमा नन्दकुमार ने ठीक ही लिखा है कि इस कथा की प्रासंगिकता आज भी है क्योंकि आज ऐसी लोमड़ियों की जाति लगातार बढ़ती जा रही है।

संस्कृति और धर्म का जनतन्त्र : लालन शाह फकीर की कविता

लालन शाह फकीर बंगाल के बाउल गायकों में सर्वाधिक प्रसिद्ध और पूजनीय माने जाते हैं। वे उन्नीसवीं शताब्दी में मौजूद थे। उनके 105 गीतों का बांग्ला से चयन और हिन्दी में अनुवाद का काम श्री मुचकुन्द दुबे ने गहरे लगाव, लगन, समझ और सूझ-बूझ के साथ किया है। हिन्दी अनुवाद के साथ-साथ पुस्तक में मूल बांग्ला गीत भी मौजूद हैं। वैसे कविता का अनुवाद अत्यन्त कठिन होता है और यदि कविता गीत या प्रगीत के रूप में हो तो अनुवाद की कठिनाइयाँ बहुत अधिक बढ़ जाती हैं।

दुबे जी ने अनुवाद करते समय जिन बातों को ध्यान में रखा उनसे अनुवाद की गुणवत्ता बढ़ी है लेकिन मुश्किलें भी बढ़ी हैं। दुबे जी ने भूमिका में लिखा है, "इन गीतों के अनुवाद में इस बात का ध्यान रखा गया है कि ये गीत हिन्दी में उसी सुर व लय में गाये जा सकें जैसे बांग्ला में गाये जाते हैं। इसके लिए लेखक ने हिन्दी में अनुवादित गीतों की प्रत्येक पंक्ति में क़रीब-क़रीब उतनी ही मात्राएँ रखी हैं जितनी बांग्ला में हैं। हर पंक्ति में मात्राओं के क्रम को भी बनाये रखने की चेष्टा की गयी है, इसलिए शब्द भी कमोबेश उसी क्रम में हैं जैसे मूल बांग्ला में हैं। हिन्दी अनुवाद में प्रयुक्त शब्दों को यथासम्भव मूल बांग्ला के शब्दों एवं शब्द-समूहों के समीप रखने का प्रयास किया गया है। इस सामीप्य से न केवल हिन्दी के ये गीत बांग्ला के गीतों की लय एवं सुर के मुताबिक गाये जा सकेंगे बल्कि मूल कविता के काव्य-गुणों को भी हिन्दी कविता में परिलक्षित कराया जा सकेगा और हिन्दी पाठकों को लालन शाह फकीर की अनेक विलक्षण अभिव्यक्तियों और सहज, किन्तु भावपूर्ण प्रयोगों से परिचित कराया जा सकेगा। (लालन शाह फकीर के गीत, पृ.सं. 53)

ऐसा अनुवाद सरलता से नहीं होता। उसके लिए अथाह संयम, श्रम और

साधना की ज़रूरत होती है। वह सब दुबे जी के अनुवाद में मौजूद है। दुबे जी ने बांग्ला के गीतों का हिन्दी में अनुवाद करते समय लालन शाह द्वारा अपने गीतों में प्रयुक्त अनेक बांग्ला शब्दों को हिन्दी के गीतों में भी रखा है, जिससे एक तो हिन्दी गीतों में मूल बांग्ला गीतों के भाव और स्वभाव की रक्षा हुई है और दूसरे गीतों की मूल आत्मा की भी रक्षा हुई है। इसीलिए दुबे जी ने बांग्ला गीतों को हिन्दी में लाने का जो प्रयत्न किया है उसे मैं अनुवाद के बदले रूपान्तर कहना उचित समझता हूँ।

बाउल गायक केवल अपने रचित गीत गाते ही नहीं, वे एकतारा या वैसा ही अन्य वाद्ययन्त्र बजाते हैं और साथ ही नृत्य भी करते हैं। इस तरह वे पूर्ण संगीत की सृष्टि करते हैं, जो उनकी संस्कृति और साधना का साधन है। अधिकांश बाउल अनपढ़ होते हैं। वे बंगाल के ऐसे जनसमुदाय और जातियों से आते हैं जो भद्रलोक से उपेक्षित, अपमानित और बहिष्कृत होती हैं। क्षितिमोहन सेन ने अपनी पुस्तक 'बंगाल के बाउल' में कुछ बाउलों की जातियों का उल्लेख किया है। उनके अनुसार "मदन बाउल जन्म से मुसलमान थे। उनके गुरु ईशान थे, जो जाति के योगी थे। ईशान के गुरु दीना अथवा दीनानाथ जाति के नर अथवा वाद्यकार थे। दीना के गुरु नमःशूद्र वंशीय हाराइ थे। हाराइ के गुरु कालाचाँद, जो जाति के बढ़ई अथवा सूत्रधर थे। नमःशूद्र सूत्रधर भी होते हैं। कालाचाँद के गुरु नित्यानन्द थे। नित्यानन्द के गुरु मूलनाथ थे। मूलनाथ के गुरु आदिनाथ थे। नित्यानन्द के मित्र एवं गुरुभाई मनाइ फकीर जन्म से ही मुसलमान थे। इन तीन नाथ बाउलों के नाम देखकर नाथ पन्थ के साथ बाउलों के प्राचीन सम्बन्ध की बात याद आ जाती है। नित्यानन्द के एक शिष्य कालाचाँद थे। उसी परम्परा के मदन थे। मदन के मित्र गंगाराम थे, जो जाति से नमःशूद्र थे। गंगाराम मदन से उम्र में बड़े होने के बावजूद, उनमें गहरी मित्रता थी। गंगाराम के गुरु मछुआरे (कैवर्त) जगाइ के शिष्य माधा थे। नित्यानन्द के एक और शिष्य बला अथवा बलराम थे। वे भी जाति के कैवर्त (मछुआरे) थे।" (पृ.सं. 107-108)

बाउल मानते हैं कि हमारी साधना प्रेम की साधना है। प्रेम का आदि और अन्त मनुष्य ही है, इसलिए उनकी साधना में मनुष्य से श्रेष्ठ कुछ भी नहीं है। यही कारण है कि उनके धर्म को मानव धर्म भी कहा जाता है। बाउल मनुष्यों के बीच किसी तरह का भेदभाव नहीं मानते हैं, न धर्म का भेद और न जाति का भेद। उनके लिए वेद और शास्त्र व्यर्थ हैं और मन्दिर-मस्जिद निरर्थक। यह संस्कृति और धर्म के क्षेत्र का सच्चा जनतन्त्र है। बाउल यह भी मानते हैं कि जब मन के मनुष्य का दर्शन होगा तब प्रेम करना सम्भव है। बाउल गुरु को

महत्त्वपूर्ण मानते हैं। क्षितिमोहन सेन ने लिखा है, "गुरु की सहायता से इस पथ पर अग्रसरित होने पर सभी प्रकार के बाह्य बन्धन स्वयं दूर हो जाते हैं। साधक स्वतन्त्र एवं निर्मल होते हैं। उसके बाद बाह्य पूजा-अर्चना की आवश्यकता नहीं होती है। मूर्ति, प्रतिमा, तीर्थाटन, देवालय, शास्त्राचार आदि विभिन्न प्रकार की कृत्रिमता की दासता से मुक्त हो जाता है। बाहरी वेद को तिलांजलि देने पर ही अन्तर का वेद उद्घाटित होने लगता है। इस अन्तर-वेद को समझने पर बाह्य शास्त्र की आवश्यकता नहीं होती है। पूजा-अर्चना, रोजा-नमाज सभी मिट जाते हैं। जाति-वर्ण आदि के भेदाभेद का भी अवसान हो जाता है। इसी का नाम कायारूपी सहज वेद है। यही वेद विश्वाकाश में विभिन्न प्रकार से सर्वदा मूर्तिमान एवं ध्वनित होता है। बाउलों का कहना है—यही सब मत ही सहज एवं अनादि मत है। यह वेद के पूर्व से ही था। ढूँढ़ने पर परिलक्षित होगा कि वेद में भी इसकी गन्ध मिलती है। देखने पर मिलेगा कि जपयज्ञ करने वाले वेदपन्थी भी क्रमशः इसी पथ की ओर अग्रसित होते आ रहे हैं।" (पृ.सं. 23) बाउलों की साधना और सोच में भारत के अनेक धार्मिक मतों और साधना-पद्धतियों के प्रभाव मिलते हैं। उनके यहाँ एक ओर सहजिया मत का प्रभाव है और दूसरी ओर सूफ़ी मत का भी। बाउल अपने सहज जीवन के बोध और जगत के अपने अनुभवों को सर्वाधिक महत्त्वपूर्ण मानते हैं।

बंगाल के बाउल और हिन्दी के कवि

यह आश्चर्यजनक सच्चाई है कि बंगाल के बाउल और हिन्दी के सन्त कवियों के विचारों तथा सोच में बहुत एकता है। इस सच को वे लोग कहते हैं जो दोनों को खूब जानते हैं। रवीन्द्रनाथ टैगोर ने अपनी पुस्तक 'रिलीजन ऑफ़ मैन' में अनेक बार बंगाल के बाउलों के गीतों के साथ हिन्दी के सन्तों के कथनों को उद्धृत किया है। उन्होंने मेरे मन के मनुष्य व्याख्यान में एक बाउल गीत के साथ हिन्दी के सन्त कवि रज्जब को उद्धृत किया है, उसके बाद रविदास को। यही नहीं एक अन्य व्याख्यान में उन्होंने कबीर को उद्धृत किया है।

क्षितिमोहन सेन ने बंगाल के बाउल पुस्तक में बाउलों के गीतों के साथ कबीर की कविताओं की विस्तृत तुलना की है। कबीर के बाद उन्होंने दादू के विचारों की तुलना बाउलों के विचारों से की है। उन्होंने लिखा है कि दादू का काया-योग बाउलों का परमतत्त्व है। उसके बाद उन्होंने दादू की कविता 'कायावेली' से लम्बा उद्धरण दिया है। मुचकुन्द दुबे ने अपनी पुस्तक में लालन शाह फकीर और कबीर के विचारों की विस्तार से तुलना की है। लालन शाह फकीर कबीर

की भक्ति-भावना से परिचित थे और प्रभावित भी। उन्होंने अपने एक गीत में कबीर को इस तरह याद किया है –

भक्त के द्वार पर बन्दी है साँई,
वह है हिन्दू या मुसलमान, इसका नहीं कोई विचार।
शुद्ध भक्ति का मतवाला,
सन्त कबीर था जात का जुलाहा,
रमा था वह ब्रजबिहारी कृष्ण में,
सर्वस्व सम्पत्ति कर समर्पण।

रामदास मोची जग में आकर,
भक्ति का बोल बोलता रहा सदा।
उसकी सेवा का स्वर्ग में डंका बजे,
साधुओं के मुख से सुना है ऐसा।

एक चाँद से जग उजियाला,
एक बीज से सृष्टि-सृजन हुआ,
लालन कहे मिथ्या भेदभाव का कलह,
मैं इस जग में देख रहा।

(पृ.सं. 174)

लालन शाह फकीर बंगाल के बाउल गायकों में सबसे अधिक प्रसिद्ध, पवित्र और पूजनीय माने जाते हैं। वे बंगाल की जाग्रत जन-प्रतिभा के प्रतीक हैं और प्रमाण भी; इसीलिए उनके गीत पश्चिमी बंगाल और बांग्लादेश में पवित्र तथा पूजनीय माने जाते हैं। लालन शाह फकीर के जीवन और गीतों की संख्या के बारे में अनुमान और जनश्रुति से ही विद्वान काम चलाते हैं। फिर भी उनकी अपार लोकप्रियता के कारण उनके जीवन और काव्य पर अनेक पुस्तकें बांग्ला में लिखी गयी हैं।

हिन्दी के मध्यकाल के सन्तों और भक्तों की तरह ही बाउल भी अपने जीवन के बारे में न कुछ कहते हैं न लिखते हैं। इसलिए उनके जीवन का इतिहास बहुत कम ज्ञात है। मुचकुन्द दुबे ने अपनी पुस्तक की भूमिका में लालन के जीवन के बारे में अन्नदाशंकर राय का यह वाक्य उद्धृत किया है, “उनकी जीवन कहानी ने लोकमुख से पल्लवित होकर जो आकार ग्रहण किया है उसे इतिहास नहीं, उपन्यास कहा जा सकता है।” (पृ.सं. 15) सम्भवतः इसी बात को ध्यान में

रखकर सुनील गंगोपाध्याय ने लालन फकीर पर बांग्ला में 'फकीर' नाम का एक उपन्यास लिखा है, जिसका अंग्रेज़ी में भी अनुवाद हुआ है। बंगीय सांस्कृतिक जन-जीवन में लालन शाह की लोकप्रियता के कारण ही उन पर बांग्ला में एक फ़िल्म भी बनी है, जिसका नाम है 'मनेर मानुष', जिसे पुरस्कार भी मिला है। यह फ़िल्म लालन के इस गान से प्रेरित है–

मिलन होगा कितने दिन में,
मेरे मन-मानुष के संग में?

चातक प्रायः अहर्निश,
निहारता रहता काला शशि।
होऊँगी चरण-दासी–
वो तो है न मेरी किस्मत में।
मेघ-विद्‌युत के मेघ ही में जैसे,
छिपने पर मिले ना अन्वेषण,
कृष्ण को खो के वैसे,
वह रूप देखूँ मन-दर्पण में।

जब वह रूप स्मृति में आये,
रहे न लोक-लज्जा का भय,
लालन फकीर गुन के कहे सदा,
ऐसा प्रेम जो करे वही जाने।

(पृ.सं. 72)

सम्पूर्ण भारतीय समाज में विभिन्न प्रकार की धार्मिक, साम्प्रदायिक और सामाजिक रूढ़ियाँ मौजूद हैं। इन रूढ़ियों के शिकार प्रायः साधारण-जन होते हैं, भद्र-जन नहीं। भद्र-जन तो शिकारी होते हैं। भारत के साधारण-जन के जीवन की विपत्तियों के रूप में मौजूद रूढ़ियों की भयावहता को जानने वाले भारतीय कवि उन रूढ़ियों का खण्डन करते रहे हैं। हिन्दी में यह काम कबीर ने किया है और बांग्ला में लालन शाह फकीर ने। एक सामाजिक रूढ़ि है जाति-भेद की। लालन शाह के अनेक गीतों में जाति-भेद का विरोध और खण्डन है। उनका एक गीत यह है–

यह क्या अजब कारखाना–जात गयी जात गयी बोले।
सत्य-कार्य किसी के न धार्य, सबको देखूँ ता ना ना ना।

आते समय किस जात के थे?
आकर तुम कौन जात हुए?
कौन जात होगे गमन काल में?
यह बात सोचकर बोलो ना।

ब्राह्मण, चाण्डाल, चमार, मोची,
एक ही जल में सब होते शुचि
देख सुन के भी न होती प्रतीति,
यम तो किसी को छोड़ेगा ना।

छुप-छुप के जो वेश्या-गृह जाये,
उससे जात पर क्या क्षति आये?
लालन कहे जात कहते हैं किसे–
यह भ्रम तो फिर भी मिटा ना।

(पृ.सं. 90)

कबीर की तरह लालन के बारे में उनके जीवन में भी और मरने के बाद भी यह विवाद होता रहा है कि लालन हिन्दू हैं या मुसलमान। कबीर की तरह ही लालन यह मानते हैं कि वे केवल मनुष्य हैं, न हिन्दू और न मुसलमान। कबीर ने कहा था–

हिन्दू कहो तो मैं नहीं, मुसलमान भी नाहिं।
पाँच तत्त्व का पूतला, गैबी खेलै माहिं।

हम वासी उस देस के जहाँ जाति बरन कुल नाहिं।

ठीक कबीर की तरह लालन फकीर भी कहते हैं–

सब पूछते लालन फकीर हिन्दू या मुसलमान?
लालन कहे जानूँ ना मैं मेरी क्या पहचान।

एक ही घाट पर आना-जाना,
एक ही माँझी खेता नाव,
फिर भी कोई न खाता किसी का छुआ,
अलग-अलग पानी कौन कहाँ करता पान?

वेद-पुराण की यह परम्परा जारी—
यवनों के साँई, हिन्दुओं के हरि,
यह तो मेरी समझ में भारी,
दो रूप सृष्टि है, इसका क्या प्रमाण?

औरत क्या नहीं मुसलमानिनी?
जनेऊ बिना भी होती ब्राह्मणी,
जान लो रे भाई दिव्यज्ञानी,
लालन की है वही एक जात।

(पृ.सं. 237)

बाउल प्रेम के साधक हैं। वे मनुष्य से प्रेम करते हैं। वे ईश्वर की मनुष्यता और मनुष्य के ईश्वरत्व को महत्त्व देते हैं। लालन ने अनेक गीतों में प्रेम की साधना का महत्त्व स्थापित किया है और मनुष्य से प्रेम करने का आग्रह भी किया है।

लालन यद्यपि निर्गुण साधक थे परन्तु वे कृष्ण-लीला के गीत भी गाते हैं। उदाहरण के लिए यह गीत देखिए—

अरे यह प्रेम करना है क्या कोई किस्सा-कहानी?
प्रेम के कारण हरि ने डाल लिया था काँधे पर काँथा।
एक दिन राधा ने मान कर,
तज दिया था श्याम रतन को,
मान रखने को उसका, श्याम ने जोगी बनकर
मुड़ा लिया माथा।

(पृ.सं. 255)

कबीर की तरह बाउल भी घर परिवार में रहकर भी फकीर होते हैं। लालन ने एक गीत में कहा है—

घर में फिर क्या नहीं हो सकती फकीरी?
क्यों हो गये निमाई आज देशान्तरी?
घूमना बारहमास, बसना तेरह,
ऐसा हो सकता किससे?
वन जाने से ही हो जाये, ऐसी भी तो बात नहीं,
अगर मन न हुआ निर्विकार।

मन ना मुड़ाये केश मुड़ाने से,
मिल सकता क्या रतन
एकाग्रचित्त किया संयम जिसने,
उसी से सर्वदा बँधे हरि।
....

(पृ.सं. 351)

लालन शाह फकीर और रवीन्द्रनाथ टैगोर

बंगीय बाउल संस्कृति के अधिकांश अन्वेषक और विवेचक यह स्वीकार करते हैं कि बंगाल के अभिजन समुदाय में बाउल गीतों और संगीत को पहुँचाने और उन्हें स्वीकार्य बनाने में बहुत बड़ी भूमिका रवीन्द्रनाथ टैगोर की है। रवीन्द्रनाथ टैगोर की इस भूमिका का विस्तृत विवेचन मुचकुन्द दुबे ने अपनी पुस्तक की भूमिका में किया है। उसका सारांश देना अनावश्यक है। इस प्रसंग में अन्यत्र जो उपलब्ध है उसे पाठकों के सामने लाना उपयोगी है।

बाउल गीतों को शिक्षित समाज के सामने लाने और उन गीतों से रवीन्द्रनाथ टैगोर की आत्मीयता स्थापित करने में बड़ा योगदान क्षितिमोहन सेन का है। वे रवीन्द्रनाथ के मित्र थे, शान्तिनिकेतन में उनके सहयोगी थे और बाउल समुदाय तथा उनके गीतों के अन्वेषक भी। स्वयं रवीन्द्रनाथ ने अपनी पुस्तक 'रिलीजन ऑफ़ मैन' के परिशिष्ट में क्षितिमोहन सेन के दो लेखों को शामिल किया है। क्षितिमोहन सेन ने अपनी पुस्तक 'बंगाल के बाउल' में बाउलों के गीत, संगीत और सांस्कृतिक योगदान के बारे में रवीन्द्रनाथ टैगोर के विचारों को उद्धृत किया है, "स्वयं रवीन्द्रनाथ ने इन लोगों के गीत को सुनकर कहा है—इतने सहज, गम्भीर, सहज सरल सत्य इतने अल्पशब्दों में इस प्रकार अपूर्वभाव से अभिव्यक्त करने की शक्ति हम लोगों में भी नहीं है। मुझे तो इन लोगों की रचनाएँ पढ़कर बहुत ही ईर्ष्या होती है।" (पृ.सं. 110)

क्षितिमोहन सेन ने जिन बाउल गीतों का संग्रह किया था उन्हें प्रकाशित करने में वे संकोच कर रहे थे। बाद में रवीन्द्रनाथ टैगोर के आग्रह पर उन्होंने 'हारामणि' नाम से प्रवासी पत्रिका में कुछ बाउल गीतों को प्रकाशित करना शुरू किया। उन प्रकाशित गीतों को पढ़कर शिक्षित समाज के लोग कहने लगे कि, "ये सब इतनी अच्छी हैं कि ये कभी निरक्षरों की रचनाएँ नहीं हो सकती हैं। यह यहाँ के शिक्षित लेखकों की रचनाएँ हैं।" (पृ.सं. 114) रवीन्द्रनाथ यह सुनकर आश्चर्यचकित हुए थे। उन्होंने कहा था, "मैं शिक्षित लोगों की क्षमता से अपरिचित तो नहीं हूँ। ये

सब वस्तुएँ उन लोगों की रचना की क्षमता से बाहर की हैं, उसे मैं अच्छी तरह से समझता हूँ। हो सकता है एक गीत को पा जाने पर, वे लोग और कितने समरूप एक और गान गा सकते हैं, किन्तु मूल रचना करना किसी शिक्षित वर्ग का कार्य नहीं है। अन्ततः मुझ में तो उन लोगों के समतुल्य क्षमता भी नहीं है।" (पृ.सं. 114) यह रवीन्द्रनाथ टैगोर की अपार सहृदयता, जिज्ञासु चित्त, उदार और उदात्त मानववाद तथा जन-जीवन और जन-संस्कृति से अन्तरंगता का प्रमाण है।

आज के समय में भारत में जैसी धार्मिक और सामाजिक संकीर्णता तथा विद्वेष का विस्तार हुआ है उसमें लालन शाह फकीर के उदार और उदात्त प्रेम से भरपूर गीतों को मनोयोग से पढ़ना मुक्तिधर्मी साबित होगा। 'फकीर' उपन्यास के लेखक सुनील गंगोपाध्याय ने अपने उपन्यास के अन्त में प्रकाशित अपने साक्षात्कार में कहा है कि "मैं लालन और उनके गीतों को आज की दुनिया के लिए अत्यन्त प्रासंगिक मानता हूँ। लालन केवल उन्नीसवीं सदी के बंगाल के लोकगायक नहीं हैं, वे अपनी समन्वयवादी दृष्टि के कारण विश्व-कवि हैं। वे जाति और सम्प्रदाय की भावना से मुक्त होकर आन्तरिक साक्षात्कार और अन्तरात्मा की पहचान को सच्चा धर्म मानते हैं। धार्मिक पूर्वाग्रहों और साम्प्रदायिक तनावों के कारण विभाजित संसार में आस्था और मुक्ति को पारम्परिक धर्मों के आग्रह से मुक्त व्यक्तिगत यात्रा मानना और उसको गीतों में व्यक्त करना बाउलों की बड़ी देन है।"

लालन शाह फकीर के गीतों के बांग्ला से हिन्दी में रूपान्तरण करने वाले मुचकुन्द दुबे ने भी समकालीन भारत के लिए लालन के गीतों को अत्यन्त प्रासंगिक माना है। उन्होंने लिखा है कि "भारत में धर्म, भाषा और अन्य प्रकार की जाति-पहचान के नाम पर बड़े पैमाने पर विविधता और पार्थक्य व्याप्त है। इसके अलावा, इस देश में लाखों नागरिक परम्परागत और विरासत में मिले भेदभाव और घृणा के शिकार हैं। इन विषमताओं से उत्पन्न कलह और हिंसा से जूझने में लालन शाह का समग्र रूप में पुनरोत्थान अत्यन्त उपयोगी साबित हो सकता है।" (पृ.सं. 52)

मुझे आशा है कि हिन्दी के पाठकों के बीच 'लालन शाह फकीर के गीत' पुस्तक का स्वागत होगा, क्योंकि गीतों का हिन्दी अनुवाद बहुत अच्छा है। पाठकों को इस किताब की भूमिका से बंगाल की बाउल संस्कृति का ज्ञान होगा और लालन फकीर के बारे में पर्याप्त जानकारी भी मिलेगी। हिन्दी क्षेत्र के पाठक इन गीतों को पढ़कर बाउलों के मानव-धर्म से परिचित होंगे और प्रभावित भी। इन गीतों से हिन्दी के सुधी पाठकों के जुड़ने का एक कारण यह भी है कि बांग्ला के बाउल गीतों में व्यक्त विचारधारा और हिन्दी के सन्त कवियों की कविता में मिलने वाली विचारधारा के बीच गहरी एकता और आत्मीयता है।

वह कलम की नोक से डर रहा है

"पर्सियस एक जादुई टोपी पहनता था ताकि वह जिस राक्षस का पीछा करे, वह उसे न देख सके। हम वैसी ही टोपी से अपनी आँखें और कान खुद ढक कर ढोंग रच रहे हैं कि कहीं कोई राक्षस नहीं है।..."

–कार्ल मार्क्स

आजकल दुनिया के उन देशों में ही कला और साहित्य की चिन्ता अधिक सच्ची और गहरी है, जहाँ शोषण और दमन के विरुद्ध जनता के संघर्ष चल रहे हैं। उन्हीं समाजों में महत्त्वपूर्ण साहित्य रचा जा रहा है। पिछले कुछ दशकों में एशिया, अफ्रीका और लैटिन अमेरिका के कई देशों में कविता, उपन्यास, कहानी और नाटक तथा रंगमंच का जो सृजन और विकास हुआ है, उसकी जीवन्तता के सामने यूरोप और अमेरिका का अधिकांश समकालीन साहित्य बासी लगता है। एक ओर यथार्थबोध और भावावेग की सघनता है तो दूसरी ओर अमूर्त बौद्धिक ऊहापोह की भरमार। तीसरी दुनिया के देशों के साहित्य में रचनात्मक प्रतिभा का विस्फोट वहाँ की विस्फोटक सामाजिक-राजनीतिक परिस्थितियों की देन है। इन संघर्षरत समाजों में साहित्य बौद्धिक विलास का साधन नहीं है। यहाँ के सार्थक साहित्य में जन-जीवन की वास्तविकता, सच्चाई और आकांक्षाएँ व्यक्त हो रही हैं। यहाँ साहित्य मनुष्य की स्वतन्त्रता और गरिमा की रक्षा का माध्यम है, इसलिए समकालीन इतिहास की प्रेरक शक्ति के रूप में सक्रिय है।

इन देशों के शासक भी साहित्य के बारे में कम चिन्तित नहीं हैं। उन्हें जिस साहित्य में जनता की आवाज़ सुनाई देती है, उसका गला घोंटने के लिए हमेशा तैयार रहते हैं। विशेष रूप से तीसरी दुनिया के स्वतन्त्र देशों के शासक प्रतिरोध की संस्कृति के दमन में उन सभी शास्त्रों का प्रयोग कर रहे हैं जो उन्हें दमनकारी उपनिवेशवादी शासकों से मिले हैं। इन देशों के नये शासकों ने उपनिवेशवादियों से दमनकारी सत्ता और शासनतन्त्र ही नहीं पाया है, उनकी मानसिकता भी

अपना ली है। कई देशों का शासक वर्ग जन-आन्दोलन और उससे जुड़े साहित्य के दमन में उपनिवेशवादियों से भी अधिक खूँखार बन गया है। यह विडम्बना ही है कि इन देशों के शासक प्रायः अन्तरराष्ट्रीय राजनीति के विभिन्न मंचों पर साम्राज्यवाद-विरोध का नारा लगाते हैं, लेकिन राष्ट्रीय स्तर पर जनता का शोषण करने, उसके आन्दोलन को कुचलने और सत्ता-विरोधी संस्कृति तथा साहित्य का दमन करने के लिए साम्राज्यवादियों के बनाये-बताये रास्तों पर तेज़ी से चलते हैं।

तीसरी दुनिया के देशों के शासक वर्ग की दुरंगी चाल की सच्चाई समझने के लिए उनकी दमनकारी सांस्कृतिक नीति के कुछ उदाहरणों को देख लेना उपयोगी है। विली-बोडस रेंड्रा इण्डोनेशिया के लोकप्रिय नाटककार और कवि हैं। उनकी रचनाओं में इण्डोनेशिया की समाज-व्यवस्था की विकृतियों और सत्ता के चरित्र की विसंगतियों पर करारा व्यंग्य है; साथ ही उनमें जन-जीवन की यातनाओं की अभिव्यक्ति भी है। उनके राजनीतिक व्यंग्य की लोकप्रियता न सुकर्नो सह सके न सुहार्तो। इन दोनों शासकों ने रेंड्रा के नाटकों के प्रदर्शन पर प्रतिबन्ध और काव्यपाठ पर पाबन्दी लगाकर कलाकार को जनता से दूर रखने की लगातार कोशिश की। उन्हें कई बार जेल की यातना से गुज़रना पड़ा।

तीसरी दुनिया का एक और देश है केन्या। वहाँ के अत्यन्त लोकप्रिय नाटककार, रंगकर्मी और उपन्यासकार हैं न्युगुगी वा थिओंगो। जनता का कलाकार होने के कारण वे जोमो केन्याटा और डेनियल मोई की सरकारों के आक्रमणों के शिकार हुए हैं। 1978 में उन्हें बिना मुक़दमा चलाये एक साल तक जेल में रखा गया और विश्वविद्यालय की नौकरी से निकाल दिया गया। सरकार की नज़र में उनका अपराध यह था कि वे किसानों, मज़दूरों के रंगमंच से जुड़े हुए थे। सरकार ने उनके नाटकों के प्रदर्शन पर प्रतिबन्ध लगा दिया। उन्होंने जिस रंगमंच की स्थापना की थी, उसे सरकार ने एकदम बर्बाद कर दिया और उसके रंगकर्मियों को पकड़कर जेल में डाल दिया। वे 1982 में अपनी एक रचना के अनुवाद के सिलसिले में इंग्लैंड गये तो केन्या की सरकार ने उन्हें लौटने की अनुमति नहीं दी। तब से वे विदेशों में रहकर लेखन कर रहे हैं। केन्या की सरकारी भाषा अंग्रेज़ी है, वहाँ के सरकारी बुद्धिजीवियों की भाषा भी वही है। न्युगुगी अंग्रेज़ी में नहीं लिखते, वे केन्या की एक भाषा गिकुयू में लिखते हैं। सरकारी नाराज़गी का यह भी एक कारण है। दूसरा कारण यह है कि उनकी रचनाओं में केन्या के मज़दूरों के साम्राज्यवाद-विरोधी संघर्ष के चित्रण की प्रधानता है। ऐसे लेखक-कलाकार का दमन करने वाली सरकार का अन्तरराष्ट्रीय राजनीति में साम्राज्यवाद-विरोध ढोंग नहीं तो और क्या है? न्युगुगी ने 1982 में ठीक ही कहा था कि "अब केन्या

की नव उपनिवेशवादी सत्ता के जुल्मों के बारे में चुप रहना सामाजिक बुराई से सहयोग करना है।" यह बात तीसरी दुनिया के दूसरे देशों के लेखकों के बारे में भी सच है। केन्या के अनेक लेखकों ने सरकार की दमन नीति के सामने घुटने टेक दिये हैं, लेकिन न्युगुगी आज भी जनता की संघर्ष-चेतना के प्रेरणास्रोत और प्रतीक बने हुए हैं।

जैसी स्थिति का सामना रेंड्रा और न्युगुगी कर रहे हैं वैसी ही स्थिति एशिया, अफ्रीका और लैटिन अमेरिका के अनेक देशों के लेखकों के सामने है। तीसरी दुनिया के कई देशों में आन्तरिक उपनिवेशवाद पनपा है जहाँ केन्द्रीय सत्ता कमज़ोर राष्ट्रीयताओं का वैसे ही शोषण और दमन करती है, जैसे उपनिवेशवाद दूसरे देशों का करता है। जहाँ यह स्थिति है, वहाँ जनता के लेखकों-कलाकारों का दमन अधिक है। इण्डोनेशिया और पाकिस्तान इसके उदाहरण हैं। लैटिन अमेरिका के चिली, अलसल्वाडोर आदि देश लेखकों-कलाकारों के दमन के लिए कुख्यात हैं, लेकिन एशिया और अफ्रीका में लेखकों-कलाकारों के दमन की ओर लोगों का ध्यान कम गया है।

दमनकारी सत्ता का सामना करते हुए जनता का साहित्य लिखना ख़तरनाक काम है। लेकिन ऐसे ख़तरनाक समय में ही साहित्य की शक्ति और सार्थकता की पहचान होती है और जनता के लेखकों के साहस की परीक्षा भी। ऐसे कठिन समय में भी अपने अस्तित्व की क़ीमत पर साहित्य की सार्थकता की रक्षा करने वाले लेखकों की कमी कभी नहीं रही है। एशिया, अफ्रीका और लैटिन अमेरिका के विभिन्न देशों में ऐसे असंख्य लेखक हैं जो सत्ता से जनता के संघर्ष में अपनी रचनाएँ लेकर जनता के साथ खड़े हैं। भारत में भी ऐसे लेखक-कलाकारों की संख्या कम नहीं है।

स्वाधीनता आन्दोलन के काल में भारतीय जनता और जनता के साहित्यकारों ने अंग्रेज़ी राज के दमन, उत्पीड़न और प्रतिबन्ध आदि का लगातार सामना किया था। आज़ादी के बाद भी प्रेस, प्रकाशन और अभिव्यक्ति की स्वतन्त्रता पर रोक लगाने वाले अंग्रेज़ी राज के अनेक कानून बने रहे। उनमें से कुछ को सुधारकर अधिक कठोर बना दिया गया। अगर 1947 के बाद के भारत में साहित्य और सांस्कृतिक गतिविधियों पर केन्द्र और राज्यों की सरकारों द्वारा लगाये गये प्रतिबन्धों का अध्ययन किया जाये तो मालूम होगा कि विरोध के साहित्य और प्रतिरोध की संस्कृति के दमन के मामले में कांग्रेसी राज अंग्रेज़ी राज से बहुत पीछे नहीं है। इस बात को समझने के लिए तेलंगाना आन्दोलन, नक्सलबाड़ी आन्दोलन और आपात्काल के दमन को याद कर लेना काफ़ी होगा।

फिर भी, संस्कृति के सरकारीकरण के नये अभियान के एक नेता अशोक वाजपेयी का दावा है कि, भारतीय राजनीति ने "साहित्य और समालोचना की स्वतन्त्रता और स्वायत्तता पर अंकुश लगाने या उसे सीमित करने की कोई विशेष या गम्भीर चेष्टा नहीं की है।" यही नहीं, उनको इस बात का दुख है कि "भारतीय राजनीति ने साहित्य और समालोचना को एक तरह से छुट्टा छोड़ रखा है।" उनके पहले वाक्य का दावा जितना झूठा है, उतना ही ख़तरनाक है दूसरे वाक्य में छिपा हुआ इरादा। आलोचना में सुरुचि और शालीनता की माँग करने वाले अशोक वाजपेयी की भाषा उनकी आलोचना की संस्कृति की कलई खोल रही है। अशोक वाजपेयी के मन में साहित्यकारों, ख़ासतौर से विरोधी साहित्यकारों के प्रति मौजूद हिकारत और उनकी स्वतन्त्रता से नफ़रत का गवाह है उनका यह वाक्य "भारतीय राजनीति ने साहित्य और समालोचना को छुट्टा छोड़ रखा है," मानो लेखक आवारा पशु या गुण्डे-बदमाश हों। उनको लेखकों की स्वतन्त्रता एकदम पसन्द नहीं है। जब वे कहते हैं कि भारतीय राजनीति ने साहित्य की स्वतन्त्रता पर अंकुश लगाने या उसे सीमित करने की कोई विशेष या गम्भीर चेष्टा नहीं की है, तब लगता है कि वे आपातूकालीन दमन से सन्तुष्ट नहीं हैं। वे साहित्य की स्वतन्त्रता को सीमित या समाप्त करने के लिए आपातूकाल से भी अधिक गम्भीर चेष्टा चाहते हैं। यह सब 'पूर्वग्रह' के उस अंक में लिखा गया है, जिसमें बार-बार साहित्य के गणतन्त्र में आलोचना के जनतन्त्र की दुहाई दी गयी है। कोई भी अनुमान कर सकता है कि अशोक वाजपेयी की इस मानसिकता से संचालित और नियन्त्रित साहित्य के गणतन्त्र में आलोचना का जनतन्त्र कैसा होगा। आजकल इस देश में संस्कृति के सरकारीकरण का जो अभियान चल रहा है, उसके दो पक्ष हैं; प्रतिरोध की संस्कृति का दमन और सहमति की संस्कृति का प्रसार। अशोक वाजपेयी प्रतिरोध की संस्कृति के दमन को झुठलाते हैं और आलोचना के जनतन्त्र के नाम पर सहमति की संस्कृति का प्रचार करते हैं।

असल में सत्ता साहित्य से तब डरती है, जब वह सामाजिक प्रक्रिया में सक्रिय हस्तक्षेप की शक्ति बनने लगता है। सत्ता उन लेखकों की चिन्ता नहीं करती जो अपने व्यक्तिगत सुख-दुःख तक सीमित होते हैं या वर्तमान से भागकर अतीत में भटकते हैं या यथार्थ से बचकर केवल स्मृति में खोये रहते हैं। सत्ता उन साहित्यकारों की भी चिन्ता नहीं करती जो साहित्य की स्वतन्त्र दुनिया में ही क्रान्ति करते रहते हैं। लेकिन जब साहित्य के शब्द सामाजिक यथार्थ के दर्पण बनते हैं, तब यथार्थ को छुपाने और सच को झुठलाने के लिए सत्ता साहित्य पर आक्रमण करती है।

जहाँ समाज में शोषण की सत्ता के ख़िलाफ़ जनता का संघर्ष तेज़ होता है, वहाँ साहित्यकार के सामने अपनी पक्षधरता तय करने का सवाल होता है। वहीं साहित्य जन-संघर्ष से जुड़कर सामाजिक प्रक्रिया में सक्रिय हस्तक्षेप की शक्ति बनता है। ऐसी स्थिति में लेखक केवल जनता का कलाकार ही नहीं होता, वह क्रान्तिकारी प्रक्रिया का साझेदार साथी और कई बार कार्यकर्ता भी होता है। ऐसे ही लेखकों पर सत्ता आक्रमण करती है। तेलगु कवि वरवर राव ने बैंजामिन मोलेस की शहादत पर लिखी कविता में कहा है—

दुश्मन कवि से कब डरता है?
जब गीत अस्त्र बन जाते हैं।
वह क़ैद करता है
कवि को
फाँसी पर चढ़ाता है
x x x
कवि जीता है गीतों में
गीत जन-मन में

आन्ध्र प्रदेश में तेलंगाना आन्दोलन से अब तक एक ओर जन आन्दोलन के पक्षधर लेखकों, कलाकारों की गौरवशाली परम्परा है तो दूसरी ओर उनके दमन और उत्पीड़न की शर्मनाक सरकारी परम्परा भी है। वहाँ 1971 से जनता के लेखकों-कवियों के दमन और उनकी रचनाओं पर प्रतिबन्ध का अभियान चल रहा है। कविता के साथ-साथ नाटक और रंगमंच पर विशेष रूप से सत्ता की टेढ़ी नज़र है; क्योंकि ये सर्वाधिक लोकप्रिय कला-रूप हैं। वहाँ कवियों, नाटककारों, रंगकर्मियों और लोकगायकों को सबसे अधिक सताया गया है। तेलगु कवि चेरबण्ड राजु 1971 से लगातार गिरफ़्तारी, जेल और रचनाओं पर प्रतिबन्ध झेलते हुए 1982 में शहीद हुए। 1974 से आन्ध्र के अनेक कवियों, लेखकों पर कुख्यात सिकन्दराबाद षड्यन्त्र मुक़दमा चल रहा है। जन पक्षधर लेखकों, कवियों, कलाकारों और संस्कृतिकर्मियों के दमन के मामले में तेलगुदेशम पार्टी की सरकार कांग्रेसी सरकार से आगे निकल गयी है। आश्चर्य की बात है कि आन्ध्र सरकार की दमन नीति के ख़िलाफ़ देश के बाक़ी हिस्सों में कहीं कोई विशेष प्रतिक्रिया नहीं हुई है, लेखकों-बुद्धिजीवियों की ओर से विरोध की आवाज़ नहीं उठी है। हिन्दी के बहुत से लेखक अपनी आत्मा की आवाज़ सुनने-सुनाने में लगे हैं, उनको आन्ध्र की जनता की आवाज़ सुनने की फुर्सत कहाँ है! जहाँ

आत्म-संघर्ष ही सबसे बड़ा संघर्ष है, वहाँ जन-संघर्ष और उससे जुड़े लेखकों के संघर्ष से एकता कैसे होगी!

आन्ध्र में तेलगुदेशम सरकार ने हर तरह की असहमति और विरोध को दबा देने का जो अभियान चला रखा है, उसका एक उदाहरण है तेलगु के कवि वरवर राव के काव्य-संग्रह 'भविष्यातु चित्रपटम्' पर 1987 के आरम्भ में लगा प्रतिबन्ध। वरवर राव पिछले तीन वर्षों से आन्ध्र की विभिन्न जेलों में जी रहे हैं। अगर वे जेल से बाहर होते तो सम्भव है, कई दूसरे कलाकारों की तरह पुलिस से झूठी मुठभेड़ में अब तक मार दिये गये होते। इसलिए वरवर राव ने जेल में रहना और जीना पसन्द किया है। जिस राज्य में एक कवि को जीने के लिए जेल में रहना पड़े, उसे स्वतन्त्रता खोकर जीना पड़े, उस राज्य को लोकतान्त्रिक कहना लोकतन्त्र का अपमान है। स्वाधीनता आन्दोलन के दौरान जेलों में रहकर नेताओं ने महत्त्वपूर्ण पुस्तकों की रचना की। क्या स्वतन्त्र भारत की जेलों में रहने वाले किसी व्यक्ति के लिए लिखना-पढ़ना सम्भव है?

वरवर राव का काव्य 'भविष्यातु चित्रपटम्' 1986 में छपा और उस पर 1987 के आरम्भ में प्रतिबन्ध लग गया। सरकार ने सोचा कि वह पाबन्दी लगाकर कविताओं को पाठकों तक पहुँचने से रोक देगी। लेकिन हुआ ठीक उल्टा। प्रतिबन्ध के बाद पाठक कविताओं को खोजने लगे, खोज-खोज कर पढ़ने लगे। इन कविताओं की रक्षा का सवाल अभिव्यक्ति की स्वतन्त्रता और संस्कृति के भविष्य का सवाल बन गया। तेलगु के 74 वर्ष के कवि और स्वतन्त्रता सेनानी कालो जी जैसे व्यक्ति प्रतिबन्ध का विरोध और कविताओं की रक्षा के लिए जनता को जगाने में जुट गये। जिन कविताओं की रक्षा के लिए जनता तैयार होती है, उनको दुनिया की कोई भी सत्ता नष्ट नहीं कर पाती। साहित्य पर प्रतिबन्ध का हमेशा उल्टा असर होता है, क्योंकि प्रतिबन्धित साहित्य पाठकों को अधिक आकर्षित और प्रभावित करता है। लेकिन आत्मप्रवंचना के शिकार शासकों को निरर्थकता के रास्ते पर दौड़ने से कौन रोक सकता है।

वरवर राव के इस संग्रह में अधिकांश कविताएँ 1980 से 85 के बीच की हैं, दो कविताएँ 1978 और 79 की भी हैं। संग्रह के शीर्षक से लगता है कि कविताओं में भविष्य का नक्शा होगा, जिससे डर कर सरकार ने उस पर पाबन्दी लगा दी है। लेकिन कविताओं में भविष्य का कोई नक्शा नहीं है, वर्तमान के चित्र ही अधिक हैं। उनमें खूँखार सत्ता के बर्बर चरित्र और पुलिस के अत्याचारों के यथार्थ और सच्चे चित्र हैं। आन्ध्र की सरकार और पुलिस ने इन कविताओं में अपना वास्तविक चरित्र और चित्र देखकर बौखलाहट में संग्रह पर प्रतिबन्ध लगाया

होगा। कवि की दृष्टि वर्तमान की वास्तविकताओं पर है, चित्र भी वास्तविकताओं के हैं, लेकिन उन चित्रों में भविष्य के संकेत भी हैं।

यह स्वाभाविक है कि कवि जिस जन-जीवन का अंग है, उससे वह अधिक लगाव और आत्मीयता अनुभव करे, लेकिन उसकी मानवीय संवेदनशीलता अपने पड़ोस और परिवेश तक सीमित नहीं है। उसे जहाँ भी मनुष्य की सत्ता और स्वतन्त्रता ख़तरे में पड़ी दिखाई देती है, वहाँ अपनी पूरी संवेदनशीलता के साथ वह पहुँचता है। इस संग्रह की अच्छी कविताओं में से एक भोपाल की गैस ट्रेजेडी पर है और दूसरी अफ्रीका के अश्वेत कवि बैंजामिन मोलेस की शहादत पर। बैंजामिन मोलेस की स्मृति में लिखी कविता में कवि की अपनी स्थिति और आकांक्षा भी व्यक्त हुई है–

प्रतिगामी युग-धर्म जब
वक़्त के उमड़ते बादलों का गला घोंटता है
तब न ख़ून बहता है न आँसू
बिजली गिरती है वज्र बनकर
वर्षा की बूँदों से उठता है तूफान
माँ धरती अपने आँसू पोंछती है
जेल के सींखचों से बाहर आता है
कवि का सन्देश
गीत बन कर

x x x

कवि जीता है गीतों में
गीत जन-मन में

पिछले कई वर्षों से जेल की यातना और उत्पीड़न के अनुभव के बावजूद वरवर राव की इन कविताओं में कहीं निराशा और थकान नहीं है, आत्मव्यथा और आत्मश्लाघा भी नहीं है; आक्रोश है, लेकिन अनावश्यक उत्तेजना नहीं है। उनके यहाँ कई दूसरे कवियों की तरह क्रान्तिकारी उद्‌गारों की भरमार नहीं है। वे प्रायः कविताओं में अपनी उपस्थिति से बचते हैं। जहाँ आत्मपरक होने की गुंजाइश होती है, वहाँ भी वे खुद को पीछे रखकर वास्तविकता को सामने लाते हैं। 1985 में उन पर पुलिस ने आरोप लगाया था कि उन्होंने नक्सलवादी युवकों को हथियार देकर पुलिस पर आक्रमण के लिए भड़काया था। उस प्रसंग पर वरवर राव ने जो कविता लिखी है, उसमें भी उनकी रचना पद्धति वही है–आत्मपरकता से बचकर स्थितियों और अनुभवों के मूर्त और भावात्मक चित्र खींचना। कविता का आरम्भिक अंश देखिए–

मैंने नहीं बाँटा था बम
विचार भी नहीं
तुमने ही रौंदा था
नाल जड़े जूतों से
चींटियों का बिल
फिर रौंदी हुई धरती से
फूटी थी प्रतिहिंसा की धारा।

वरवर राव अमूर्त बौद्धिक ऊहापोह के कवि नहीं हैं। उनकी कविता में जनता के जीवन, उसके आन्दोलन और सत्ता के दमनकारी रूप का यथार्थपरक चित्रण है। कई कविताओं में स्थानीय स्थितियों और घटनाओं का, पुलिस आतंक और झूठी मुठभेड़ में हत्याओं का ब्योरेवार वर्णन है। इसलिए इन कविताओं को पढ़कर कोई व्यक्ति आन्ध्र के जन-जीवन की वास्तविक सामाजिक-राजनीतिक परिस्थितियों से परिचित हो सकता है। इन कविताओं में सार्वभौमिकता के लिए स्थानीयता की और शाश्वतता के लिए तात्कालिकता की उपेक्षा नहीं हुई है।

यह एक ख़ास ढंग की कविता है जो कविता के साथ-साथ इतिहास भी है। उसमें कवि की भावनाओं के साथ-साथ समकालीन घटनाओं की स्मृति भी है। वह पाठकों को संवेदनशील बनाने के साथ-साथ सूचनाएँ भी देती है। ऐसी कविता इतिहास-प्रक्रिया में कवि की साझेदारी से सम्भव होती है, केवल कल्पना की कलाकारी से नहीं। वरवर राव की कविताओं में पुलिस के जुल्म और आतंक का यथार्थपरक चित्रण है, वहाँ अख़बारों से बटोरी गयी सूचनाओं की कविता में तटस्थ सजावट नहीं है। उसमें एक संवेदनशील साक्षी के बयान का भावावेग है। आन्ध्र की पुलिस झूठी मुठभेड़ों में नौजवानों की हत्या ही नहीं करती है; वह इतिहास से अपने जुल्मों के चिह्न और जनता के मन से शहीदों की स्मृति मिटाने के लिए स्मारकों को भी नष्ट करती है। ऐसी कठिन स्थिति का सामना वही कविता कर सकती है जो घटनाओं का ब्योरा भी सुरक्षित रखे और शहीदों की स्मृति की रक्षा भी करे। 'धरती से डर' कविता में इसी दोहरे दायित्व का निर्वाह है जिसका एक हिस्सा यह है—

उसने मार दिया है उनको
जो मौत से नहीं डरते
शहीदों से डरकर उसने
बारूद से मूर्तियाँ उड़ा दी हैं
मूर्तियों को गिराओ

वहाँ जलते दियों को बुझाओ
दीप-चिह्नों को मिटाओ
उस चेतना का क्या करोगे
जिससे पैदा होते हैं बार बार शहीद
बनती हैं उनकी मूर्तियाँ
चढ़ाये जाते हैं दीप।

आतंक और भय के सहारे टिकी हुई सत्ता भीतर से कहीं-न-कहीं खोखली होती है। वह ऐसी हर चीज़ से डरती है जिसमें जीवन की हलचल, आज़ादी का एहसास और भविष्य की सम्भावना होती है। इन सबसे उसे अपना भविष्य असुरक्षित लगता है। ऐसी डरी हुई सत्ता डरे हुए साँप की तरह बहुत आक्रामक होती है। 'धरती से डर' कविता में सत्ता के ऐसे चरित्र की सहज ढंग से प्रभावशाली अभिव्यक्ति हुई है। उसमें परिचित परिस्थितियों के संयोजन के सहारे भय और आक्रामकता की विडम्बनापूर्ण वास्तविकता को उभारा गया है—

लोगों को लगातार
धमकी पर धमकी देता
भयभीय करता डराता वह
खुद डर गया है

X X X

वह नौजवानों से डर रहा है
उनकी कल्पनाओं से डर रहा है
वह डर रहा है सपनों से
कलम की नोक से डर रहा है
उसने स्वतन्त्रता को जकड़ा है ज़ंज़ीरों में
अब हथकड़ी के हिलने-डुलने पर
ज़ंज़ीरों की झंकार से
वह डर रहा है

वैसे तो इस संग्रह की अनेक कविताओं में सत्ता के जुल्म के ख़िलाफ़ कवि की गुस्से से भरी गवाही है लेकिन संग्रह में एक सच्ची गवाही भी है जो कवि की मदद से कविता बन गयी है। कविता में गवाही या गवाही में कविता का ऐसा कोई दूसरा उदाहरण मुश्किल से मिलेगा। वह कविता है 'कसाई'। 15 मई, 1985 को तेलंगाना क्षेत्र में कामारेड्डी कस्बे में झूठी मुठभेड़ों में पुलिस द्वारा नौजवानों की हत्या का विरोध करने के लिए बन्द रखा गया था। उस दिन

सवेरे-सवेरे अमरेन्द्र रेड्डी नाम का एक लड़का कस्बे में घूम-घूम कर दुकानें बन्द करा रहा था। बन्द को असफल बनाने के लिए तैयार पुलिस के कुछ सिपाहियों ने उसे देखा, उसका पीछा किया और पकड़ लिया। फिर सिपाहियों ने दिन-दहाड़े भीड़ भरे चौराहे पर लाठियों और बन्दूक के कुन्दों से पीट-पीट कर उसकी हत्या कर दी। चौराहे पर खड़ा एक कसाई वह पूरा हत्याकाण्ड देख रहा था। बाद में आन्ध्र प्रदेश नागरिक स्वाधीनता समिति के सामने कसाई ने हत्याकाण्ड के बारे में जो बयान दिया था, वही इस कविता का आधार है। कविता में गवाही इस तरह शुरू होती है—

मैं मांस बेचता हूँ
आप चाहे मुझे कसाई कह लें
आपकी मर्ज़ी।
मैं हर रोज़ जानवरों को मारता
उनके मांस काटता-बेचता हूँ
ख़ून देखकर मैं चौंकता नहीं
लेकिन उस दिन
मैंने जाना
कसाई का मतलब

बातें कसाई की हैं, लेकिन भाषा कवि की है। घटना का ब्योरा गवाही में है, लेकिन ब्योरे में से नये अर्थ और संकेतों की खोज कवि की है। कविता के दूसरे खण्ड के अन्त में कसाई कहता है—

मैं जानवरों की जान लेता हूँ
पर क्रोध और घृणा से नहीं
मैं मांस बेचता हूँ
पर ख़ुद को नहीं

कविता के अन्त में सहज-सरल ढंग से, लेकिन तीखी भाषा में सरकार और पुलिस के चरित्र का वास्तविक रूप और अर्थ बताया गया है—

मैं कसाई हूँ
रोजी-रोटी के लिए
जानवरों को मारने वाला कसाई
आदमी को मारने पर
मिलते हैं पद, पुरस्कार, मेडल्स
मन्त्री के हाथों।

उसकी हत्या के बाद
मैंने जाना—
किसकी सरकार
किसकी रक्षा
कौन असली कसाई है।

आन्ध्र प्रदेश की पुलिस निश्चय ही इस कविता को पढ़कर तिलमिला उठी होगी। जो सत्ता आतंक और झूठ के सहारे चलती है, वह सच को सह नहीं सकती। वह बिना लाग-लपेट के सच कहने वाली ऐसी कविता कैसे बर्दाश्त कर सकती है!

वरवर राव जिस राजनीतिक परिवेश में रहकर कविता लिख रहे हैं, उसमें वास्तविकता इतनी विलक्षण और भयावह है कि केवल सौन्दर्य की दुनिया में विचरण करने वाली कल्पना वहाँ जाने में सहमेगी। इस विस्मयकारी यथार्थ की अभिव्यक्ति के लिए विरूपता के बोध में सक्षम कला-चेतना आवश्यक है। वरवर राव के पास वह चेतना है, तभी वे 'कसाई' और 'स्वतन्त्रता का नृत्य' जैसी कविताएँ लिख सके हैं।

वरवर राव प्रायः अपनी बात बिम्बों में अधिक कहते हैं, बयानों में कम। इससे कविताओं में यथार्थ-बोध की सघनता और अर्थ की व्यापकता आती है। उनके इस विशिष्ट शिल्प का अच्छा उदाहरण है 'सूर्य' शीर्षक यह कविता—

तू ने
अलसुबः
सुबह के लिए
लड़ने वाले हाथों को बाँधकर
सुबह देखने के लिए बेचैन
आँखों पर परदा डाल दिया
फिर सुबह को पुकारने वाले गले में
लगाया फाँसी का फन्दा
बटन दबाकर पीछे देखा
सारा आसमान लाल
रक्तरंजित कोख में
कोई आँख खोले है
देखो।

कविता में फाँसी के समानान्तर सूर्योदय का चित्रण है। दोनों चित्र एक-दूसरे को नया अर्थ देते हैं। दूसरे चित्र से पहले की भाव-दशा भी बदलती है।

वरवर राव की जो कविताएँ मेरे सामने हैं, उनके बारे में कह सकता हूँ कि उनमें आदेश, उपदेश और ललकार कम है। विचारधारात्मक व्याख्यान भी लगभग नहीं के बराबर है। भावनाओं का आवेग और ताप है, लेकिन अनावश्यक अधीरता नहीं है। कवि संयम, संवेदनशीलता और साहस के साथ सच्चाई को कविताओं में उभारता है। कहीं-कहीं आलोचना के अस्त्र के रूप में व्यंग्य का भी प्रयोग है। सबसे बड़ी बात यह है कि वरवर राव की कविता उस जन-जीवन और आन्दोलन का प्रामाणिक बोध जगाती है जिसके वे कलाकार और कार्यकर्ता हैं।

कहा जाता है कि गहरे संकट के क्षण में आदमी अपनी मातृभाषा में बोलता है। मार्क्स ने लिखा है कि कविता मनुष्यता की मातृभाषा है। इसलिए यह कोई आश्चर्य की बात नहीं है कि जहाँ भी मनुष्यता संकट में होती है, वहाँ कविता में उस संकट की ईमानदार और प्रामाणिक अभिव्यक्ति होती है।

(कतार, 1988)

एडवर्ड डब्ल्यू. सईद : एक मूलगामी बुद्धिजीवी

एक

एडवर्ड सईद के सम्पूर्ण लेखन की एक विशेषता यह है कि वे अपने समय, समाज और साहित्य की ज़मीन पर खड़े होकर अतीत के समय, समाज और साहित्य को समझने तथा उसकी व्याख्या करने की कोशिश करते हैं। उनके लेखन की दूसरी विशेषता यह है कि उन्होंने ऐसे विचारों, विचारधाराओं और ज्ञान की पद्धतियों के फ़ैशन को कभी स्वीकार नहीं किया जो मनुष्य की स्वतन्त्रता की आकांक्षाओं और कोशिशों की सम्भावनाओं को अस्वीकार करते हैं; वे चाहे आलोचना के क्षेत्र के हों या राजनीति के क्षेत्र के। इसीलिए उन्होंने उत्तर-आधुनिकतावाद, विखण्डनवाद, इतिहास का अन्त, विचारधारा का अन्त और सभ्यताओं के संघर्ष आदि की बार-बार आलोचना की है। सईद ने सबसे कड़ी आलोचना हटिंग्टन के सभ्यताओं के संघर्ष की धारणा की ही की है, जिसे वे नये प्रकार का ओरिएंटलिज्म कहते हैं। सईद सभ्यताओं के बीच संघर्ष के बदले संवाद का समर्थन करते हैं। वे सभ्यताओं और संस्कृतियों की अनेकताओं के अस्तित्व को स्वीकार ही नहीं करते, उन्हें आवश्यक भी मानते हैं। यह सभ्यताओं और संस्कृतियों के सन्दर्भ में उनकी लोकतान्त्रिक दृष्टि का परिणाम है।

सईद ने सभ्यताओं के संघर्ष की जो आलोचना की है, उसे कार्ल मार्क्स के शब्दों में निर्मम आलोचना कहा जा सकता है। कार्ल मार्क्स ने 1843 में अपने एक मित्र अर्नोल्ड रूज को एक पत्र में लिखा था, "हमारा उद्‌देश्य भविष्य की रूपरेखा निर्मित करना नहीं है और हर सवाल का अन्तिम उत्तर देना भी नहीं है। हमें जो पूरा करना है वह है, जो कुछ है उसकी निर्मम आलोचना करना। निर्मम दो अर्थों में। एक तो उस आलोचना के निष्कर्षों से भयभीत न होना और दूसरे सत्ता से टकराहट से भी न डरना।"

ऐसी आलोचना आज के समय में दुर्लभ है। जिस समय अधिकांश बुद्धिजीवी

सत्ता के साथ सहमति, समर्थन, समर्पण और सामंजस्य के सम्बन्ध बनाने में लगे हों, उस समय सईद समाज और साहित्य में मौजूद असंगतियों, असुविधाओं और असामंजस्यों की खोज और व्याख्या में लगे रहे। जो बुद्धिजीवी सत्ता से सुविधा चाहते हैं, वे दुविधा की भाषा में बोलते और लिखते हैं। लेकिन जो सत्ता की ज़्यादतियों को सामने लाना और उनकी आलोचना करना ज़रूरी समझते हैं, उनके लिए सतत सतर्कता और सच कहने का साहस आवश्यक है। ये दोनों गुण सईद के सोच-विचार और लेखन में मौजूद हैं।

सईद का विचारक व्यक्तित्व बहुआयामी था। वे सत्ता के सामने सच कहने वाले बुद्धिजीवी थे, दुनिया भर की बेज़ुबान जनता की बुलन्द आवाज़ थे, फिलिस्तीनी जनता के संघर्ष के पक्षधर तथा प्रवक्ता थे और यूरोप तथा अमेरिका के साम्राज्यवादी सोच से उपजे मिथकों और रहस्यों की पोल खोलने वाले विचारक भी थे। यही नहीं, वे साहित्य के अध्ययन को विशेषज्ञता की पतली गली, सिद्धान्तवादी की आत्ममुग्धता और साहित्यिकता की संकुचित सीमा से बाहर निकालकर उसे मानव समाज और संस्कृति के इतिहास में क्रियाशील स्वतन्त्रता के प्रयत्नों से जोड़ने वाले मुक्तिगामी आलोचक थे।

एडवर्ड सईद एक कुशल पियानोवादक और संगीत के समर्थ आलोचक भी थे। सईद की साहित्यिक आलोचनाएँ गहरे स्तर पर संगीत से उनके लगाव से प्रभावित हैं। स्वरों की बहुलता में उनकी दिलचस्पी है। यह उनके संगीत से प्रेम की देन है। संगीत में संवादी स्वरों के साथ विसंवादी स्वरों की उपस्थिति महत्त्वपूर्ण होती है। रूसी आलोचक मिखाइल बाख़्तीन के अनुसार, स्वरों की बहुलता उपन्यास की बुनियादी विशेषता और उसके लोकतान्त्रिक स्वरूप का प्रमाण भी है। शायद इसीलिए उपन्यास सईद की आलोचना के केन्द्र में है। साहित्य में व्यक्त और अव्यक्त के सम्बन्ध को संगीत में स्वरों की उपस्थिति तथा अनुपस्थिति के साथ मुखरता और मौन के रूप में सईद समझते हैं।

जीवन भर सईद की दिलचस्पी कला और साहित्य में पीड़ित जनों की ज़िन्दगी की वास्तविकताओं की अभिव्यक्ति की खोज में रही है, इसीलिए स्विट्ज़रलैण्ड के फ़ोटोग्राफ़र जॉ मोर ने फिलिस्तीनियों की दैनिक ज़िन्दगी की वास्तविकताओं को अपनी फ़ोटोग्राफ़ी में उतारा तब सईद ने उनके शीर्षक लिखे और व्याख्या भी की। बाद में किताब छपी जिसका नाम है 'आफ़्टर द लास्ट स्काई'। इसमें फिलिस्तीनियों की व्यथा-कथा के साथ सईद की आत्मकथा भी है।

सईद का चिन्तन और लेखन व्यक्तिगत को राजनीतिक बनाने की कला और समझ का अनुपम उदाहरण है। उन्होंने फिलिस्तीनियों के विस्थापन, बेघर होने

की स्थिति और परायी संस्कृति में जीने की मजबूरी के दर्द को स्वयं जिया और उस सबको अपने लेखन में मर्मस्पर्शी रूप में व्यक्त किया है। फिलिस्तीनियों की पीड़ा सईद के आत्मबोध में है और उनके जगतबोध में भी।

जो बुद्धिजीवी सत्ता के सामने सच कहने का साहस दिखाते हैं, उन्हें उस साहस की क़ीमत भी चुकानी पड़ती है। सईद को भी अपने साहस की क़ीमत चुकानी पड़ी। उनके चिन्तन और लेखन के लिए उन्हें बदनाम करने की कोशिश बार-बार हुई। उनको आतंक का प्रोफ़ेसर कहा गया और न्यूयॉर्क में अराफात का आदमी घोषित किया गया। विश्वविद्यालय के उनके कार्यालय पर हमला हुआ। यही नहीं, उन्हें अनेक बार जान से मारने की धमकी भी दी गयी। उनकी पुस्तक ओरिएंटलिज़्म को अरब के प्रचार का हिस्सा कहा गया और साथ ही उसे पुराने ओरिएंटलिज़्म को बदनाम करने वाला बताया गया। अब तक 'ओरिएंटलिज़्म' का तीस से अधिक भाषाओं में अनुवाद हो चुका है, लेकिन जब वह किताब लिखी गयी तब आरम्भ में उसे प्रकाशक नहीं मिल रहा था। सईद ने जब 'फिलिस्तीन का प्रश्न' नाम की किताब लिखी तो अनेक प्रकाशकों ने उसे ठुकराया, फिर वह 1979 में छपी। एडवर्ड सईद लम्बे समय तक फिलिस्तीन के आन्दोलन से जुड़े रहे, वे 1977 से 1991 तक एन.सी.पी. के सदस्य रहे, लेकिन जब उन्होंने ओस्लो समझौते की आलोचना की तो 1996 में फिलिस्तीन में उनकी किताबों पर पाबन्दी लगा दी गयी। खाड़ी देशों में संस्कृति और साम्राज्यवाद का अरबी अनुवाद प्रतिबन्धित हुआ। सईद का जितना विरोध पश्चिम की ओर से हुआ उतना ही अरब देशों की ओर से भी हुआ; क्योंकि उन्होंने अरब राष्ट्रों की फिलिस्तीन सम्बन्धी नीतियों की आलोचना की। सईद सत्ता के सामने सच कहने की क़ीमत चुकाने वाले बुद्धिजीवियों की उस क़तार में हैं जिसमें प्राचीनों में सुकरात और आधुनिकों में ज्याँ पाल सार्त्र का नाम उल्लेखनीय है।

सलमान रुश्दी ने सईद के बारे में ठीक ही कहा है कि वे जितनी बारीकी से दुनिया को पढ़ते हैं उतनी ही बारीकी से किताबों को भी पढ़ते हैं। आइए, अब कुछ बातें उनकी किताब पढ़ने या कि साहित्य पढ़ने और उसकी आलोचना लिखने के बारे में करें। सईद ने साहित्य की आलोचना को नया अर्थ, नया रूप, नया नाम दिया और उसका नया प्रयोजन भी विकसित किया है। सईद ने अपनी पुस्तक 'द वर्ल्ड, द टेक्स्ट एंड द क्रिटिक' में लिखा है कि "आलोचना को जीवनदायी होना चाहिए और उसे स्वभाव से अन्याय, आधिपत्य और अत्याचार का विरोधी होना चाहिए। उसका सामाजिक लक्ष्य है मनुष्य की स्वतन्त्रता के पोषक ज्ञान का सहज उत्पादन।" जो आलोचना मनुष्य की स्वतन्त्रता की पक्षधर

होगी वही सच्चे अर्थों में सामाजिक होगी और साहित्यिक भी; क्योंकि सच्चे साहित्य का लक्ष्य भी मनुष्य की स्वतन्त्रता की साधना ही है। जो आलोचना केवल साहित्यिक रचना की क़द्रदानी या पुरानी भाषा में रसास्वादन तक सीमित होगी वह परोपजीवी होने के लिए अभिशप्त है।

एडवर्ड सईद मानते हैं कि साहित्य और कला में जीवन-जगत की पुनःप्रस्तुति होती है। वह सच्ची हो सकती है और झूठी भी, परिष्कृत हो सकती है और भौंडी भी। हर हाल में पुनःप्रस्तुति के दौरान नियन्त्रण, आत्मसातीकरण, पुनर्व्यवस्था, अजनबीकरण, अन्यथाकरण आदि की प्रक्रियाएँ क्रियाशील रहती हैं। जैसे पुनःप्रस्तुतीकरण की प्रक्रिया राजनीतिक होती है वैसे ही उसकी आलोचना भी राजनीतिक होती है। सईद इसी प्रक्रिया से आलोचना को राजनीतिक बनाते हैं। पुनःप्रस्तुति की राजनीति की आलोचना के दौरान ही वे पूँजीवाद की परिणति के बारे में साम्राज्यवाद, उसकी विचारधारा, उसकी मिथकमाला और उसकी इतिहास दृष्टि की आलोचना करते हैं। वे अपनी आलोचना की विवेक-यात्रा वर्तमान से शुरू करते हैं, फिर अतीत या इतिहास में जाते हैं और अन्त में फिर वर्तमान में लौटते हैं। 'संस्कृति और साम्राज्यवाद' नाम की पुस्तक में यही प्रक्रिया दिखाई देती है।

सईद आलोचना की ऐसी पद्धति को स्वीकार नहीं करते जो साहित्य और आलोचना को व्यापक सामाजिक जीवन और व्यवहारों से अलग करे। वे साहित्यिकता और सौन्दर्यबोध का महत्त्व स्वीकार करते हैं, लेकिन साहित्य की सामाजिकता और ऐतिहासिकता की क़ीमत पर नहीं। वे आलोचना का एक लक्ष्य पाठकों की आलोचनात्मक चेतना का जागरण भी मानते हैं।

हमारे सामने एक सवाल यह है कि सईद की आलोचना को किस प्रकार की आलोचना कहना उचित होगा। उन्होंने 'द वर्ल्ड, द टेक्स्ट एंड द क्रिटिक' की भूमिका में लौकिक (सेक्युलर) आलोचना की चर्चा की है और उपसंहार में धार्मिक आलोचना की। वे आलोचना में किसी भी रूप में धार्मिकता की उपस्थिति को स्वीकार नहीं करते। वे मानते हैं कि आलोचना में धार्मिकता केवल दृष्टि में ही नहीं पद्धति में भी हो सकती है। व्यावहारिक समीक्षा के नाम पर प्रचलित टीका या भाष्य की पद्धति को सईद धार्मिक ही मानते हैं। सईद अपनी आलोचना को लौकिक कहना पसन्द करते हैं। उन्होंने अपनी आलोचना के प्रसंग में बार-बार सांसारिकता शब्द का प्रयोग किया है। वे यह भी कहते हैं कि सांसारिकता असल में लौकिकता का ही दूसरा नाम है। उन्होंने अपनी किताब 'मानववाद और लोकतान्त्रिक आलोचना' (2004) में सांसारिकता की व्याख्या करते हुए

लिखा है, "सांस्कृतिक सन्दर्भ में मेरे लिए सांसारिकता का यह अर्थ है कि सभी पाठ और सभी पुनःप्रस्तुतियाँ संसार में ही सम्भव होती हैं और उन पर विभिन्न वास्तविकताओं का अच्छा-बुरा प्रभाव पड़ता है। सभी प्रसंगों में इतिहास तथा विभिन्न समूहों और व्यक्तियों की उपस्थिति के कारण पाठ और पुनःप्रस्तुतियाँ भौतिक अस्तित्वों की परिस्थितियों से मुक्त नहीं हो सकती हैं।" इसी पुस्तक में उन्होंने मानववाद की जैसी व्याख्या की है उसके आधार पर उन्हें मानववादी आलोचक भी कहा जा सकता है। सईद अपनी आलोचना को प्रतिपक्षी आलोचना कहना पसन्द करते हैं।

जब से उत्तर-आधुनिकतावाद के प्रयत्न से मानवीय चेतना, मनुष्य, मानववाद और सामाजिक आदि के अन्त तथा मौत की घोषणाएँ हुई हैं तब से सईद साहित्य की आलोचना में मानव-चेतना, उसके विवेक, मानववाद और मनुष्य की सामाजिकता के पुनर्वास पर ज़ोर देते दिखाई देते हैं। वे मानते हैं कि साहित्य की पूरी प्रक्रिया—रचना और आलोचना की प्रक्रिया—इतिहास और मनुष्य के आत्मबोध की द्वन्द्वात्मकता से संचालित होती है और आत्मबोध में आत्मालोचन की चेतना भी शामिल है। शायद इसीलिए कुछ आलोचक सईद की आलोचना को द्वन्द्वात्मक आलोचना भी कहते हैं।

मुझे लगता है कि उनकी आलोचना को मूलगामी (रेडिकल) आलोचना कहना अधिक उचित है। मार्क्स ने मूलगामी के अर्थ की व्याख्या करते हुए लिखा है कि मूलगामी होने का अर्थ है पदार्थ के मूल को ग्रहण करना। लेकिन मनुष्य के लिए तो मनुष्य ही मूल है। ऐसी मूलगामिता अनिवार्य रूप से लौकिक, सांसारिक, मानववादी और जनतान्त्रिक होगी। सईद के सारे चिन्तन और लेखन का लक्ष्य है मनुष्य की स्वतन्त्रता और गरिमा की पक्षधरता, इसीलिए वे मूलगामी बौद्धिक हैं और मूलगामी आलोचक भी।

मेरे सामने एक सवाल यह भी है कि सईद इतने लोकप्रिय क्यों हैं? क्या अपनी राजनीतिक दृष्टि के कारण, अपनी विशिष्ट आलोचना दृष्टि के कारण या एक बुद्धिजीवी के रूप में अपनी सामाजिक भूमिका के कारण? ये सभी कारण उनकी लोकप्रियता के मूल में हैं। लेकिन मुझे लगता है किसी आलोचक या विचारक के विचारों का प्रभाव व्यापक तब होता है जब उसके विचारों में सुसंगति हो और निरन्तरता भी, विचारों का लगातार परिष्कार हो और विकास भी तथा विचार और व्यवहार में एकता भी हो। ये सब बातें सईद में हैं, इसीलिए वे इतने लोकप्रिय हैं।

दो

सईद और भारत

भारतीय समाज और उसके इतिहास तथा वर्तमान में सईद की दिलचस्पी 'ओरिएंटलिज़्म' लिखने के समय से ही रही है। उस पुस्तक में उन्होंने यूरोप के भारतविदों के भारतीय भाषा, विशेष रूप से संस्कृत सम्बन्धी ज्ञान और भारतीय साहित्य के अनुवाद के प्रयत्न तथा प्रयोजन का विवेचन किया है। भारतविदों में विशेष रूप से विलियम जोन्स के भारत सम्बन्धी ज्ञान और अनुवाद के प्रयोजन के बारे में सईद ने लिखा है उनके अनुसार विलियम जोन्स जैसे भारतविदों के चिन्तन का लक्ष्य था पूरब को आत्मसात करना और उस प्रक्रिया में भारतीय ज्ञान को यूरोपीय ज्ञान का हिस्सा बनाना। उपनिवेशवादी अनुवाद का यही प्रयोजन था।

'ओरिएंटलिज़्म' में सईद के भारत सम्बन्धी विवेचन से यह भी साबित होता है कि पूरब के समाजों और संस्कृतियों के सम्बन्ध में यूरोपीय पूर्वाग्रह इतने व्यापक हैं और उनकी जड़ें इतनी गहरी कि यूरोप का बड़े से बड़ा विचारक भी उन पूर्वाग्रहों के प्रभाव से बच नहीं पाता है। सईद ने 'ओरिएंटलिज़्म में यह भी दिखाया है कि भारत के बारे में कार्ल मार्क्स के विचारों में भी वे पूर्वाग्रह मौजूद हैं। यह जानी और मानी हुई बात है कि मार्क्स ने भारत सम्बन्धी हेगेल के अनेक पूर्वाग्रहों को दोहराया है। हेगेल मानते थे कि भारतीयों का कोई इतिहास नहीं है, वहाँ के शासक तानाशाह होते हैं, समाज में परिवर्तन का अभाव है और धर्म तथा दर्शन आदि पिछड़े हैं। इसका तात्पर्य यह हुआ कि भारतीय समाज एक गतिहीन, जड़ और पिछड़ा हुआ समाज है। हेगेल की इन मान्यताओं का प्रभाव मार्क्स के आरम्भिक लेखन में है। यही नहीं मार्क्स भारत में अंग्रेज़ी राज की लूट और बर्बरता की आलोचना करते हैं, लेकिन भारतीय समाज के नवजागरण के लिए अंग्रेज़ी राज को ज़रूरी भी मानते हैं। उन्होंने लिखा है, "इंग्लैंड को भारत में दोहरी भूमिका निभानी है, एक विनाशकारी, दूसरी नवजीवनदायी। उसे एशियाई समाज का विनाश करना है और एशिया में पश्चिमी समाज की नींव रखनी है।" सईद मार्क्स के इस दृष्टिकोण को पाश्चात्य पूर्वाग्रह की देन मानते हैं। सईद की इस बात के लिए मार्क्सवादियों ने आलोचना भी की है। लेकिन सईद के आलोचकों ने इस बात पर ध्यान नहीं दिया है कि एशिया के पिछड़ेपन की धारणा हेगेल और मार्क्स ही नहीं लेनिन के लेखन में भी मौजूद है। लेनिन ने तोलस्तॉय पर जो लेख लिखे हैं उनमें उपन्यासकार तोलस्तॉय की तारीफ़ है,

लेकिन विचारक तोलस्तॉय की कड़ी आलोचना, जिसे लेनिन तोलस्तॉयवाद कहते हैं। तोलस्तॉयवाद को लेनिन पूर्वी और एशियाई विचारधारा भी कहते हैं।

एडवर्ड सईद ने 'संस्कृति और साम्राज्यवाद' में अंग्रेज़ी राज की रीति-नीति, उसके विरुद्ध 1857 के महाविद्रोह और उस विद्रोह में भारतीय पक्ष की पराजय के बाद बदले की भावना से अंग्रेज़ी शासन द्वारा भारतीय जनता के विरुद्ध बर्बरता के नंगे नाच का उल्लेख किया है। यही नहीं, उन्होंने किपलिंग के उपन्यास 'किम' में अंग्रेज़ी राज और 1857 के विद्रोह के बारे में उपन्यासकार के दृष्टिकोण का विवेचन किया है। सईद ने 1857 के विद्रोह को भारत में ब्रिटिश उपनिवेशवाद के सन्दर्भ में एक निर्णायक और विभाजक घटना के रूप में देखा है। निर्णायक इस अर्थ में कि 1857 में जो आज़ादी की आग जगी वह बाद के लगभग 100 वर्षों तक बुझी नहीं और विभाजक इस अर्थ में कि इस महाविद्रोह के बाद ईस्ट इंडिया कम्पनी के शासन के बदले भारत बाकायदा ब्रिटिश राजसत्ता का उपनिवेश बना। अंग्रेज़ यह कहते थे कि भारत को ब्रिटेन की उच्चतर सभ्यता के अधीन रहना चाहिए। 'संस्कृति और साम्राज्यवाद' में ही सईद ने भारतीय स्वाधीनता आन्दोलन और भारत में राष्ट्रीय चेतना के विकास के बारे में लिखा है। उन्होंने भारत के सन्दर्भ में स्त्रियों की पराधीनता की परिस्थितियों और उनके विरुद्ध स्वाधीनता के प्रयत्नों का विवेचन भी किया है। सईद जनमुक्ति के साधक व स्वाधीनता आन्दोलन के समर्थक हैं और संकीर्ण या उग्र राष्ट्रवाद के आलोचक भी। भारत के बारे में अंग्रेज़ों के दृष्टिकोण की जटिल समग्रता के लिए सईद ने किपलिंग के उपन्यास 'किम' के साथ फॉस्टर के उपन्यास 'ए पैसेज टू इंडिया' का भी विश्लेषण किया है।

जब यूरोप के उपनिवेशवादी राष्ट्रों ने बीसवीं सदी में दुनिया के विभिन्न हिस्सों में फैले अपने उपनिवेशों को मजबूरी में आज़ादी देना शुरू किया तब उस आज़ादी के साथ ही चालाकी से नये आज़ाद राष्ट्रों को कमज़ोर बनाने के लिए उनको विभाजित करने की प्रक्रिया भी लागू की। उसी प्रक्रिया के परिणामस्वरूप 1947 में भारत दो राष्ट्रों हिन्दुस्तान और पाकिस्तान में विभाजित हुआ। एडवर्ड सईद ने इस विभाजन को कभी तर्कसंगत नहीं माना और न समस्या सुलझाने वाला समझा।

सईद की सबाल्टर्न इतिहास लेखन में गहरी दिलचस्पी रही है। इसे वे उनके इतिहास के लेखन का प्रयत्न मानते हैं, जो इतिहास लेखन की मुख्यधारा से बहिष्कृत है। सईद की इस दिलचस्पी के लिए हिन्दुस्तान के कुछ मार्क्सवादी आलोचकों ने उनकी आलोचना की है। 1997 में सईद भारत आये थे। दिल्ली